Vorwort

Du hast das Gitarrenbuch der Musikschule gitarrissi·mo in Deinen Händen. Seit vielen Jahren führen wir in hunderten von Kitas und Schulen Gitarrenkurse und Fortbildungen zum Thema „Kinderliedbegleitung“ durch. Wir haben in diesem Buch die gesammelten Erfahrungen von vielen verschiedenen Gitarrenlehrern und Musikern zusammengetragen. Über 80 alte und neue Kinderlieder sollen Dir dabei helfen, einen leichten und spielerischen Zugang zur Gitarre zu bekommen. Umgekehrt hilft Dir die Gitarre dabei, eine Menge neuer Kinderlieder zu lernen, um diese im pädagogischen Alltag und bei der Arbeit mit Kindern einzusetzen oder einfach nur, um gemeinsam zu singen.

Gitarrenschulen und Kinderliederbücher gibt es wie Sand am Meer. Warum haben wir also nun unser eigenes Buch geschrieben? Ganz einfach – wir haben keines gefunden, bei dem wir das Gefühl hatten, es passt vom Repertoire der Lieder und vom didaktischen Aufbau zu unseren Seminaren.

Durch traditionelle und altbekannte Lieder und Melodien bekommen Gitarrenanfänger einen leichten Einstieg. So kannst Du dich voll und ganz auf die linke und rechte Hand konzentrieren und eine Melodie begleiten, die wohlvertraut ist. Die Lieder in diesem Buch sind deshalb zum größten Teil bekannt. Du startest mit dem ersten Akkord und kannst bereits nach wenigen Minuten das erste Lied begleiten.

Wir wünschen Dir viel Spaß und Freude beim Musizieren. Wenn Du Anregungen oder Verbesserungsvorschläge hast, freuen wir uns über eine Nachricht von Dir.

gitarrissi·mo
Gitarre leicht lernen

Über gitarrissi·mo

„Die Musik wieder zu den Kindern bringen!" schrieb die Rheinische Post einmal über das Konzept von gitarrissi·mo. Und genau darum geht es der mobilen Musikschule aus Düsseldorf, die im Jahr 2000 von Daniel Sommer gegründet wurde.

„Wenn die Erzieher/innen und Lehrer/innen sich beim Singen selbst auf der Gitarre begleiten, haben die Kinder auch wieder ein Vorbild und die Gitarre wird zu einer Selbstverständlichkeit im pädagogischen Alltag", sagte Daniel Sommer in diesem Artikel.

Die ersten Jahre wurden überwiegend Gitarrenkurse in Kindertagesstätten im Düsseldorfer Raum angeboten. Mittlerweile ist gitarrissi·mo bundesweit in vielen hundert Kitas und Schulen aktiv und hat etlichen Erzieher/innen, Lehrer/innen und Eltern die Grundlagen der Kinderliedbegleitung vermittelt.

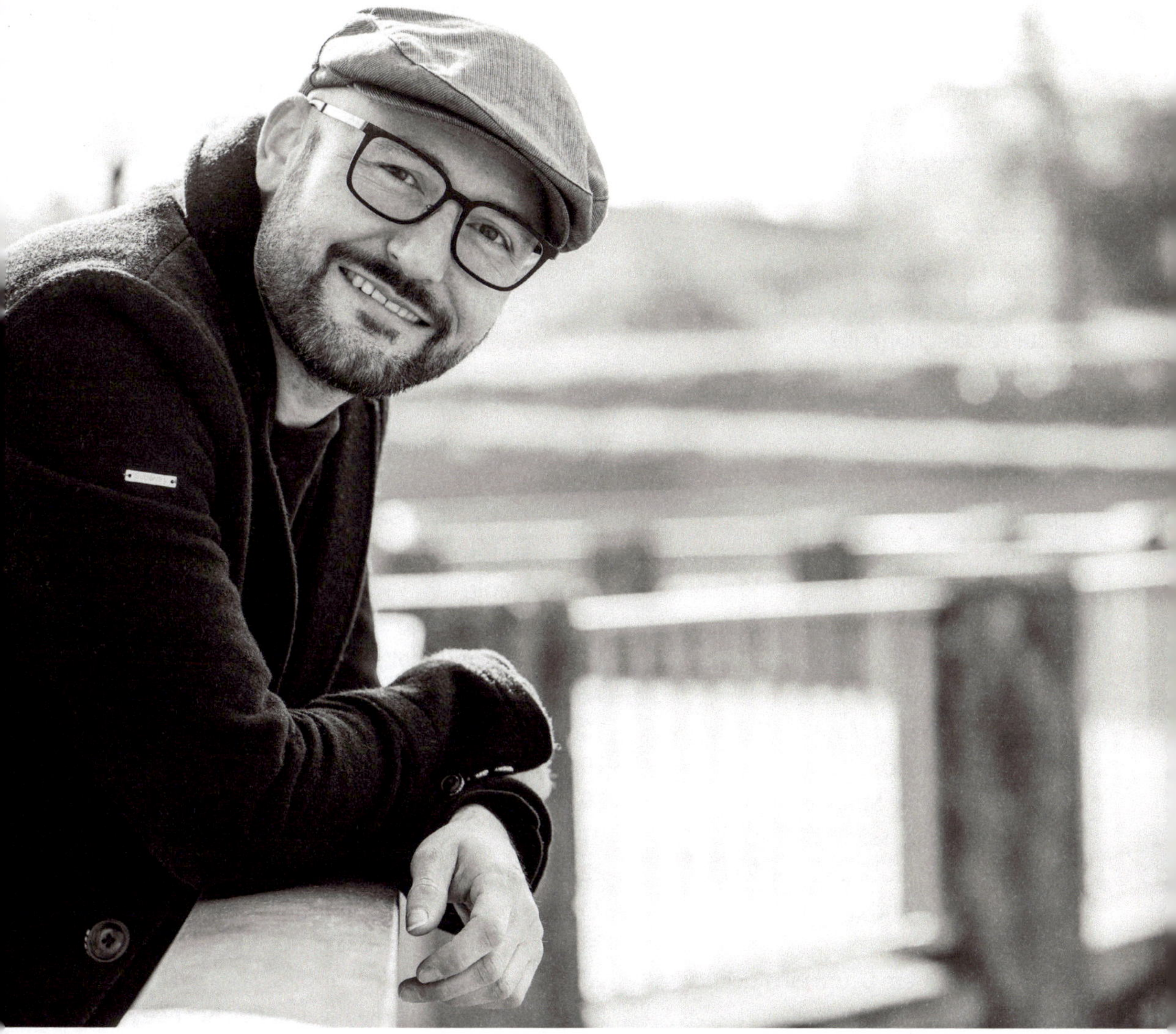

Über den Autor

Dipl. Sozialpädagoge und Flamencogitarrist Daniel Sommer (geb. 1976) ist Gründer und Leiter der Musikschule gitarrissi·mo in Düsseldorf.
Bereits während seines Studiums in den 90er Jahren an der Universität-Gesamthochschule Siegen hat er als Musikpädagoge in Kitas und Schulen sowohl Kinder als auch Erwachsene unterrichtet. Er leitet Seminare und Teamfortbildungen im gesamten Bundesgebiet und ist außerdem als Konzertgitarrist tätig.

Vorwort 3
Über den Autor 4
Über gitarrissi·mo 4
Liedbegleitung - Worauf kommt es an? 8
Akkorde 9
Rhythmus 9
Gesang 9
Was ist die C-Gitarre? 10
C-Gitarre oder „normal"? 11
Die Gitarre 12
Stimmen der Saiten 12
Haltung 13
Kapodaster 13
Tabulatur 13
Notation 14
C-Dur (vereinfacht) 15
Rhythmusfigur 1 15
- Bruder Jakob 16
- Große Uhren 17
- Frosch und Maus 18

G-Dur (vereinfacht) 19
- Durch die Straßen 20
- Aram sam sam 21
- Der Kuckuck und der Esel 22
- Hänsel und Gretel 23

D-Dur 24
- Auf einem Baum ein Kuckuck saß 25
- Es war eine Mutter 26
- Hopp, hopp, hopp 27

A-Dur 28
- Es tanzt ein Bi-Ba-Butzemann 29
- Babalu-Tanz 30
- Komm, wir spielen heut Theater 31
- Anne Kaffeekanne 32
- Hänschen klein 33
- Was müssen das für Bäume sein 34

Tonart D-Dur 35
- Drei Chinesen mit dem Kontrabass 36
- Auf der Mauer, auf der Lauer 37
- Tante aus Marokko 38
- Fuchs, du hast die Gans gestohlen 39
- Die Affen rasen durch den Wald 40
- In meinem kleinen Apfel 41

E-Dur 42
- Die Vogelhochzeit 43
- Der Cowboy Jim aus Texas 44
- Summ, summ, summ 45
- Wer will fleißige Handwerker sehen 46
- Hoch soll er leben 47
- Sur le pont d'Avignon 48

Tonart A-Dur 49
- Ein Männlein steht im Walde 50
- Häschen in der Grube 51
- Alle meine Entchen 52
- Oh, when the saints 53
- Go, tell it on the mountain 54
- Die Gedanken sind frei 55

Rhythmusfigur 2 56
E-Moll 57
- Hejo, spann den Wagen an 58
- What shall we do 59

C-Dur 60
G-Dur 60
Tonart G-Dur 61
- Der Mond ist aufgegangen 62
- Hoppe, hoppe Reiter 63

F-Dur (vereinfacht) 64
Tonart C-Dur 65
- Backe, backe Kuchen 66
- If you're happy 67
- ABC, die Katze lief im Schnee 68
- Alle Vögel sind schon da 69
- Der Herbst ist da 70

H7 71
- Das Wandern 72
- La cucaracha 73

Tonart E-Dur 74
- Old MacDonald had a farm 75
- Froh zu sein, bedarf es wenig 76
- Kräht der Hahn 77
- Meine Oma fährt im Hühnerstall 78

3/4 - Takt 79
Rhythmusfiguren 3-6 79
- Kuckuck, Kuckuck 80
- Kommt ein Vogel geflogen 81
- Alle Leut geh'n jetzt nach Haus 82

Mein Hut, der hat drei Ecken 83
Es klappert die Mühle 84
Oh, du lieber Augustin 85
My Bonnie lies over the ocean 86
Atte katte nuwa 87
Pitsch, Patsch, Pinguin 88
Hört mal, ich klatsch euch etwas vor 89
A-Moll 90
D-Moll 90
Sascha 91
Lieder mit mehr als 3 Akkorden 92
Alle Kinder lernen lesen 93
Ich lieb den Frühling 94
Wir werden immer größer 95
Wenn ein schöner Tag beginnt 96
Das Lied über mich 97
Greensleeves 98
Lieder für Festlichkeiten 99
Happy Birthday 100
Sankt Martin 101
Ich geh mit meiner Laterne 102
Laterne, Laterne 103
Abends, wenn es dunkel wird 104
Dicke rote Kerzen 105
Morgen kommt der Weihnachtsmann 106
Ihr Kinderlein kommet 107
Fröhliche Weihnacht überall 108
Lasst uns froh und munter sein 109
O Tannenbaum 110
Stille Nacht, heilige Nacht 111
Alle Jahre wieder 112
Kommet, ihr Hirten 113
Schneeflöckchen 114
Oh du fröhliche 115
Jingle Bells 116
We wish you a merry christmas 117
Kling Glöckchen 118
Leise rieselt der Schnee 119
Rhythmusfiguren 7 & 8 120
Akkord Übersicht 121
Tonarten & Transponierübersicht 122
Die Töne/ C-Gitarrengriffe auf der Gitarre 123
Liederverzeichnis 124
8 Songs mit Tab für die C-Gitarre 125
Bruder Jakob 126
Aram sam sam 127
Der Kuckuck und der Esel 128
Hänschen klein 129
Hoppe, hoppe Reiter 130
If you're happy 131
Kommt ein Vogel geflogen 132
Ich geh mit meiner Laterne 133
Notizen 136

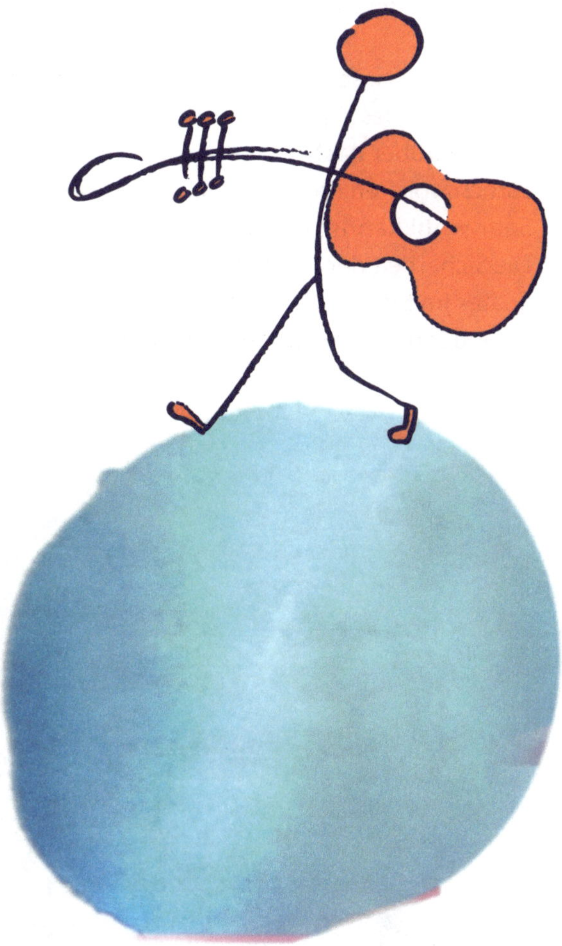

Liedbegleitung - worauf kommt es an?

Anders als beim reinen Melodiespiel geht es bei der Liedbegleitung um die rhythmische Begleitung von Kinderliedern und Songs durch Akkorde. Die Akkorde werden mit der linken Hand gegriffen und die rechte Hand spielt dazu einen bestimmten, zum Lied passenden Rhythmus.

Dadurch wird die harmonische und rhythmische Grundlage geschaffen, um Kinderlieder und Songs begleiten zu können. Wenn also die Akkorde stimmen und die rechte Hand „groovt", hast Du die beste Voraussetzung, um Dich selbst oder eine Gruppe von Kindern auf der Gitarre begleiten zu können.

Für die Liedbegleitung sind drei Dinge von enormer Bedeutung:

1. Deine linke Hand (Akkorde)
2. Deine rechte Hand (Rhythmus)
3. Die Stimme (Gesang)

Es ist zunächst sehr wichtig, dass Du diese drei Komponenten getrennt voneinander lernst und auch übst. Das Wichtigste sind natürlich die Akkorde für die linke Hand. Erst wenn Du nicht mehr darüber nachdenken musst, wie Deine linke Hand greift, macht es Sinn dazu einen anspruchsvolleren Rhythmus zu spielen und gleichzeitig dazu zu singen.
Sehr wohl kannst Du aber einfach nur die Akkorde abschlagen und bereits dazu singen. Die Sicherheit der rechten Hand wächst mit der Sicherheit Deiner linken Hand.
Später im Buch wird es immer wieder Tipps geben, wie Du diese drei Elemente getrennt voneinander und auch zusammen üben kannst.

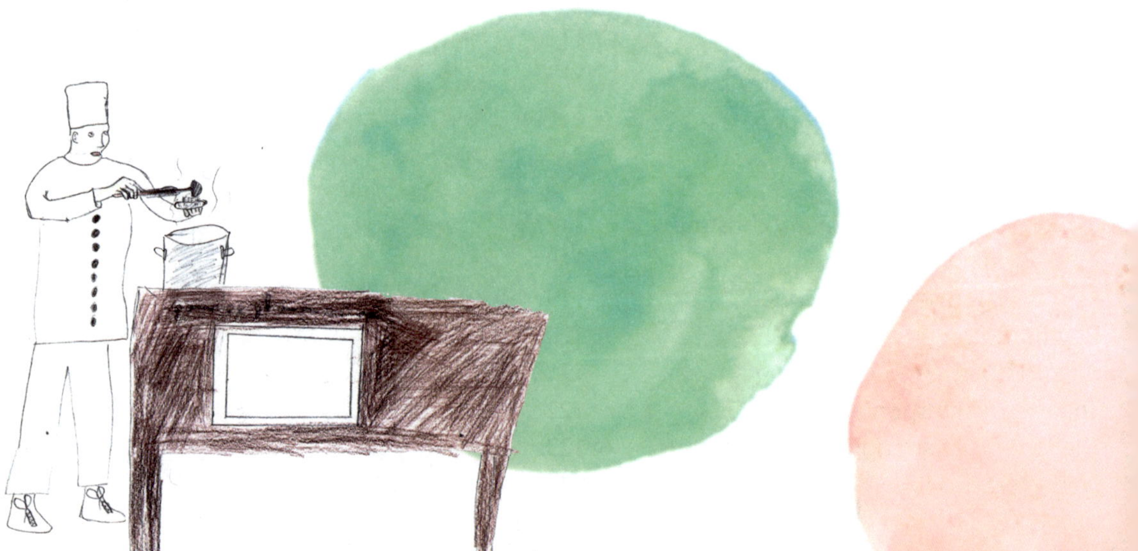

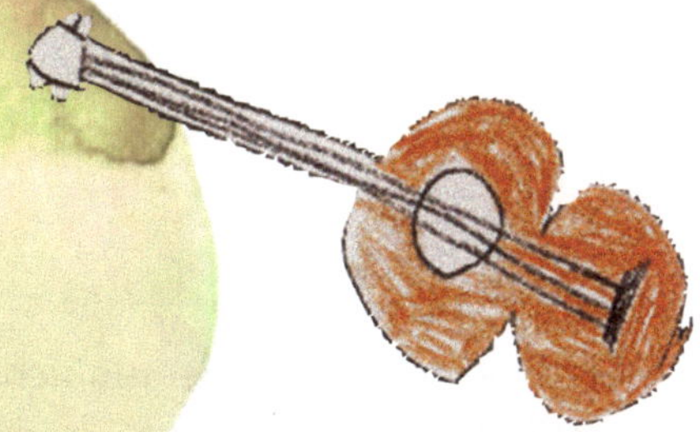

Akkorde

Akkorde sind immer ein Zusammenklang von mehreren Tönen, den wir auf der Gitarre mit der linken Hand auf dem Griffbrett greifen. Für die Begleitung der über 80 Lieder in diesem Buch benötigen wir insgesamt nur 9 Akkorde, die Du nach und nach lernen wirst. Das Greifen und Wechseln der Akkorde ist die Voraussetzung dafür, ein Lied vernünftig begleiten zu können. Deshalb ist es zunächst am wichtigsten, den Wechsel der Akkorde zu üben, damit die linke Hand in der Folgezeit nicht mehr zu viel Aufmerksamkeit bekommt. So kannst Du Dich dann auf den Rhythmus und den Gesang konzentrieren. Die ersten Wochen scheint es vielleicht unmöglich, irgendwann die Akkorde auswendig und ohne darüber nachzudenken zu wechseln. Mit der entsprechenden Übung wird das aber schon nach wenigen Monaten klappen.

Rhythmus

Die rechte Hand ist für den Rhythmus zuständig. Das bedeutet, sie schlägt ein rhythmisches Muster über die Saiten. Wir werden in diesem Buch einige einfache Schlagmuster vorstellen, die Du je nach Tempo und Charakter des Liedes beliebig einsetzen kannst. Vertraue immer auch auf Dein natürliches Rhythmusgefühl und versuche zunächst, ein Lied zu singen und dabei zu klatschen. Dadurch kannst Du Dir die rhythmische Struktur des Liedes bewusst machen. Die Stellen, an denen Du klatschst, sind oft genau die Stellen, an denen Du den Akkord abschlagen und wechseln musst.

Gesang

Liedbegleitung macht wenig Sinn, wenn Dein Lied nicht auch gesungen wird. Entweder von Dir selbst, oder der Person oder Gruppe, die Du begleitest. Du solltest natürlich als Gitarrist selbst Deine Songs singen und anstimmen können, um zum Beispiel eine Gruppe von Kindern entsprechend anzuleiten und den Ton anzugeben. Viele denken von sich selbst, dass sie nicht singen können. Das stimmt aber so nicht. Jeder kann auch mit etwas Übung und dem entsprechenden Selbstbewusstsein die Lieder dieses Buches singen. Das Wichtigste ist es, sich einfach zu trauen und keine Angst vor einem schiefen Ton zu haben. Der Spaß am Gesang und den Liedern steht im Vordergrund. Durch das gemeinsame Singen wirst Du immer mehr Sicherheit bekommen.

Was ist die C-Gitarre?

Anfänger und Einsteiger tun sich oft sehr schwer mit dem Erlernen der verschiedenen Akkorde für die linke Hand. Diese müssen monatelang geübt werden, um Kinderlieder und Songs rhythmisch sicher begleiten zu können. Wenn man die Akkorde jedoch einmal beherrscht, hat man sehr viele Möglichkeiten und kann sich dann zunehmend auf die rechte Hand konzentrieren um verschiedene Schlag- und Zupfmuster zu erlernen.
gitarrissi·mo nutzt hierzu die Möglichkeit die Gitarrensaiten auf C-Dur umzustimmen, wodurch auf Anhieb zunächst Lieder mit nur einem Akkord gespielt werden können, ohne die Greifhand zu benutzen. Alle anderen Akkorde lassen sich mit einem Quergriff erzeugen. Mit diesem Quergriff können alle anderen Dur-Akkorde erzeugt werden. Jeder Anfänger kann so auf einfache Weise in das Thema Liedbegleitung einsteigen.
Diese Lehrmethode wird auch immer häufiger angewendet, um die Gitarre z.B. auch als „Orff-Instrument" einzusetzen. Damit erlernen selbst Kinder ab 4 Jahren das gemeinsame Musizieren mit der C-Gitarre im Rahmen der musikalischen Früherziehung und im Zusammenspiel mit weiteren Instrumenten (Klangstäbe, Cajon, Xylophon, etc.)

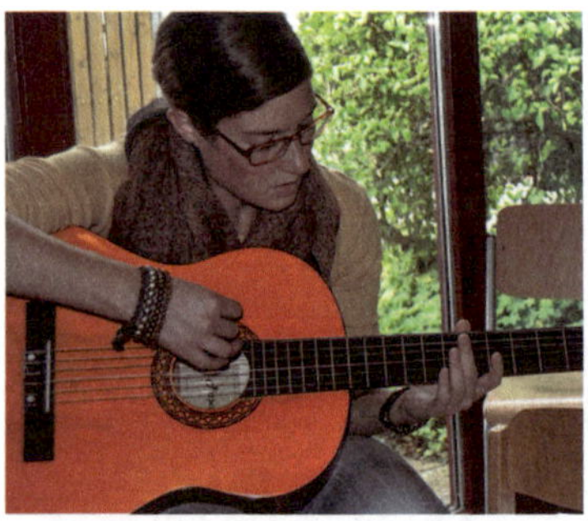
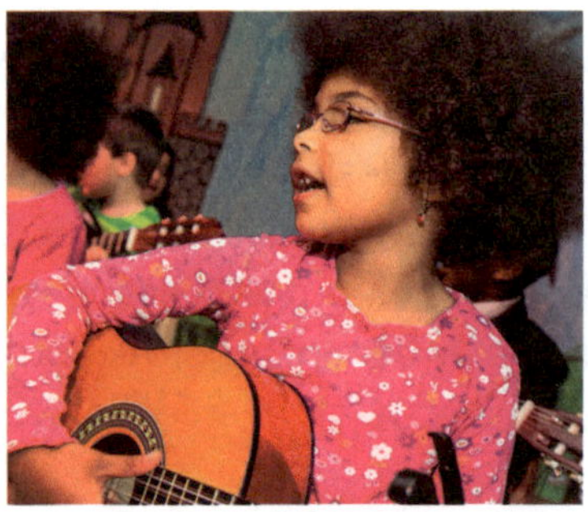
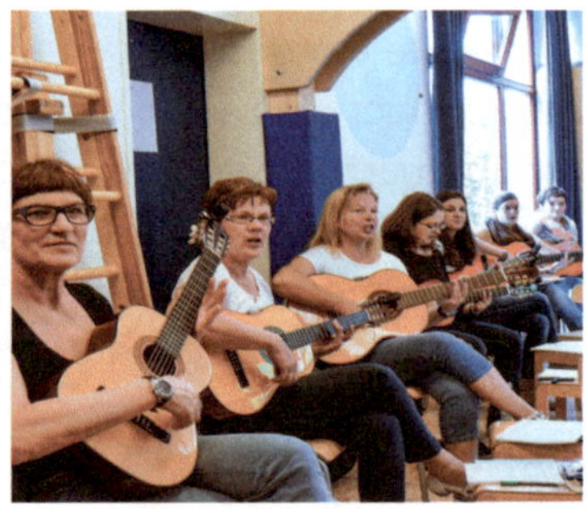
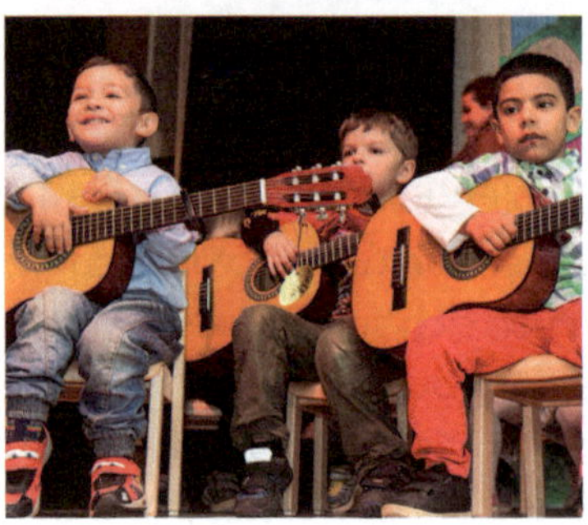
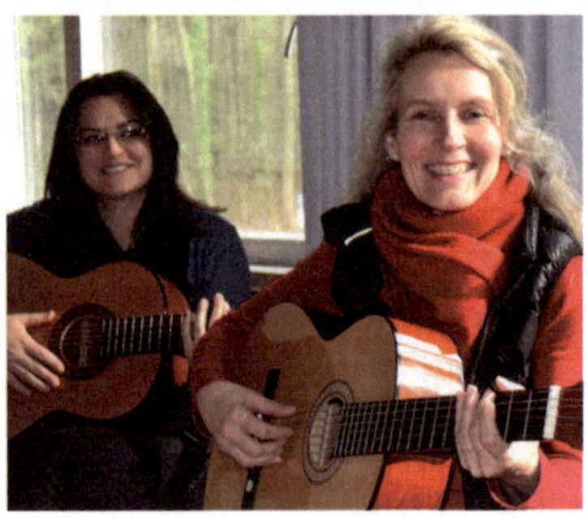
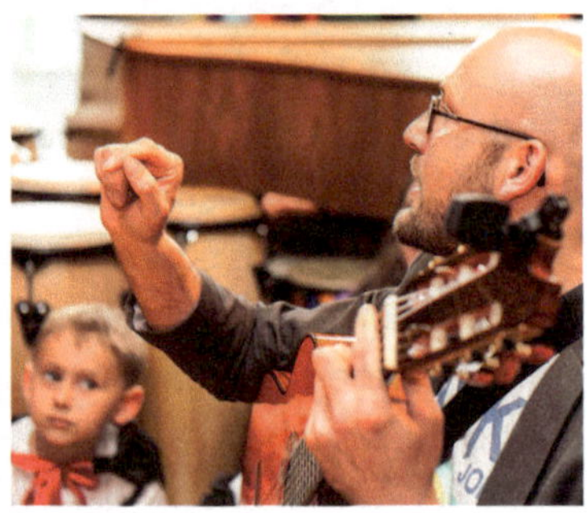

Weitere Informationen zur C-Gitarre findest du auf unserer Homepage :
www.gitarre-leicht-lernen.de

C-Gitarre oder „normal"?

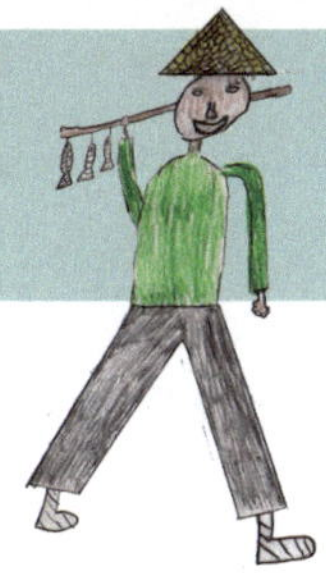

Welche der beiden Methoden ist jetzt die richtige für Dich?

Schüler, die noch nie eine Gitarre in der Hand hatten, sollten mit der C-Gitarre beginnen. Die Frustration ist oft sehr groß, wenn erst nach vielen Monaten Lieder begleitet werden können, weil der Akkordwechsel nicht flüssig klappt. Die C-Stimmung ermöglicht eine adäquate Liedbegleitung bereits nach wenigen Stunden. Auch wenn es etwas Übung bedarf den Barrégriff zu lernen, so haben die Schüler schon in den ersten Unterrichtsstunden sehr gute Erfolge. Das Tolle an der C-Gitarre ist der schnelle Erfolg in der Begleitung von Kinderliedern. Durch den Kapodaster und verschiedene andere Tricks haben bereits Kinder ab 4 Jahren die Möglichkeit, mit einer C-Gitarre zu musizieren.

Wenn Du das Prinzip einmal verstanden hast, kannst Du natürlich auch immer noch umsatteln und z.B. nach ein paar Monaten C-Gitarre die normale Stimmung lernen. Durch den Barrégriff, den Du ja bereits kannst, wird es Dir viel leichter fallen, jetzt die Akkorde für die linke Hand zu lernen. Wenn Du schon einmal Gitarre gespielt hast und sogar noch den ein oder anderen Akkord greifen kannst, macht es Sinn bei der normalen Stimmung zu bleiben. Mit Schülern, die bereits in ihrer Kindheit Gitarre oder auch ein anderes Saiteninstrument gespielt haben oder vor etlichen Jahren bereits einmal einen Gitarrenkurs besuchten, zeigt die Erfahrung, dass die normalen Akkorde relativ schnell zu lernen sind.

In der normalen Stimmung lassen sich langfristig mit Sicherheit mehr Akkorde greifen und umsetzen. Wer sich also unabhängig von der Kinderliedbegleitung für die Gitarre als Melodieinstrument und für verschiedene andere Stilrichtungen (Klassik, Jazz oder Flamenco) interessiert, sollte die normalen Akkorde lernen und sich ohnehin mehr Zeit für das Verstehen des Instruments Gitarre nehmen. Um die Akkorde zu lernen, solltest Du jedoch mindestens 15-20 Minuten pro Tag üben.

Das Spielen auf der C-Gitarre hingegen erfordert kaum tägliches Üben für die Greifhand, sobald der Quergriff einmal beherrscht wird. Die verschiedenen Rhythmusmuster für die rechte Hand müssen bei beiden Methoden geübt werden.
Wenn Du Dir unsicher bist, welcher Weg der richtige für Dich ist, sprich mit Deinem Gitarrenlehrer oder kontaktiere uns direkt.

Die Gitarre

Stimmen der Saiten

Die Gitarre hat sechs Saiten, drei Bass-Saiten und drei Diskant-Saiten. Die Bass-Saiten werden von oben nach unten betrachtet auf die Töne E, A und D gestimmt, die drei Diskant-Saiten auf die Töne G, H und E. Merke Dir einfach den Satz „Eine Alte Dame Geht Hering Essen“, um Dir die Töne der Saiten einzuprägen. Auch wenn Du nach der Methode C-Gitarre spielst, solltest Du Dir diese Töne merken.

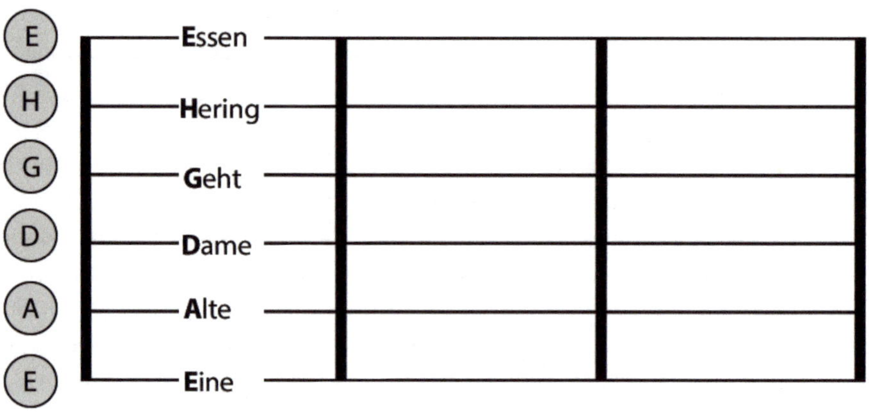

C-Stimmung:

Um mit der C-Gitarre zu spielen, müssen die Saiten auf die Töne C-G-C-G-C-E umgestimmt werden. Hierfür benutzt Du am besten ein chromatisches Stimmgerät.

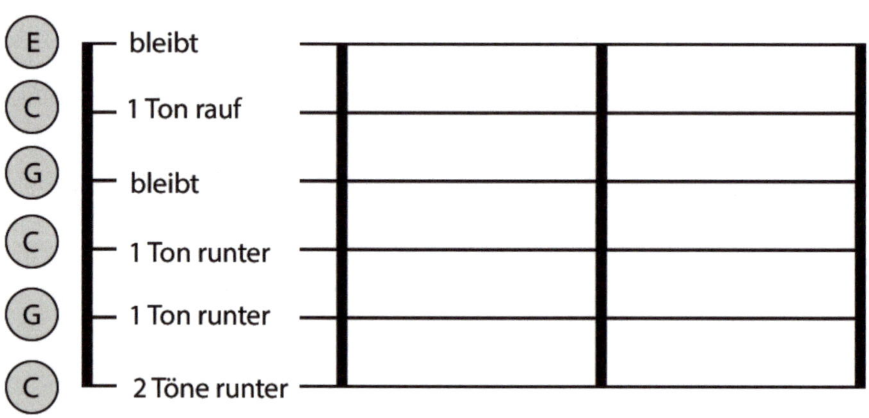

Haltung

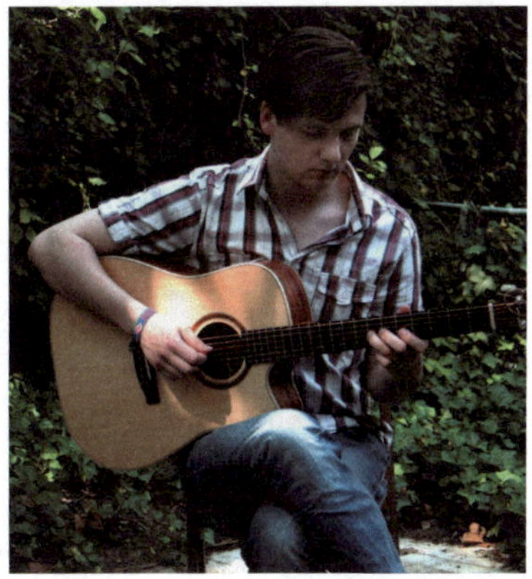

Es gibt verschiedene Möglichkeiten, die Gitarre zu halten und natürlich ganz viele verschiedene Meinungen dazu.
So unterscheidet man zum Beispiel die klassische Haltung mit Fußbank, die sitzende Haltung mit oder ohne übereinander geschlagenen Beinen und das Spielen im Stehen. Das Wichtigste ist, dass Du bequem sitzt und der Hals der Gitarre nicht wegkippt. So kann die rechte Hand ohne Anstrengungen spielen und die linke Hand die Akkorde greifen, ohne den Hals stützen zu müssen.

Kapodaster

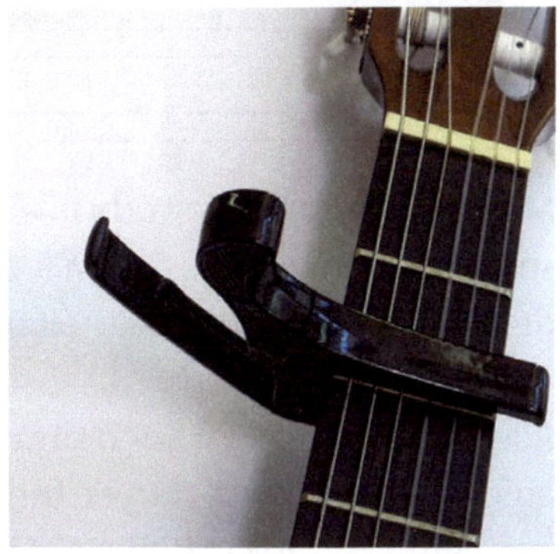

Mit einem Kapodaster kannst Du alle sechs Saiten an einem Bund Deiner Wahl herunterdrücken. In der normalen Stimmung veränderst Du hierdurch die Tonart, wenn Du ab dem Kapodaster beginnst die Akkorde zu greifen.
Auch in der C-Stimmung wird das Kapodaster gerne verwendet, um einige Tonarten einfacher greifen zu können. Der Kapodaster sollte ebenso wie ein Stimmgerät in keiner Gitarrentasche fehlen.

Tabulatur

Die Tabulatur erscheint bei jedem Stück unter den Notenlinien. Mit Hilfe der Tabulaturzahlen kannst Du die notierten Töne spielen, ohne die Noten verstehen zu müssen. Es ist ganz einfach! Die Zahlen zeigen Dir die Bünde an, die Du greifen musst.

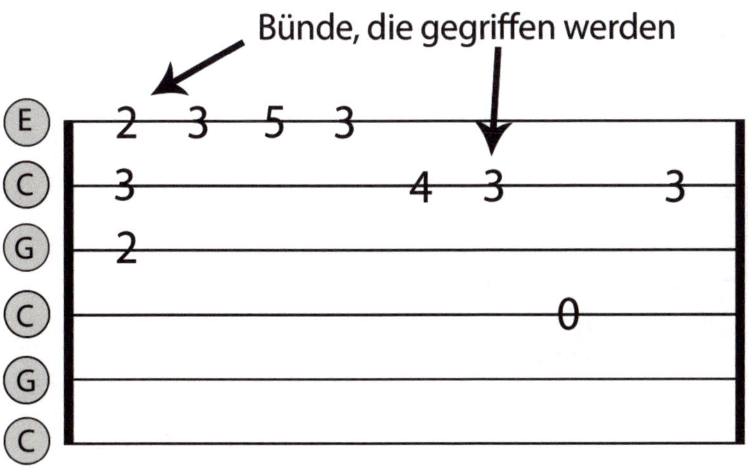

Die Lieder in diesem Buch sind mit der Tabulatur für die Standard-Stimmung notiert.

Im Anhang findest Du einige Lieder, die mit der Tabulatur für die C-Gitarre notiert sind

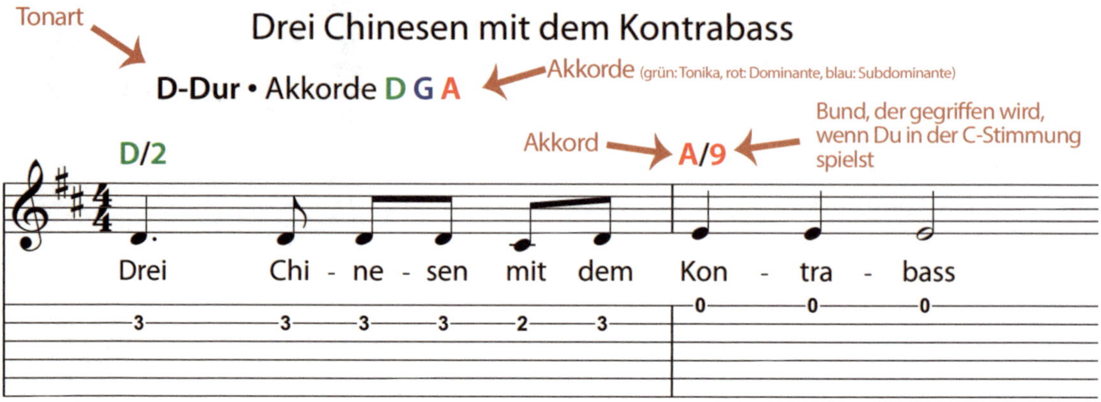

Mit der C-Gitarre spielst du in einer offenen C-Dur Stimmung. Du kannst den Akkord C-Dur direkt spielen, indem Du alle Saiten leer anschlägst. Für die folgenden drei Lieder brauchst Du also mit der linken Hand nicht zu greifen.

Alle Lieder in diesem Buch sind sowohl für die normale Stimmung, als auch für die C-Stimmung aufgeschrieben. Auf den ersten Blick scheint das vielleicht etwas verwirrend zu sein. Es ist aber ganz einfach. Links oben steht immer die Tonart, in der das Lied aufgeschrieben ist. Der Akkord wird für die normale Stimmung durch den Buchstaben symbolisiert.

Die Zahl neben dem Akkord symbolisiert den Bund, den Du auf der C-Gitarre greifen musst. D/2 bedeutet also, dass Du in der normalen Stimmung ein D-Dur greifst und, wenn Deine Gitarre auf C-Dur umgestimmt ist greifst Du einen Quergriff im zweiten Bund. Hierdurch hast Du dann ebenfalls den Akkord D-Dur erzeugt.

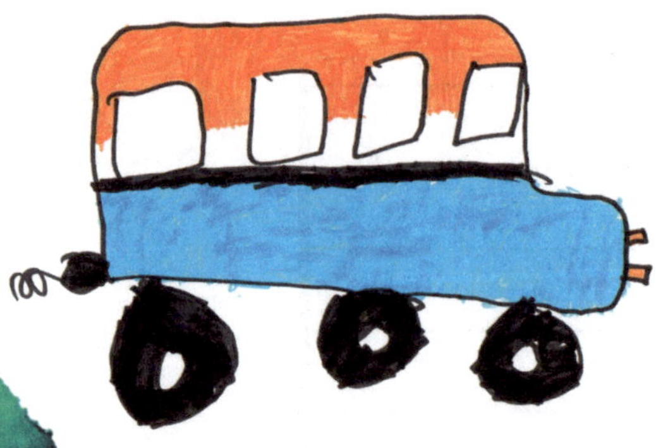

Rhythmus

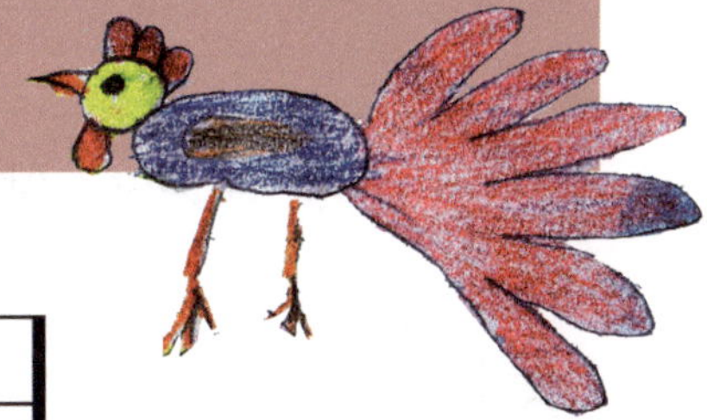

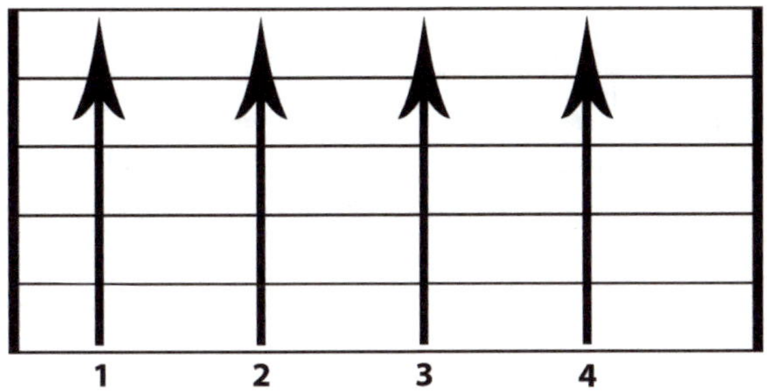

Mit diesem Rhythmus kannst Du schon alle Lieder, die im 4/4-Takt notiert sind, begleiten. Du schlägst die Saiten einfach gleichmäßig von oben nach unten an. Wenn Du die C-Stimmung verwendest, kannst Du immer alle 6 Saiten anschlagen. Solltest Du die normale Stimmung benutzen, musst Du aufpassen, dass Du nur die Saiten anschlägst, die zum Akkord gehören. Wie Du die Saiten abschlägst, zeigt Dir Dein Gitarrenlehrer. Es gibt verschiedene Möglichkeiten, z.B. mit dem Daumen, Zeige- und Mittelfinger oder mit dem Plektrum.

C-Dur (vereinfacht)

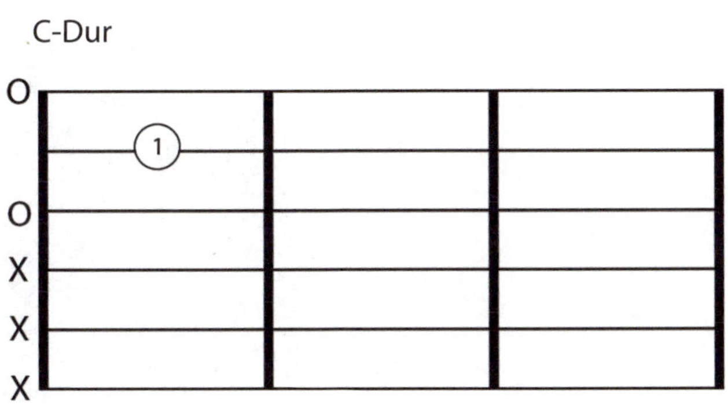

Der 1. Akkord, den Du lernst, ist ein vereinfachtes C-Dur. Vereinfacht deshalb, weil es noch nicht der komplette C-Dur Akkord ist, den Du erst später lernen wirst. Das vereinfachte C wird nur mit dem Zeigefinger auf der H-Saite im 1. Bund gegriffen und ist dadurch sehr einfach für den Einstieg. Wichtig ist, dass Du bei diesem Akkord nicht alle 6 Saiten von oben anschlägst, sondern möglichst nur die 3 Diskantsaiten (G-H-E).

Bruder Jakob

C-Dur • Akkorde C • Offenes C-Tuning 00 00 00 00

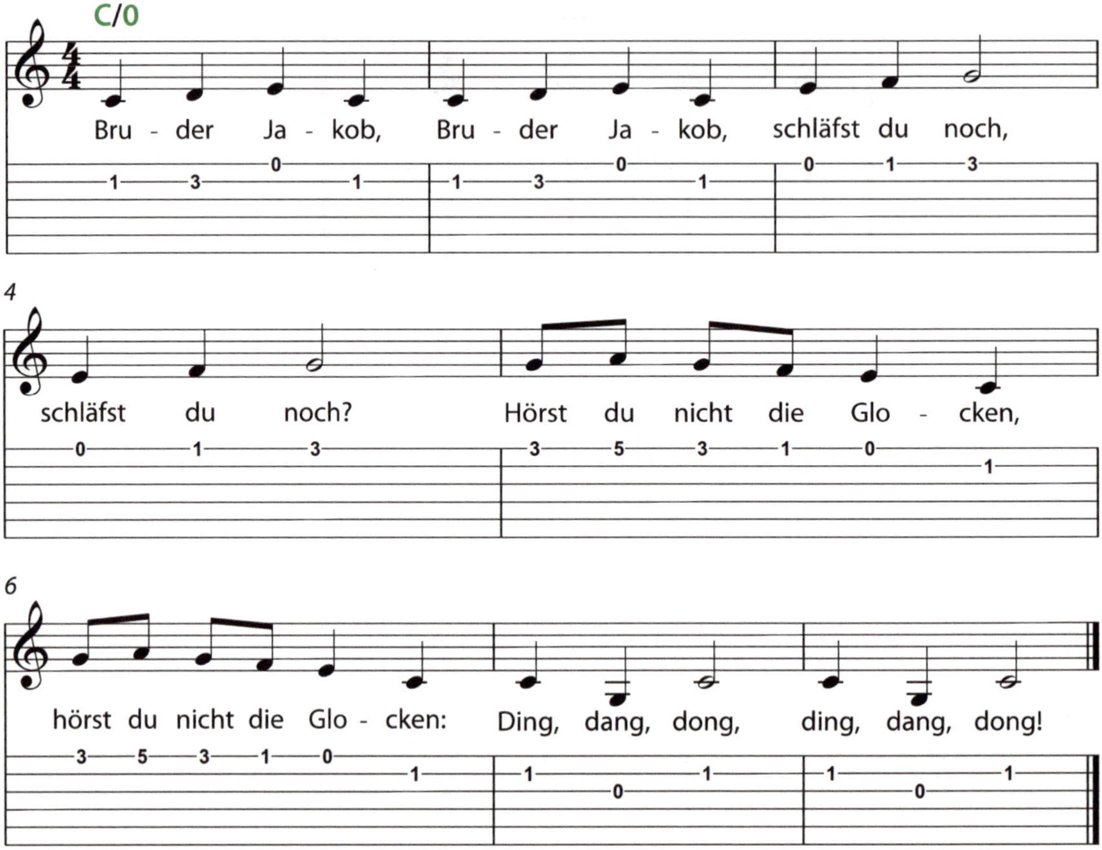

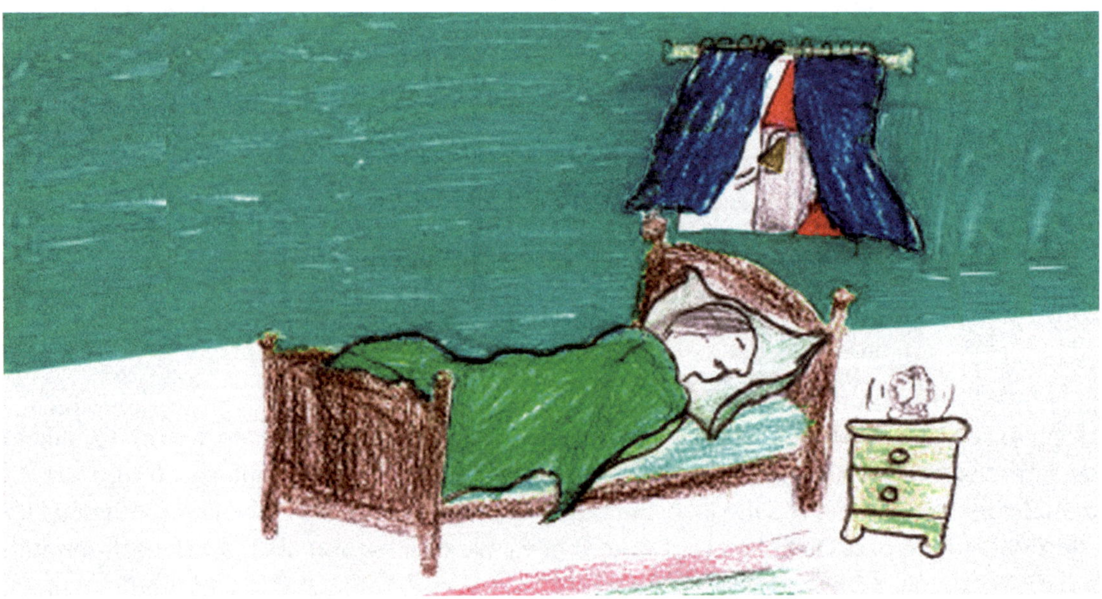

Große Uhren

C-Dur • Akkorde C • Offenes C-Tuning 0000 0000 0000

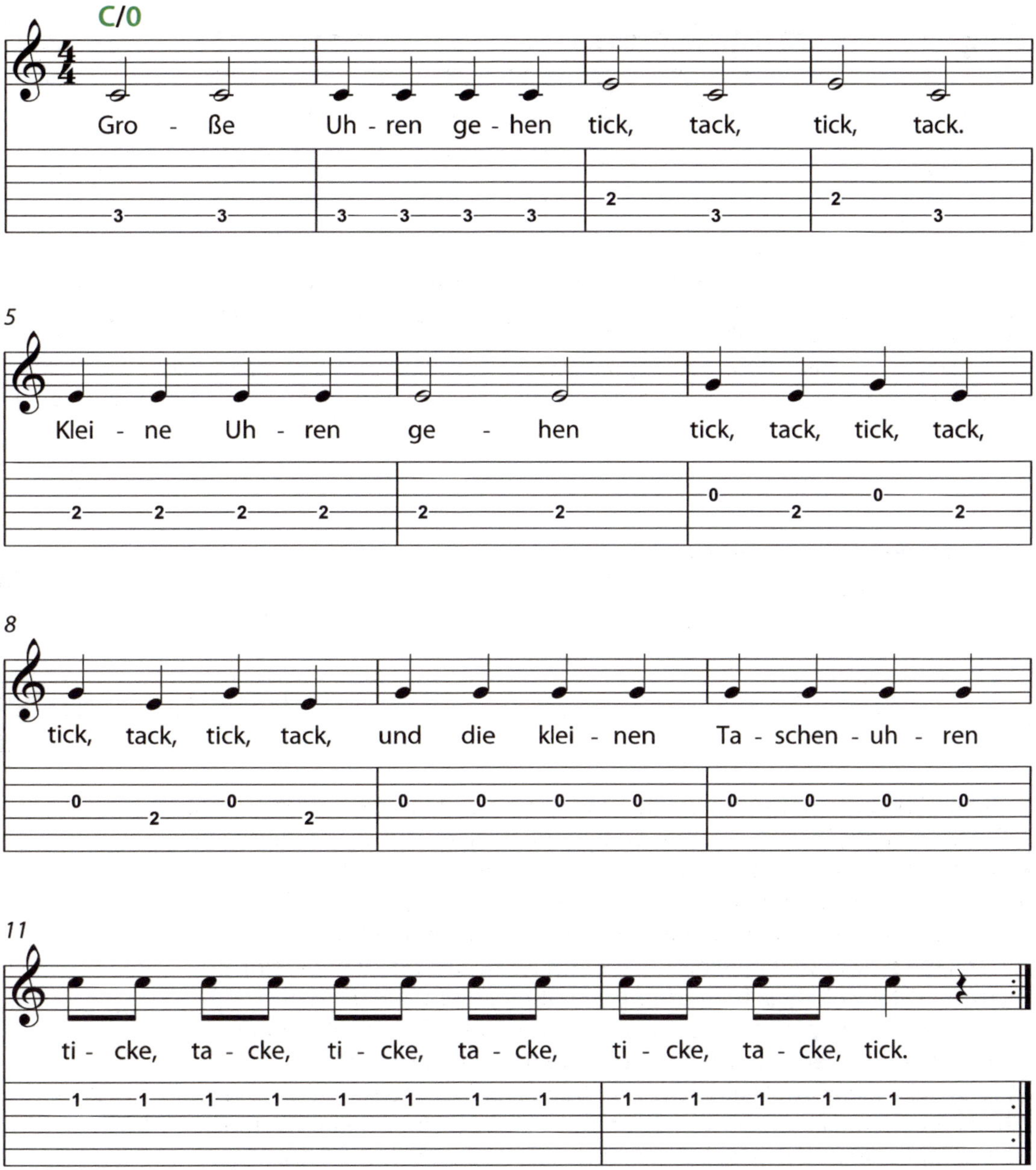

Frosch und Maus

C-Dur • Akkorde C • Offenes C-Tuning 00 000

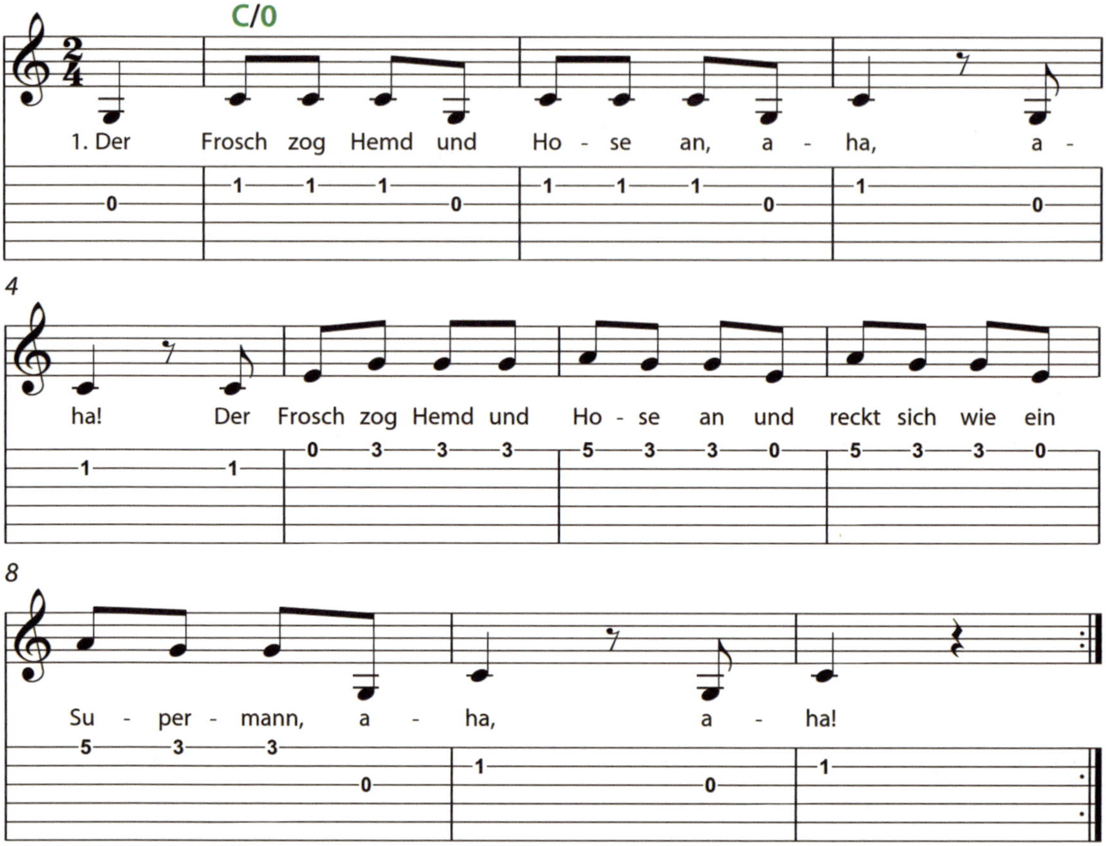

2. Dann hüpft er zu dem Mauseloch... und küsst die Maus, die liebt ihn doch...
3. Die Maus sagt: „Du bist nass und grün... jedoch du quakst so wunderschön...
4. Dann holt sie ihren Federhut... der steht ihr aber wirklich gut...
5. Wo feiern wir? Ich freu mich schon... in einem alten Pappkarton...
6. Die ersten Gäste kamen an... Rabe, Hamster, Spatz und Huhn...
7. Der Rabe stakste steif herein... und rief sogleich: „Wo bleibt der Wein?"...
8. Der Hamster ist heut sehr galant... er schüttelt jedermann die Hand...
9. Der Spatz, der hüpft im Zickzack ran... weil er vortrefflich hüpfen kann...
10. Der Hahn stolzierte stolz heran... und kräht, so laut er kann...
11. Und dann kam Onkel Ratte rein... der trank sein Bier und schlief gleich ein...
12. Der Frosch quakt seinen schönsten Ton... da wackelte der Pappkarton...
13. Der Kater Karlo hörte das... und schlich sich an durchs hohe Gras...
14. Die Maus rief: „Guck, der Kater kommt!... Jetzt alle Mann den Fürchteton!"...
15. Und da kam aus dem Pappkarton... ein wirklich fürchterlicher Ton...
16. Das quietschte und das pfiff und schrie... der Kater rannte weg - und wie...
17. Er warnte seinen kleinen Sohn... vor dem Gespenst im Pappkarton...
18. Die Tiere in dem Pappkarton... die tanzten bis sie müde warn
    und bis das Fest sein Ende nahm.

G-Dur (vereinfacht)

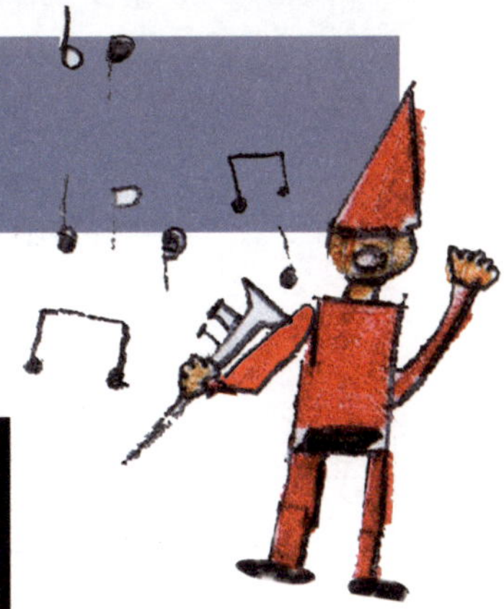

G-Dur

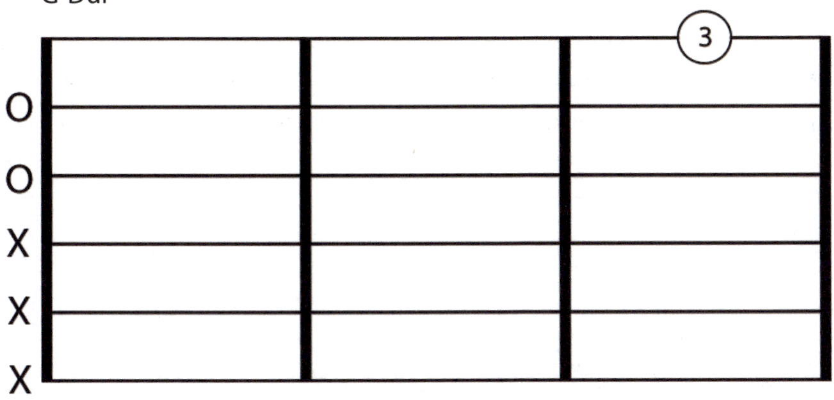

Der 2. Akkord ist das vereinfachte G-Dur. Genauso wie der vereinfachte Akkord C-Dur wird das G hier nur mit einem Finger gegriffen. Du kannst den Ringfinger oder den kleinen Finger benutzen, um die hohe E-Saite im dritten Bund zu greifen. Auch hierbei solltest Du nur die 3 Diskantsaiten anschlagen.

G/ 7 7. Bund

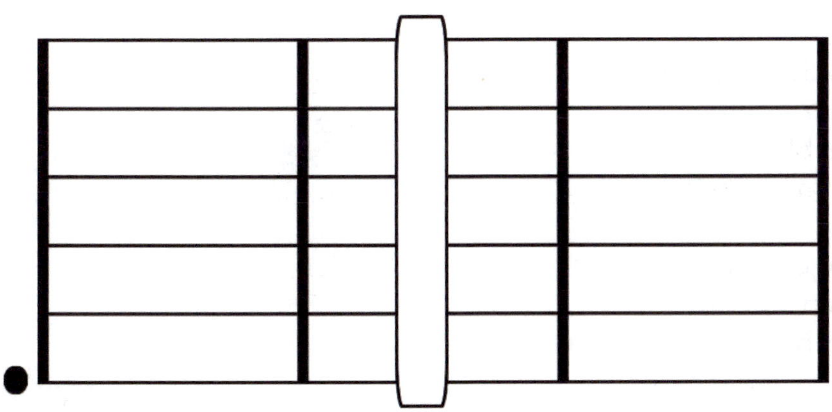

Der Akkord G-Dur wird auf der C-Gitarre im 7. Bund gegriffen. Du kannst alle sechs Saiten anschlagen, wie bei jedem anderen Akkord auf der C-Gitarre. Achte darauf, dass alle 6 Saiten klingen.

Durch die Straßen

C-Dur • Akkorde C G • Offenes C-Tuning 0070 7070 0070

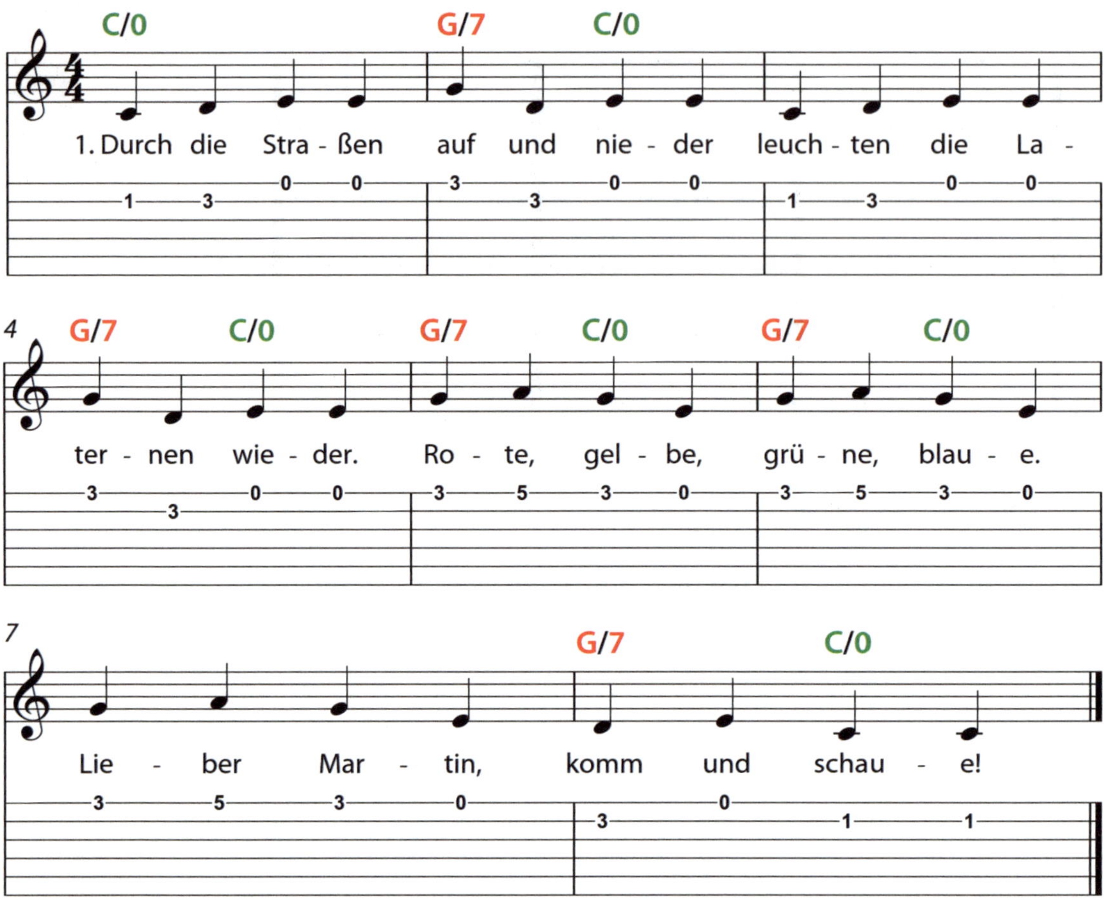

2. Wie die Blumen in dem Garten
   blühn Laternen aller Arten.
   Rote, gelbe, grüne, blaue.
   Lieber Martin, komm und schaue!

3. Und wir gehen lange Strecken
   mit Laternen an den Stecken.
   Rote, gelbe, grüne, blaue.
   Lieber Martin, komm und schaue!

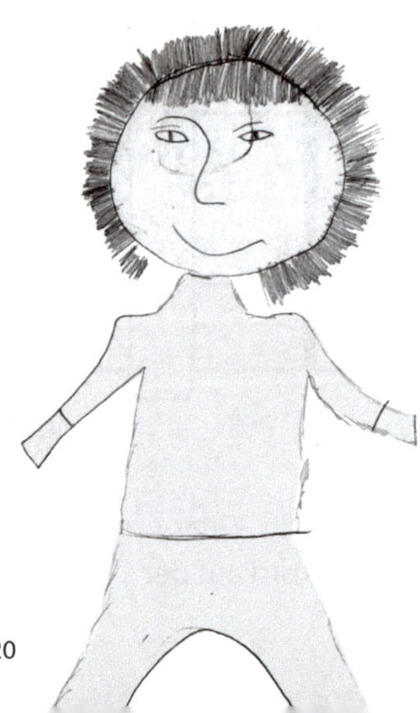

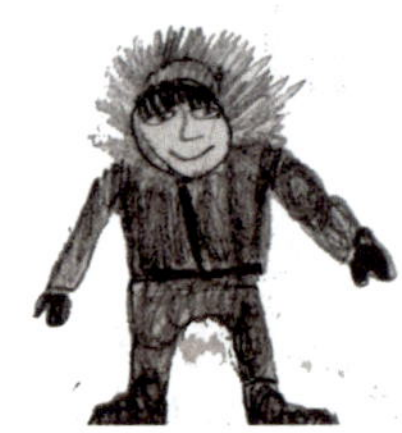

Aram sam sam

C-Dur • Akkorde C G • Offenes C-Tuning 0070 0070

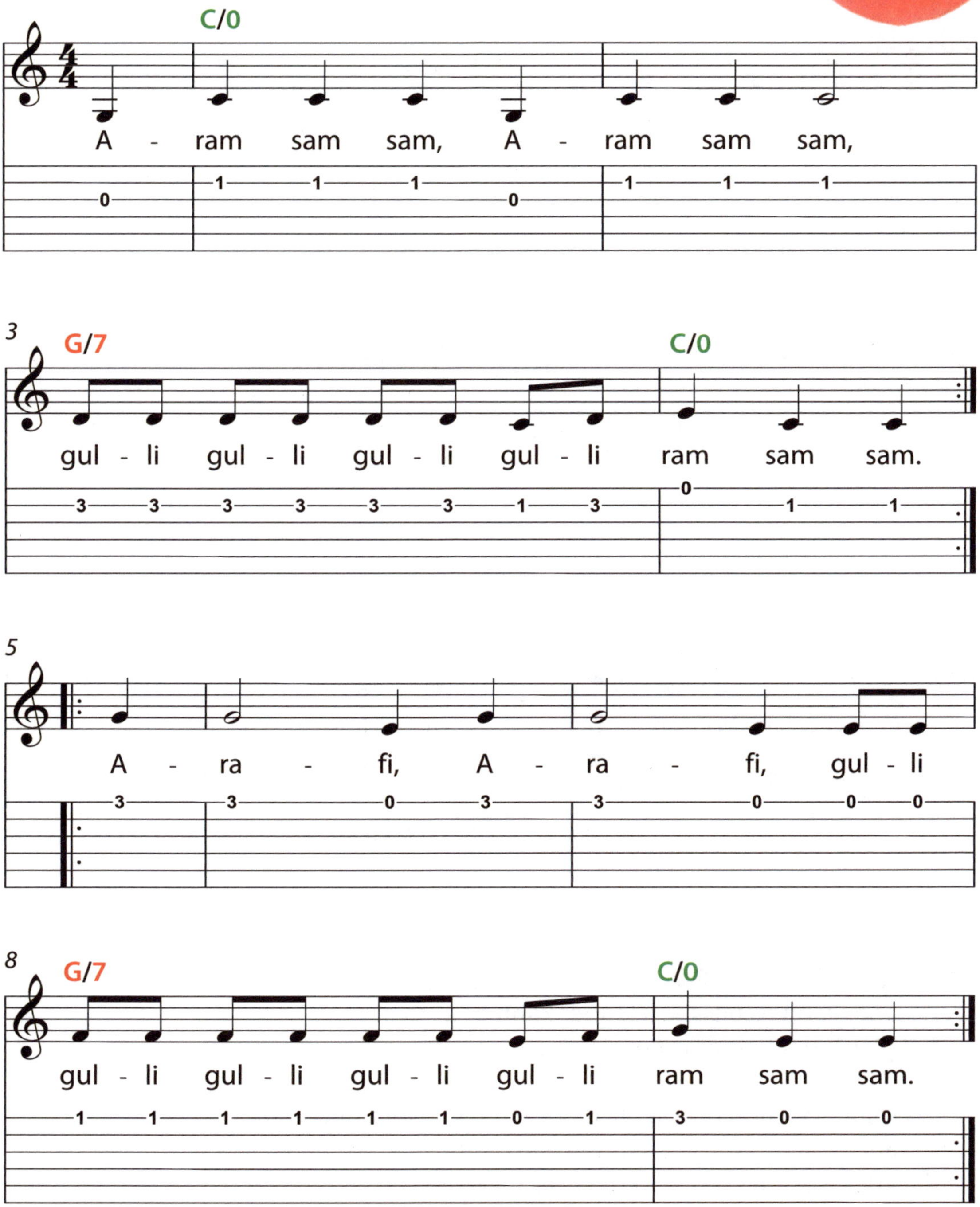

Der Kuckuck und der Esel

C-Dur • Akkorde C G • Offenes C-Tuning 0770 0770 0770

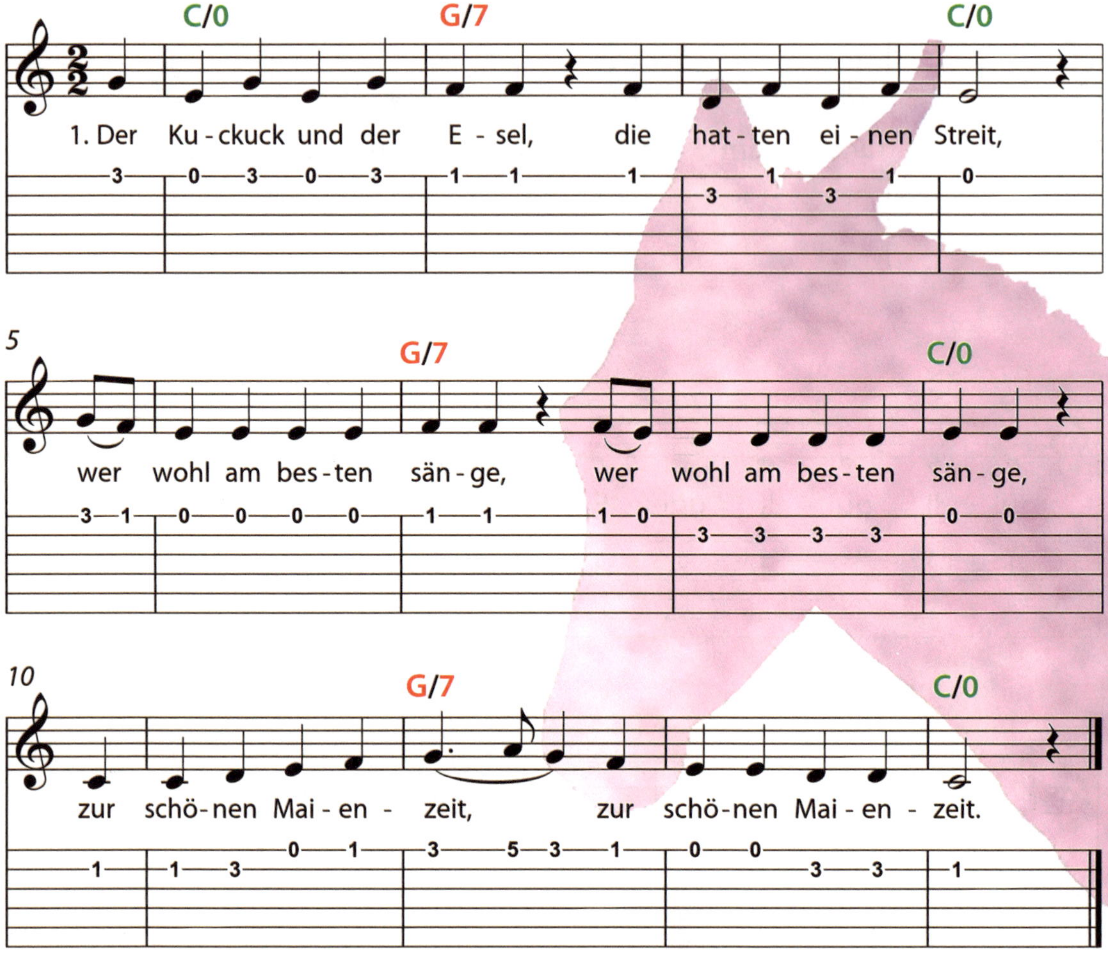

2. Der Kuckuck sprach: „Das kann ich!“ und hub gleich an zu schrein.
„Ich aber kann es besser, ich aber kann es besser!“,
fiel gleich der Esel ein, fiel gleich der Esel ein.

3. Das klang so schön und lieblich, so schön von fern und nah.
Sie sangen alle beide, sie sangen alle beide:
„Kuckuck, kuckuck, i-a, i-a, kuckuck, kuckuck, i-a!“

Hänsel und Gretel

C-Dur • Akkorde C G • Offenes C-Tuning 0070 7700 0070

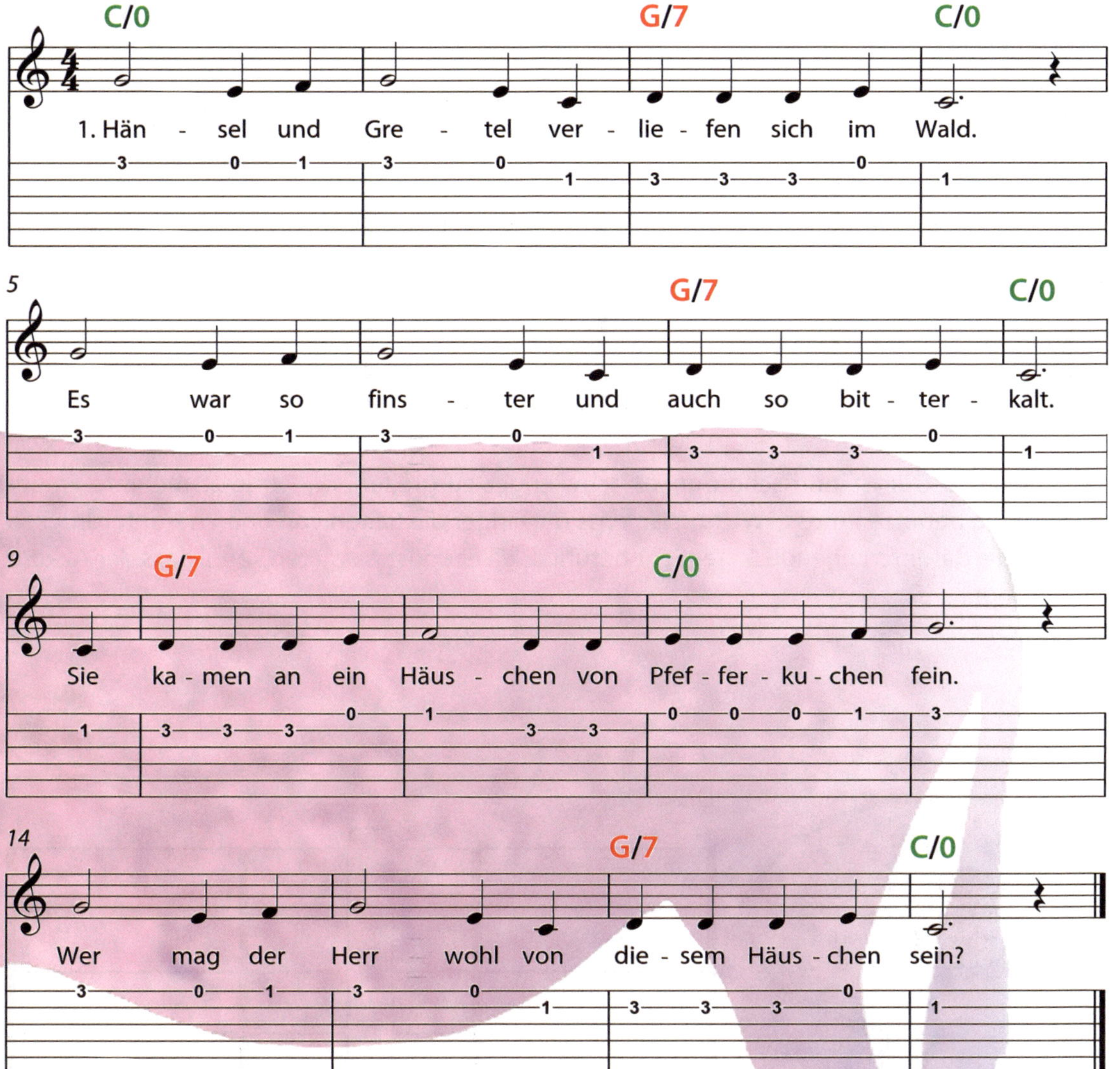

D-Dur

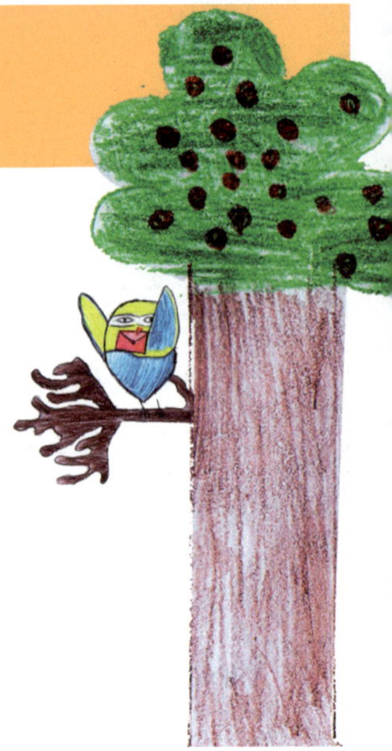

D-Dur

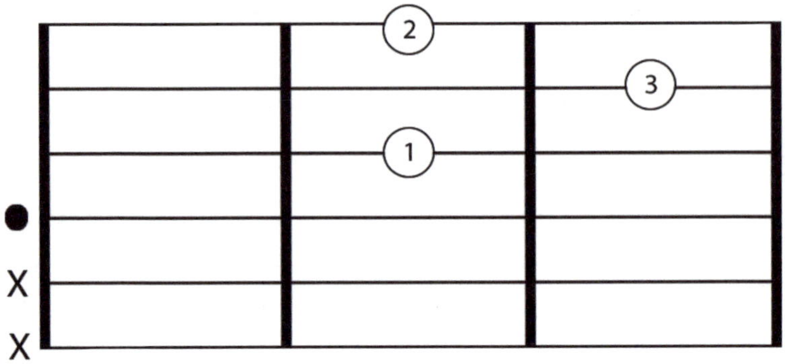

Der Akkord D-Dur ist nun schon etwas schwieriger zu greifen, da Du jetzt mehrere Finger gleichzeitig benutzen musst. Wichtig ist, dass die Finger die Saiten von oben herunterdrücken und Du die darunterliegende Saite nicht berührst, da es sonst passieren kann, dass der Akkord nicht klingt.

Tipp!

Für die folgenden Lieder benutze Dein Kapodaster. Der Akkord D-Dur wird dann wieder „leer" gespielt, und Du brauchst nur das G-Dur im 7. Bund zu greifen

D/2 2. Bund

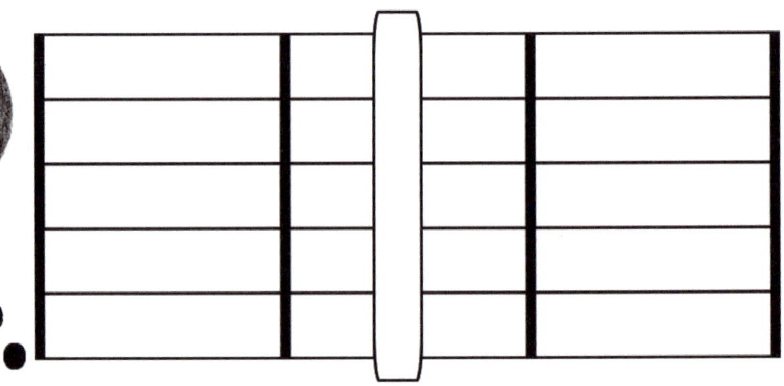

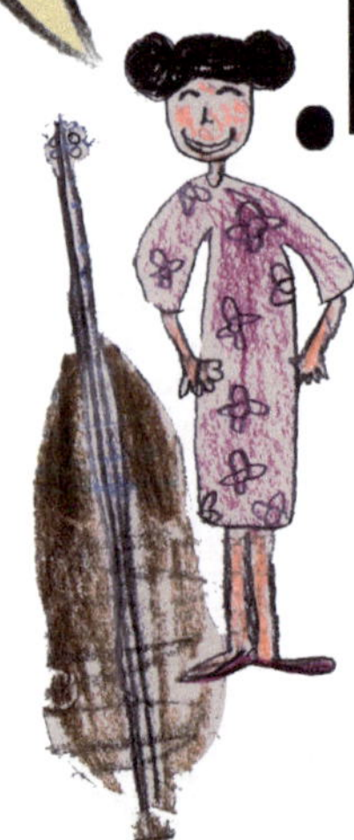

Auf einem Baum ein Kuckuck saß

G-Dur • Akkorde G D • Offenes C-Tuning 77722 777227

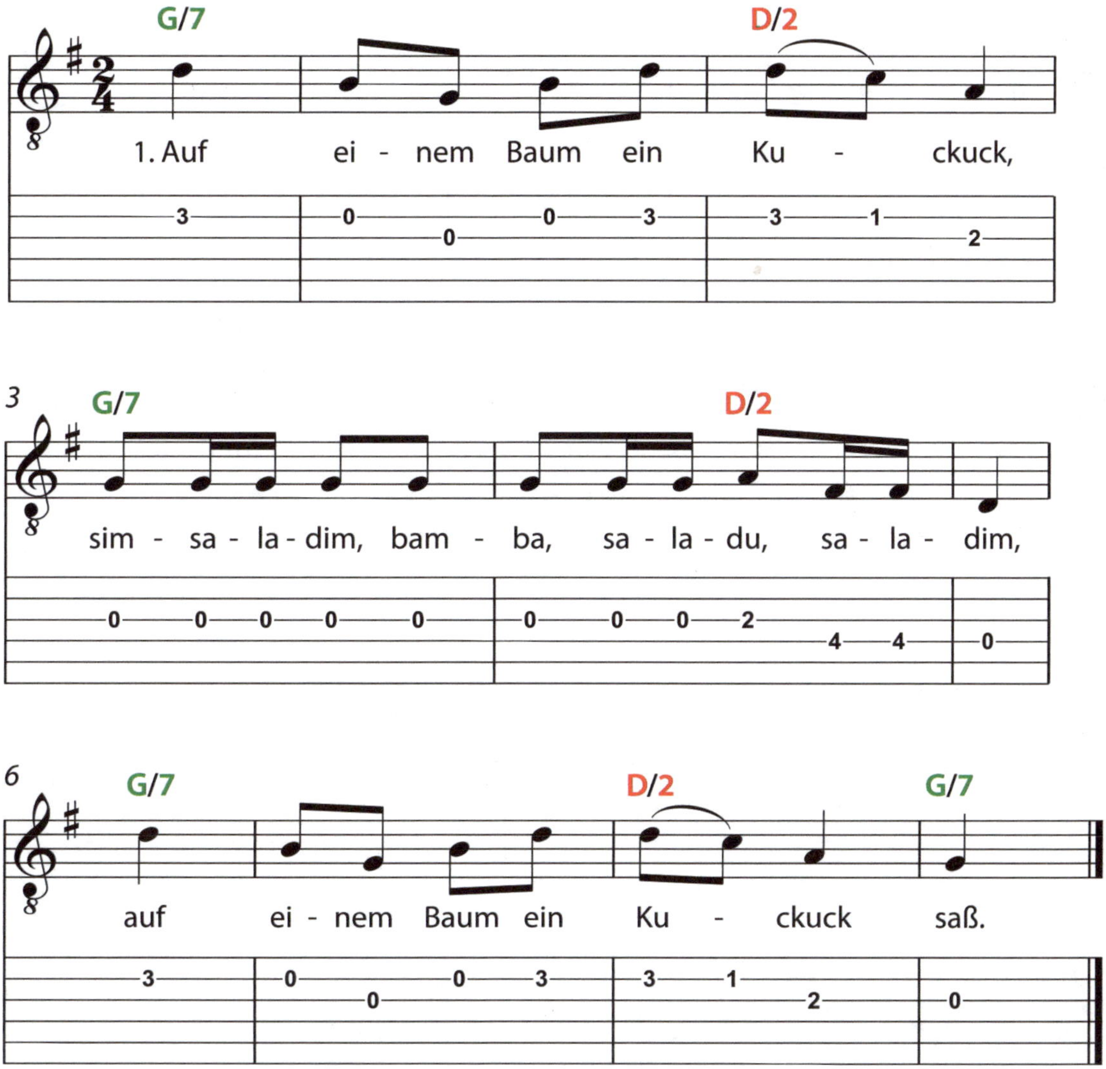

2. Da kam ein junger Jäger,
simsaladim, bamba, saladu, saladim,
da kam ein junger Jägersmann.

3. Der schloss den armen Kuckuck,
simsaladim, bamba, saladu, saladim,
der schoss den armen Kuckuck tot.

4. Und als ein Jahr vergangen,
simsaladim, bamba, saladu, saladim,
und als ein Jahr vergangen war,

5. da war der Kuckuck wieder,
simsaladim, bamba, saladu, saladim,
da war der Kuckuck wieder da.

Es war eine Mutter

G-Dur • Akkorde G D • Offenes C-Tuning 7227 2727 7227

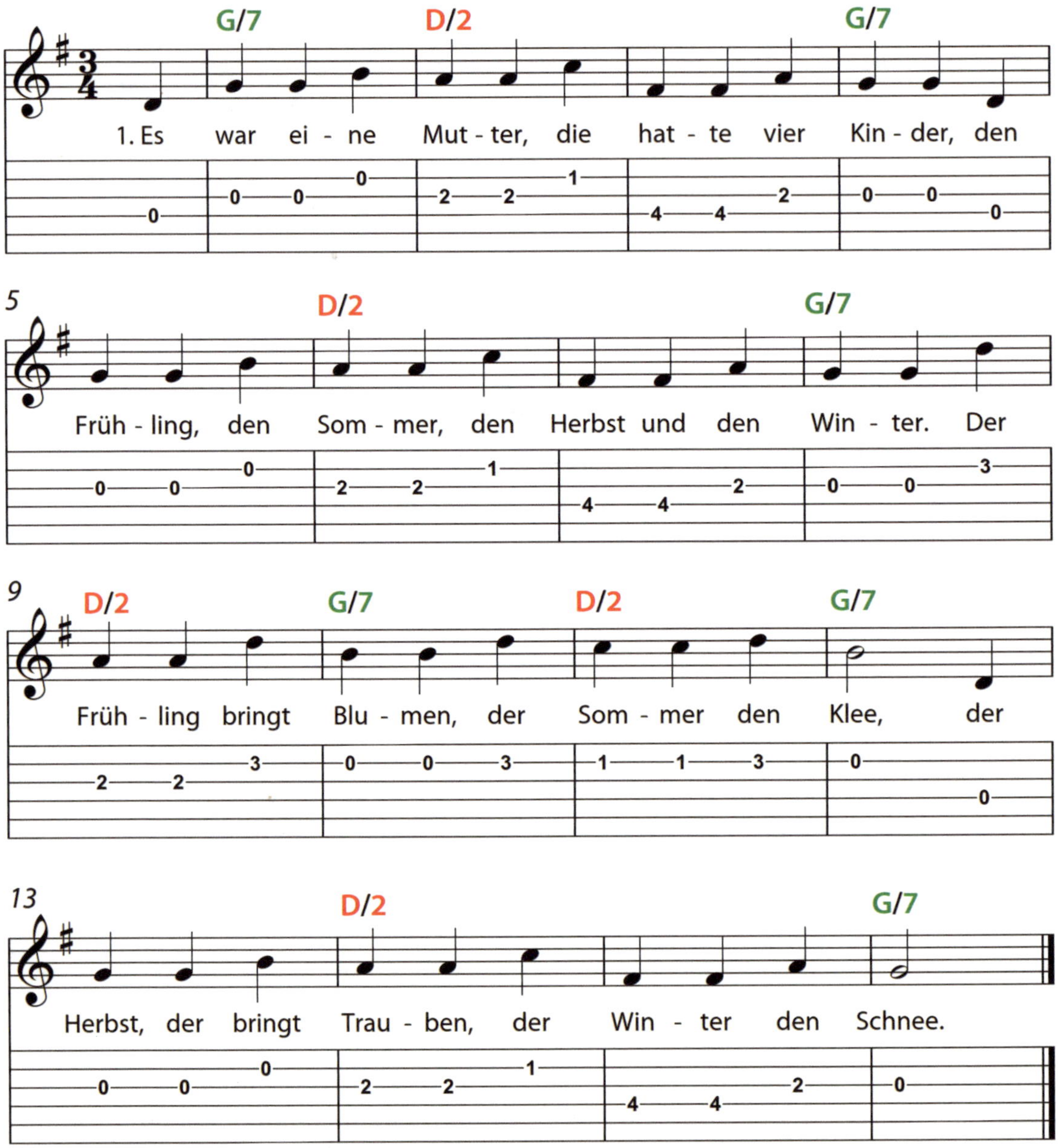

Hopp, hopp, hopp

G-Dur • Akkorde G D • Offenes C-Tuning 7727 2727 7727

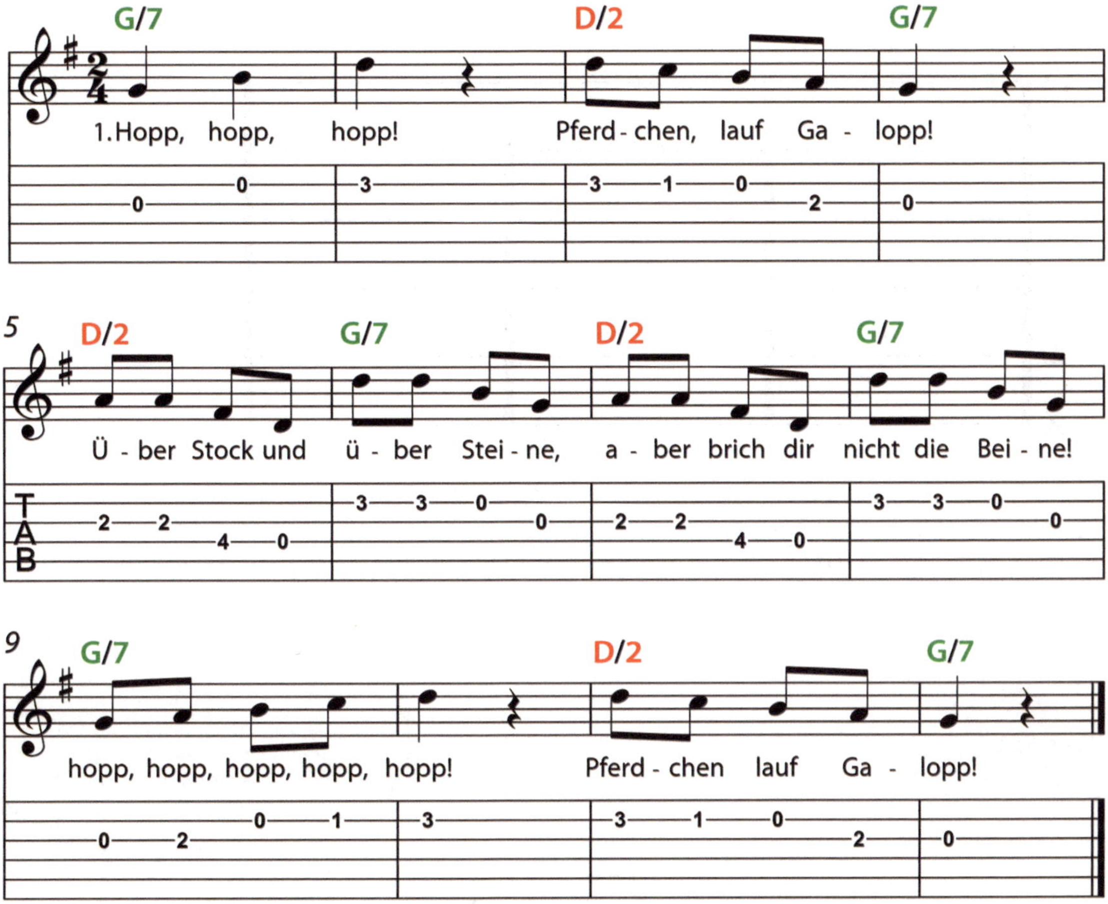

2. Tipp, tipp, tapp! Wirf mich ja nicht ab!
   Zähme deine wilden Triebe, Pferdchen, tu es mir zuliebe!
   Tippti, tippti, tapp! Wirf mich ja nicht ab!

3. Brr, brr, he! Steh doch, Pferdchen, steh!
   Sollst schon heute weiterspringen, muss dir nur erst Futter bringen!
   Brr, brr, brr, brr, he! Steh doch, Pferdchen, steh!

4. Ha, ha, ha! Juch, nun sind wir da!
   Diener, Diener, liebe Mutter! Findet auch das Pferdchen Futter?
   Ha, ha, ha, ha, ha! Juch, nun sind wir da!

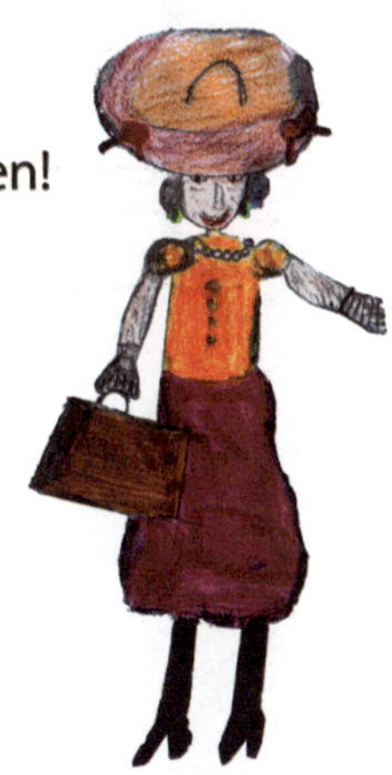

A-Dur

A-Dur

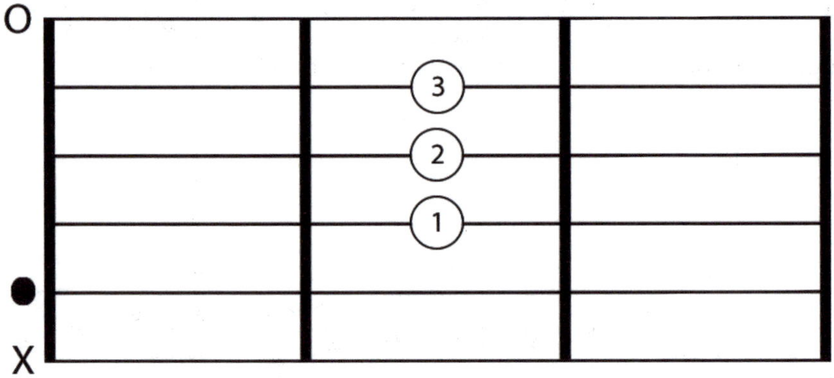

Der Akkord A-Dur wird auch wieder mit Zeige-, Mittel- und Ringfinger gegriffen. Die Bass-Saite des Akkordes ist die A-Saite. Von dort schlägst Du den Akkord ab. Die tiefe E-Saite sollte nicht mitklingen. Denke daran, die Saiten von oben mit den Fingerkuppen herunterzudrücken.

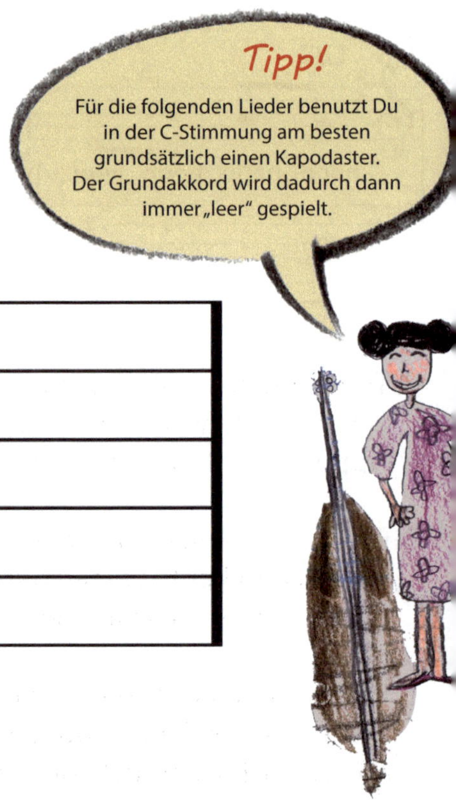

A / 9

9. Bund

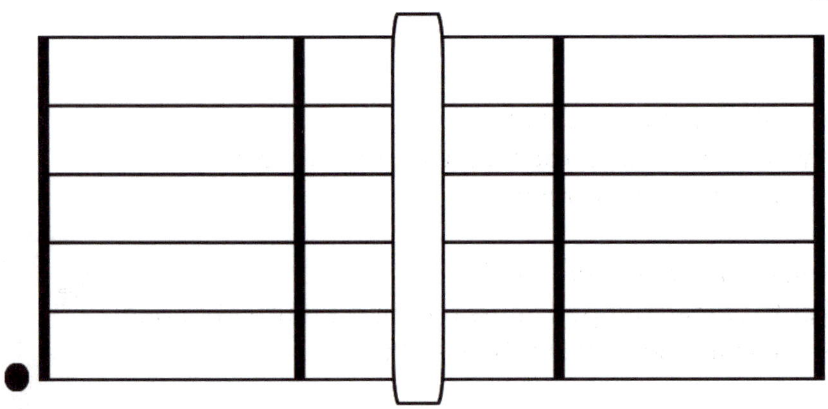

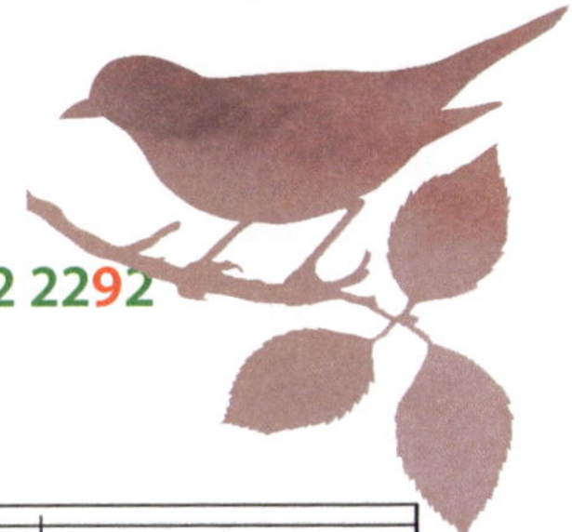

Es tanzt ein Bi-Ba-Butzemann

D-Dur • Akkorde D A • Offenes C-Tuning 2292 9292 2292

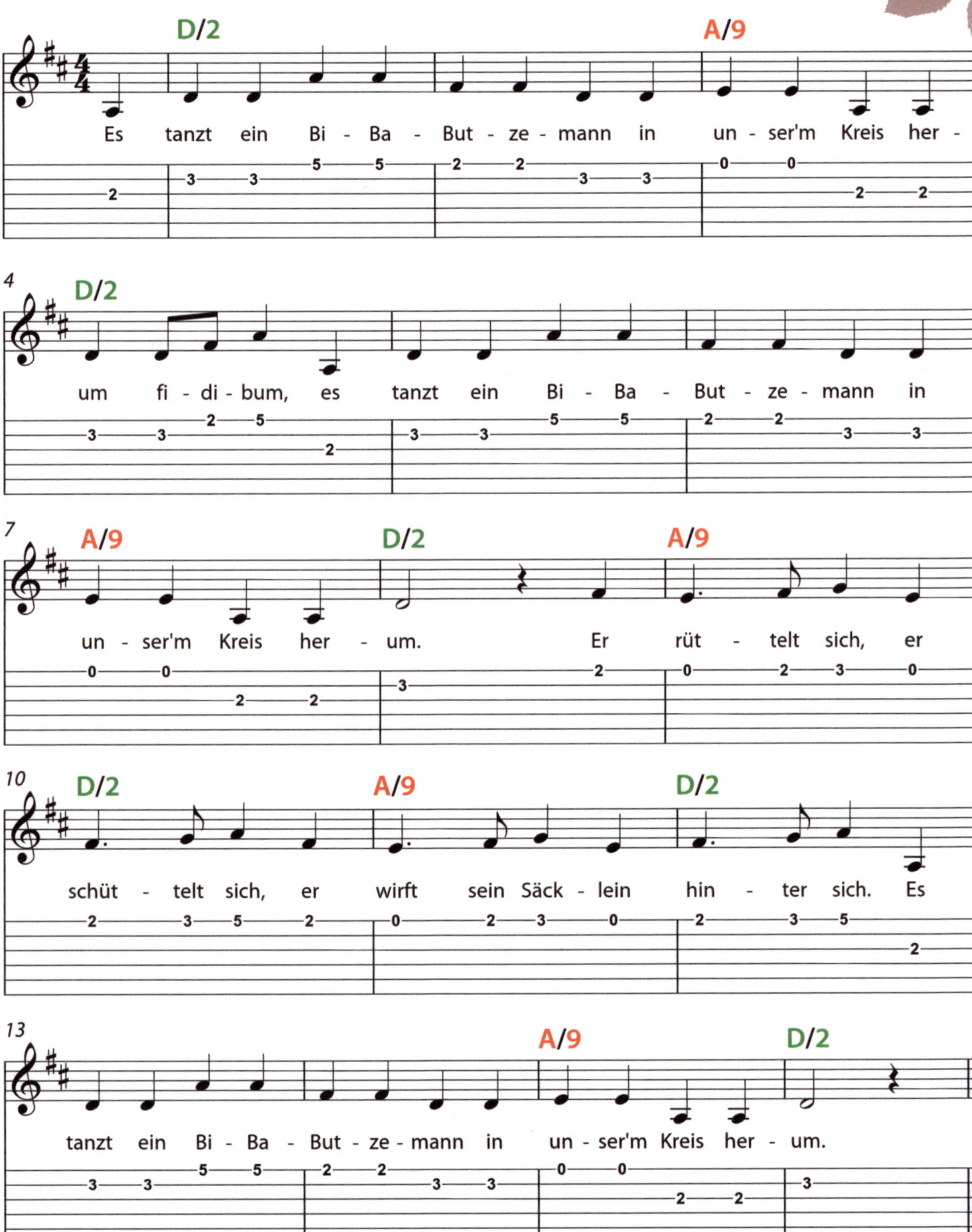

Babalu-Tanz

D-Dur • Akkorde **D A** • Offenes C-Tuning **2292**

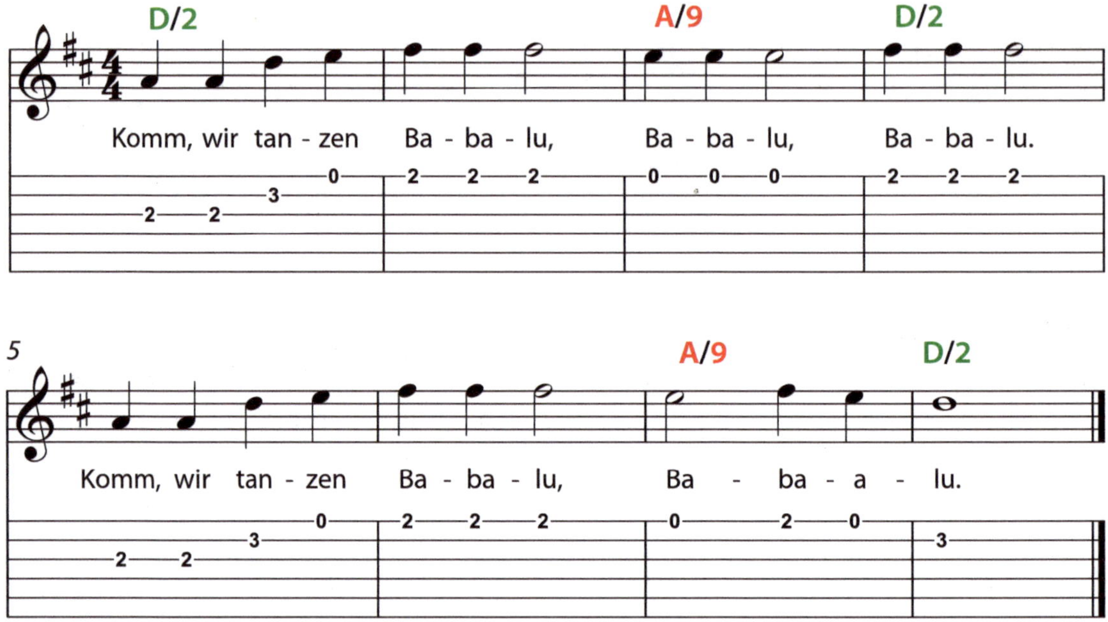

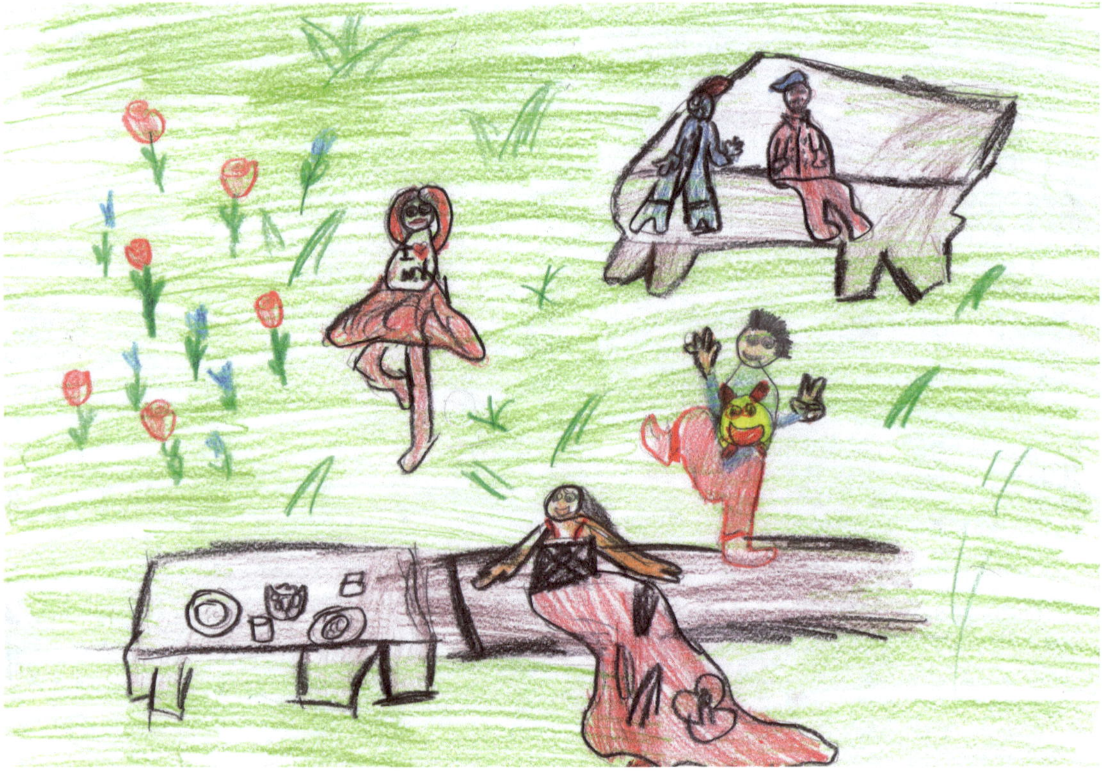

Komm, wir spielen heut Theater

D-Dur • Akkorde D A • Offenes C-Tuning 2299 2292

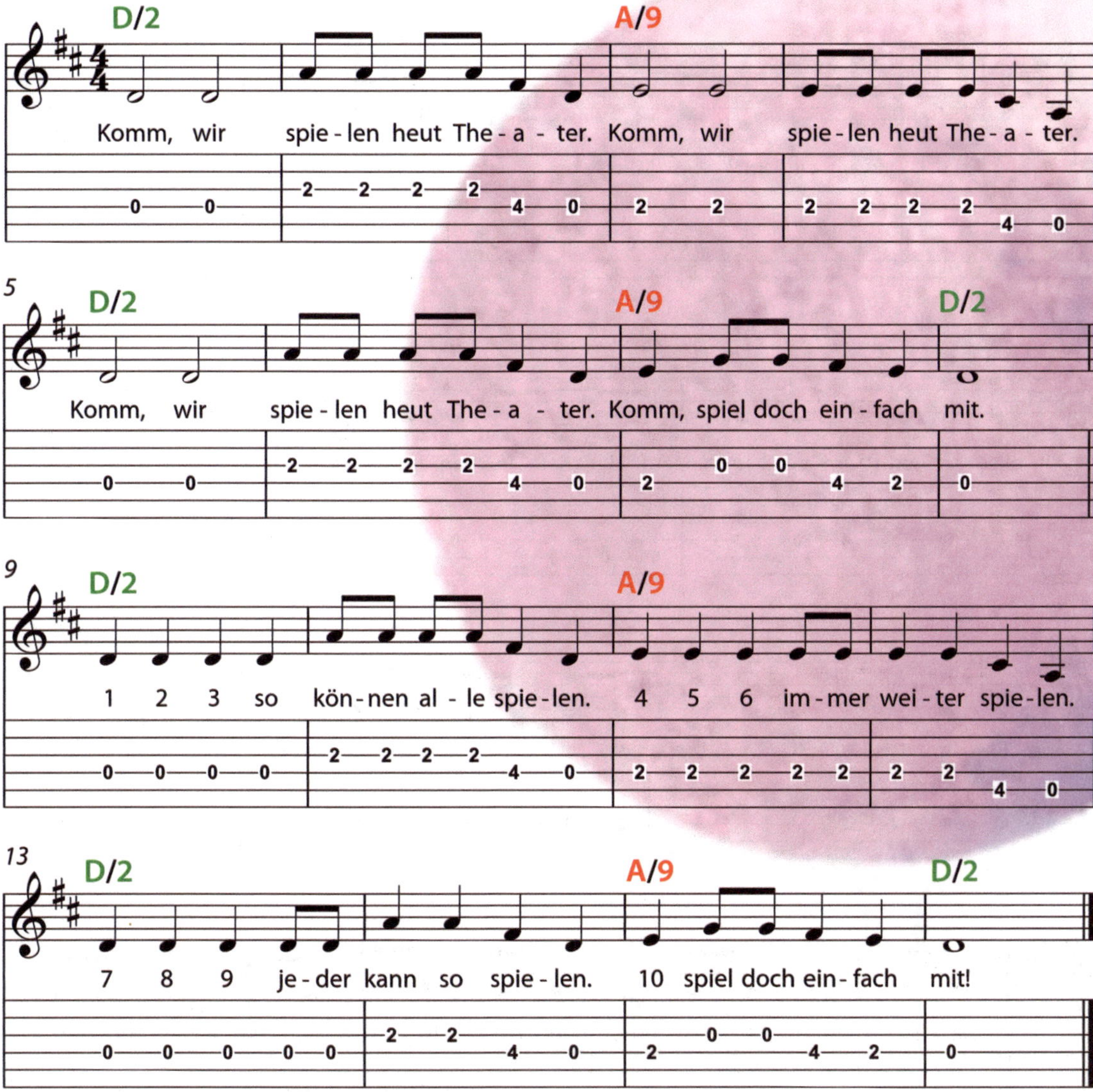

Anne Kaffekanne

D-Dur • Akkorde D A • Offenes C-Tuning 222^{92} 22^{2992} 2^{29992}

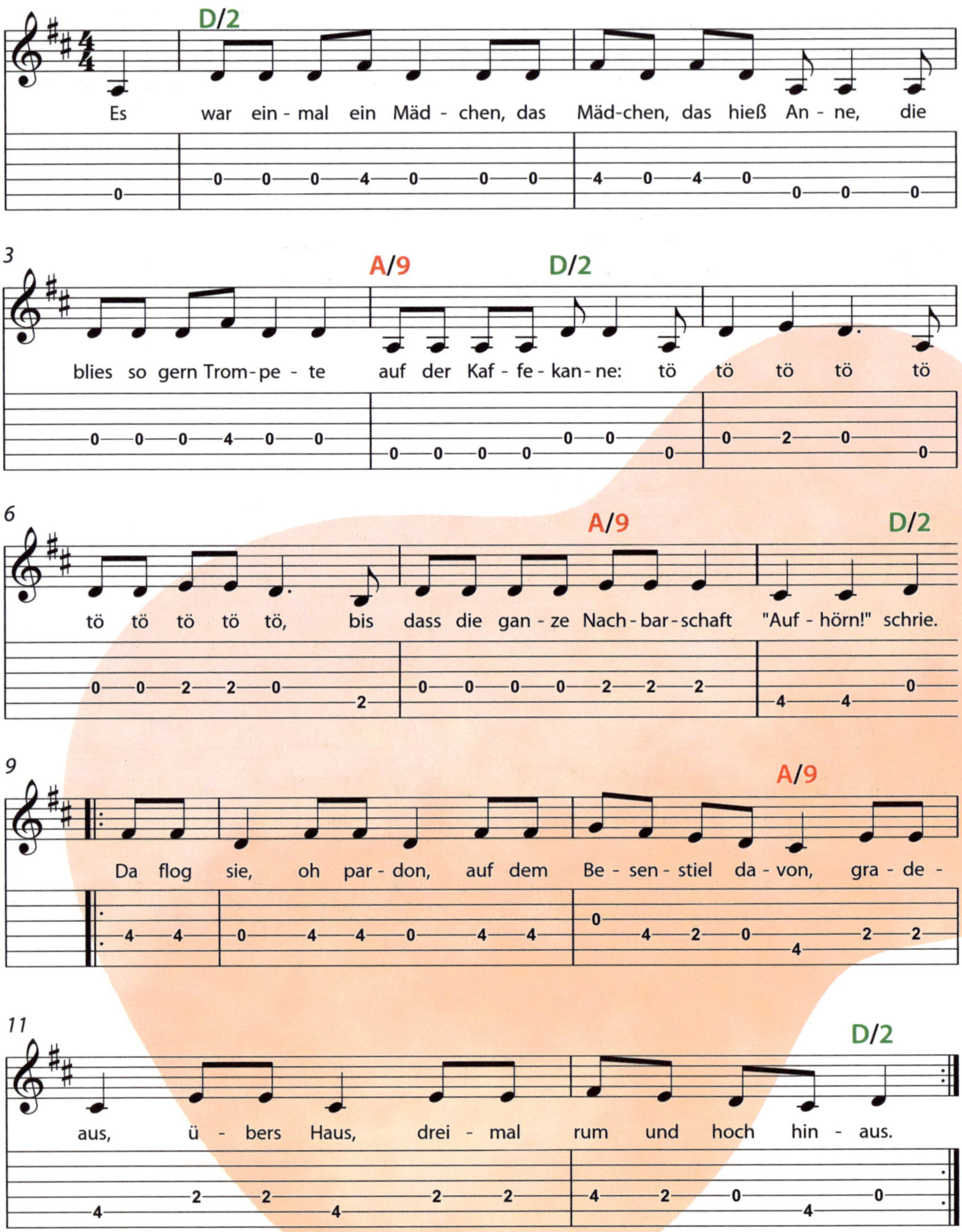

Hänschen klein

D-Dur • Akkorde D A • Offenes C-Tuning 2929 29292 9922 29292

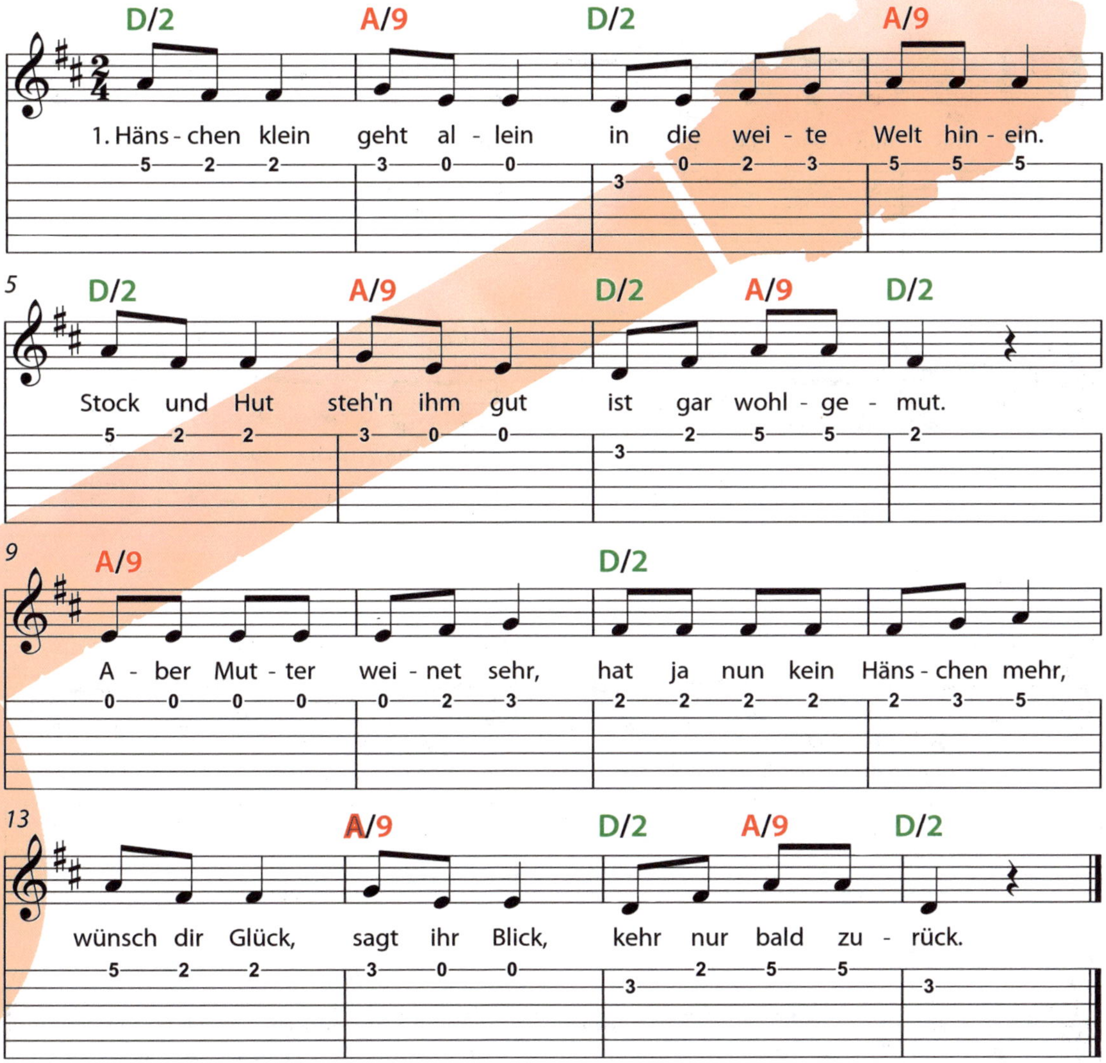

2. Sieben Jahr, trüb und klar,
Hänschen in der Fremde war.
Da besinnt sich das Kind,
eilet heim geschwind.

3. Doch nun ist's kein Hänschen mehr,
nein, ein grosser Hans ist er.
Stirn und Hand braun gebrannt,
wird er wohl erkannt?

4. Ein, zwei, drei gehen vorbei,
wissen nicht, wer das wohl sei.
Schwester spricht: Welch Gesicht,
erkennt den Bruder nicht.

5. Kommt daher die Mutter sein,
schaut ihm kaum ins Aug hinein,
ruft sie schon: Hans, mein Sohn,
grüss dich Gott, mein Sohn.

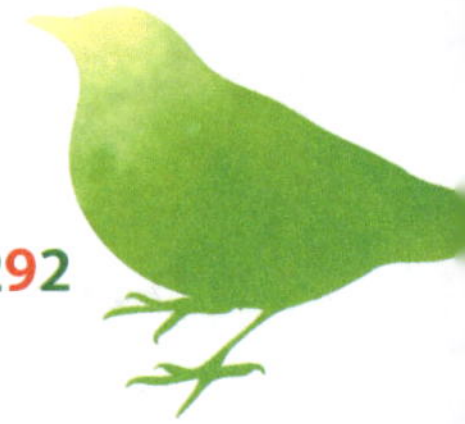

Was müssen das für Bäume sein

D-Dur • Akkorde D A • Offenes C-Tuning 2222 9292 22 9292

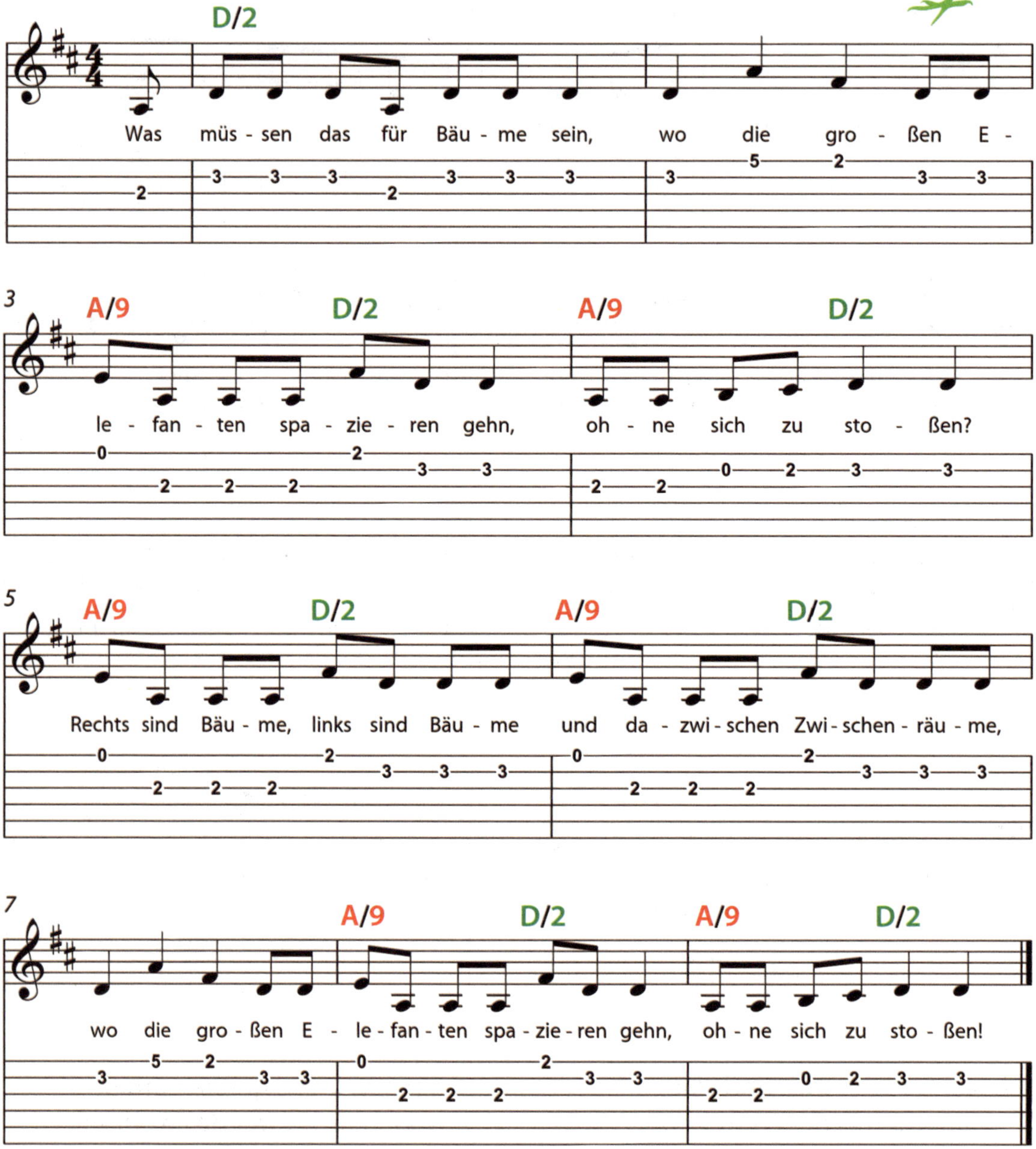

Tonart D-Dur

Tonika	Dominante	Subdominante
D/2	A/9	G/7

Du hast vielleicht bemerkt, dass die letzten Lieder allesamt mit den Akkorden D-Dur und A-Dur begleitet wurden. Das ist kein Zufall, sondern in der Musik eine Gesetzmäßigkeit. Es gibt unterschiedliche Tonarten in der Musik.
Die Tonarten legen fest, in welcher Tonhöhe Du das Lied singst. In einer Tonart gehören bestimmte Akkorde immer zusammen. Wie in einer Familie haben sie einen festgelegten Beziehungsstatus zueinander.

Am häufigsten verwenden wir 3 Akkorde aus einer Tonart. Diese Akkorde heißen in der Fachsprache Tonika, Dominante und Subdominante. Vergleiche die 3 Akkorde einfach mit einer Familie und ihren Mitgliedern Vater, Mutter und Kind, um Dir das besser vorstellen zu können. Die Tonika ist der Vater, die Dominante die Mutter und die Subdominante das Kind.
In der Tonart D-Dur ist der Akkord D-Dur die Tonika (Vater), der Akkord A-Dur die Dominante (Mutter) und der Akkord G-Dur die Subdominante (Kind).
Später, wenn wir uns andere Tonarten anschauen, wirst Du sehen, dass es immer 3 Akkorde gibt, die genau diesen Beziehungsstatus zueinander haben.

Akkordwechsel üben:

Der blinde Wechsel der Akkorde ist unabdingbar, um Dich auf den Gesang und den Rhythmus der rechten Hand zu konzentrieren. Übe deshalb immer auch unabhängig von den Liedern die Akkorde, die in einer Tonart zusammengehören. Benutze für die Tonart D-Dur folgende Reihenfolge:

G - D **D - A** **G - D - A - D**
G - A **G - D - A**

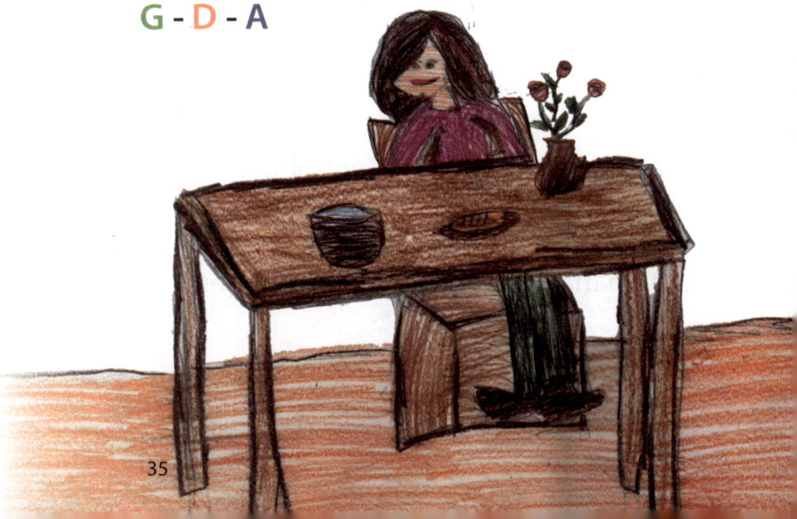

Drei Chinesen mit dem Kontrabass

D-Dur • Akkorde D G A • Offenes C-Tuning 2992 2792

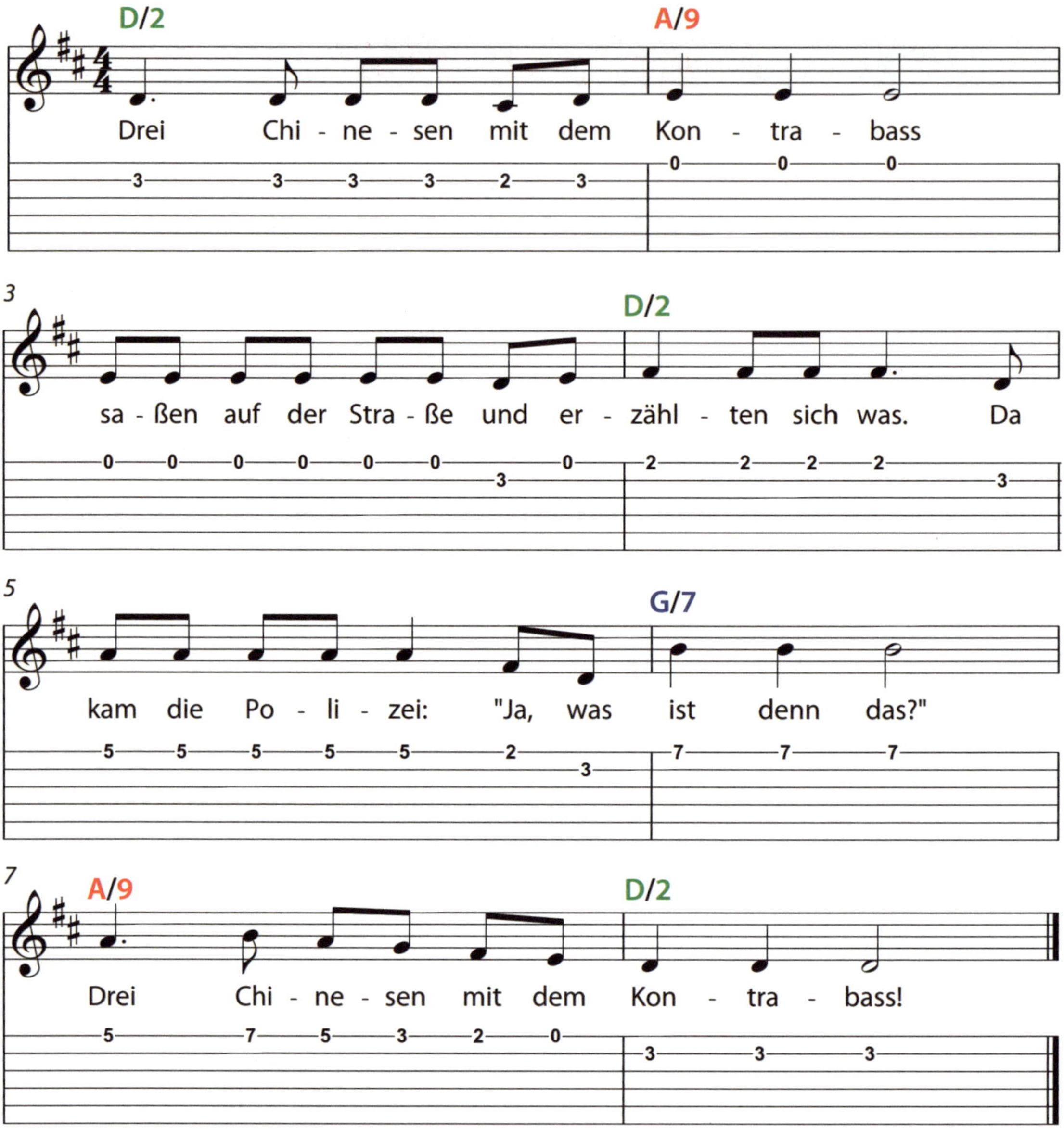

Dra Chanasan mat dam Kantrabass
sassan af dar Strassa and arzahltan sach was.
Da kam da Palaza and fragt: Was ast dann das?
Dra Chanasan mat dam Kantrabass. etc.

Alle Vokale durch einen einzigen anderen austauschen.
Für Fortgeschrittene: auch mit ä, ö und ü versuchen.

Auf der Mauer, auf der Lauer

D-Dur • Akkorde D G A • Offenes C-Tuning 2292 2772 2292

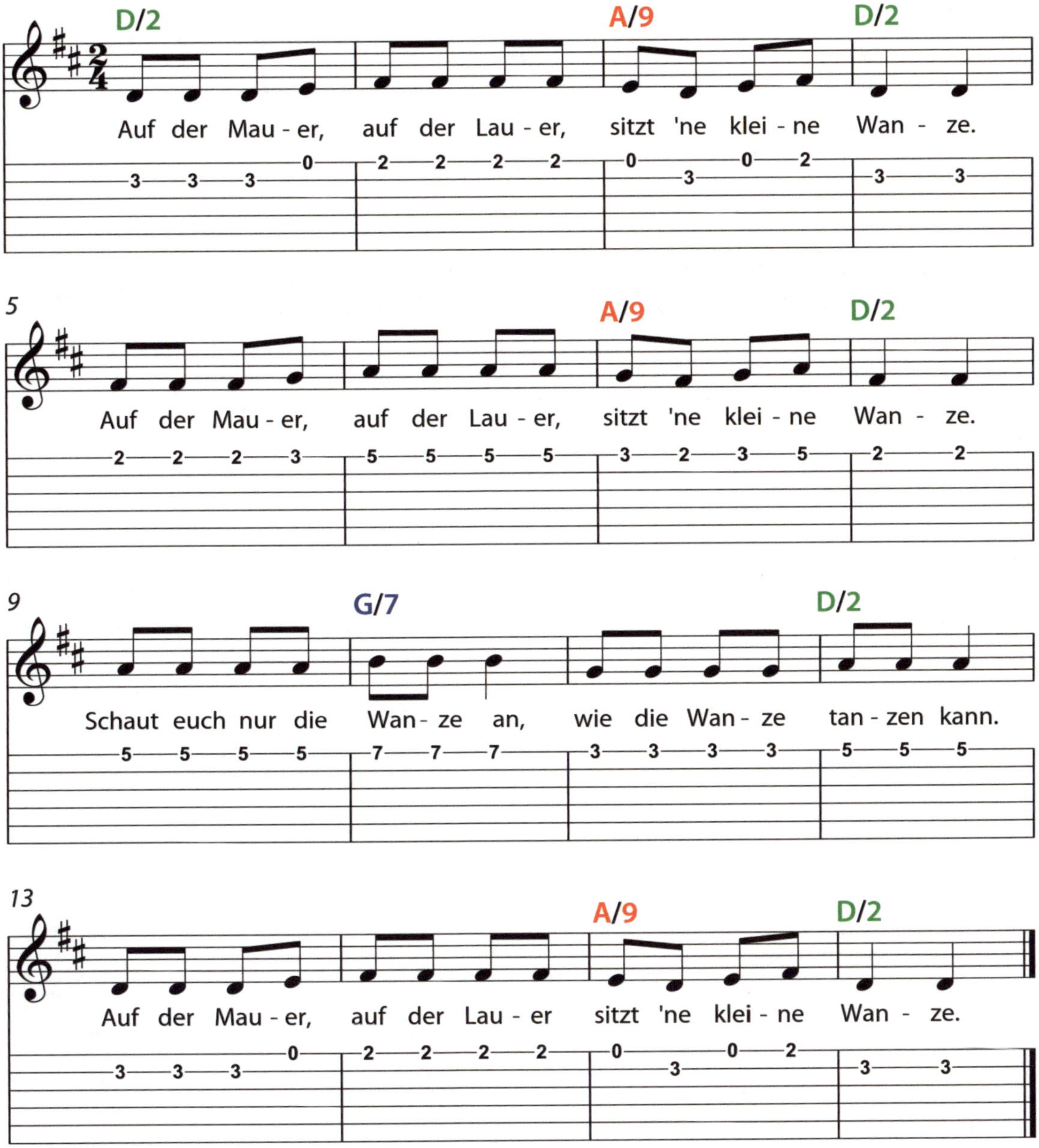

In den weiteren Strophen wird
nach und nach „Wanze"/"tanze", „Wanz"/tanz",
„Wan"/"tan", „W"/"t" gesungen.
Wer nicht aufpasst, muss ein Pfand zahlen.

Hab 'ne Tante aus Marokko

D-Dur • Akkorde D G A • Offenes C-Tuning 2229 2792

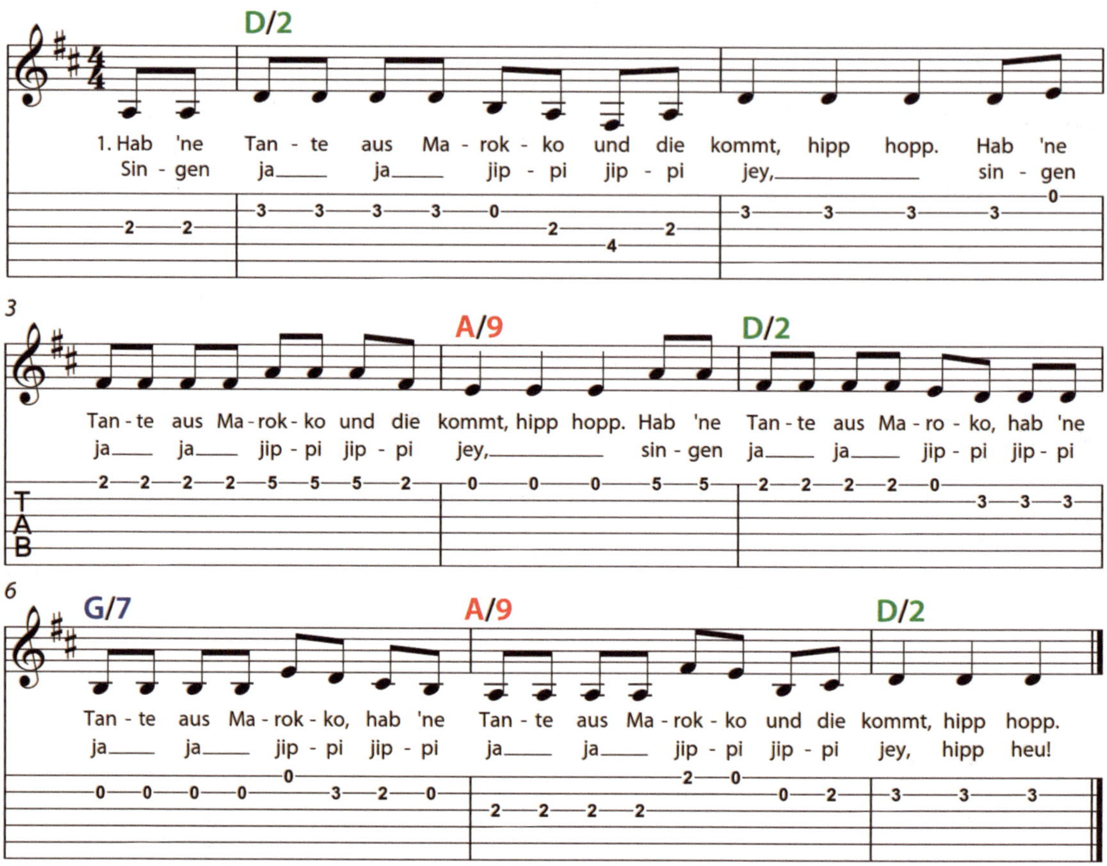

2. Und sie kommt auf zwei Kamelen,
wenn sie kommt, schwabbel di wapp.

3. Und dann schruppen wir die Bude,
wenn sie kommt, schrupp schrupp.

4. Und dann essen wir 'nen Kuchen,
wenn sie kommt, mmmmh.

5. Und dann trinken wir 'nen Kaffee,
wenn sie kommt, gluck gluck.

6. Und dann schlachten wir ein Ferkel,
wenn sie kommt, quiek, quiek.

7. Und dann machen wir ein Foto,
wenn sie kommt, knips knips.

8. Und dann tanzen wir ein Tänzchen,
wenn sie kommt, tanz tanz.

9. Und dann kommt ein Telegramm,
dass sie nicht kommt, ooooh.

10. Und dann kommt ein Telegramm,
dass sie doch kommt, juuupie.

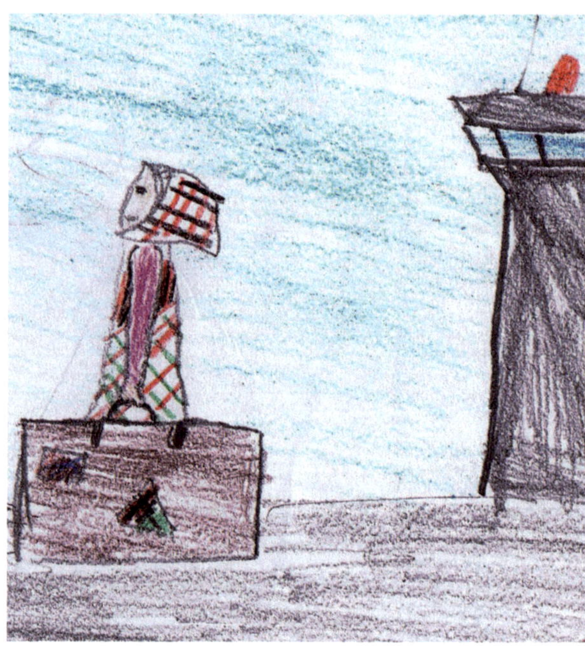

Fuchs, du hast die Gans gestohlen

D-Dur • Akkorde D G A • Offenes C-Tuning 227272 9292 9292

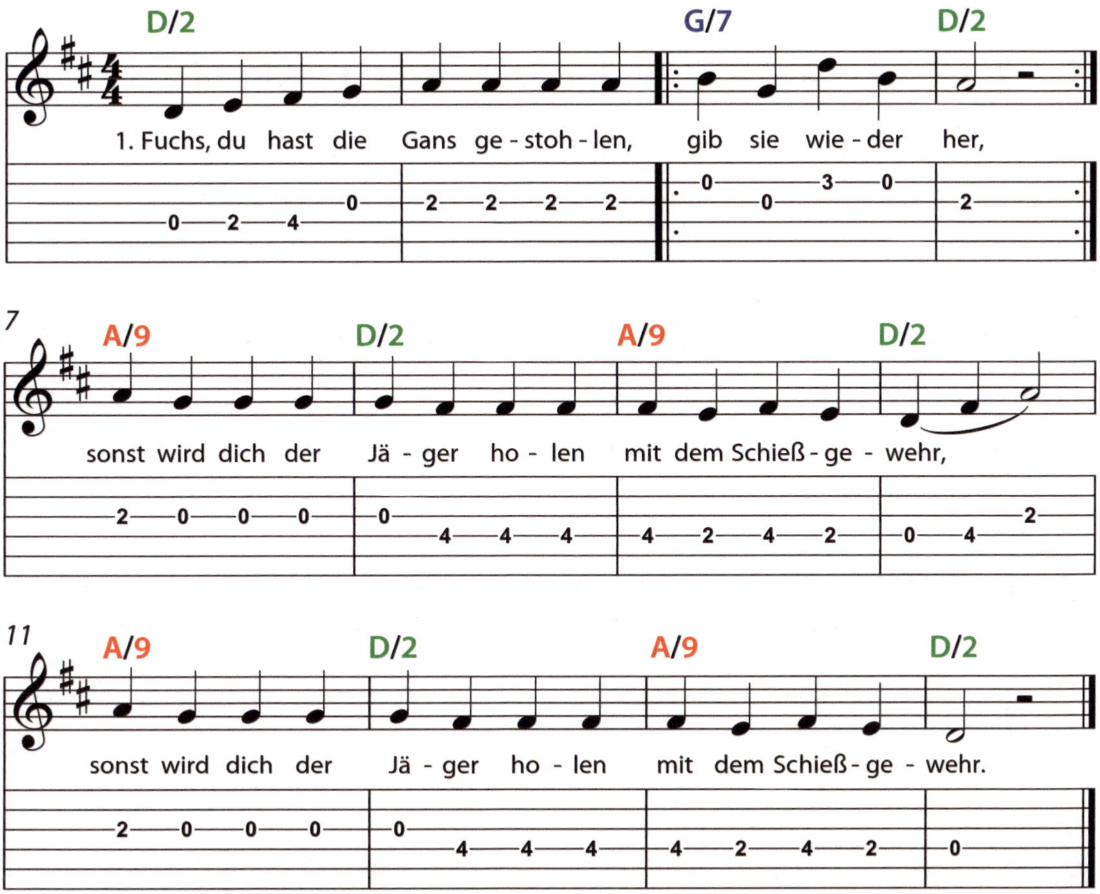

2. Seine große, lange Flinte II: schießt auf dich den Schrot,
dass dich färbt die rote Tinte und dann bist du tot (2x).

3. Liebes Füchslein, lass dir raten, II: sei doch nur kein Dieb,
nimm, du brauchst nicht Gänsebraten, mit der Maus vorlieb. (2x)

Die Affen rasen durch den Wald

D-Dur • Akkorde D G A • Offenes C-Tuning 2222 92 7292

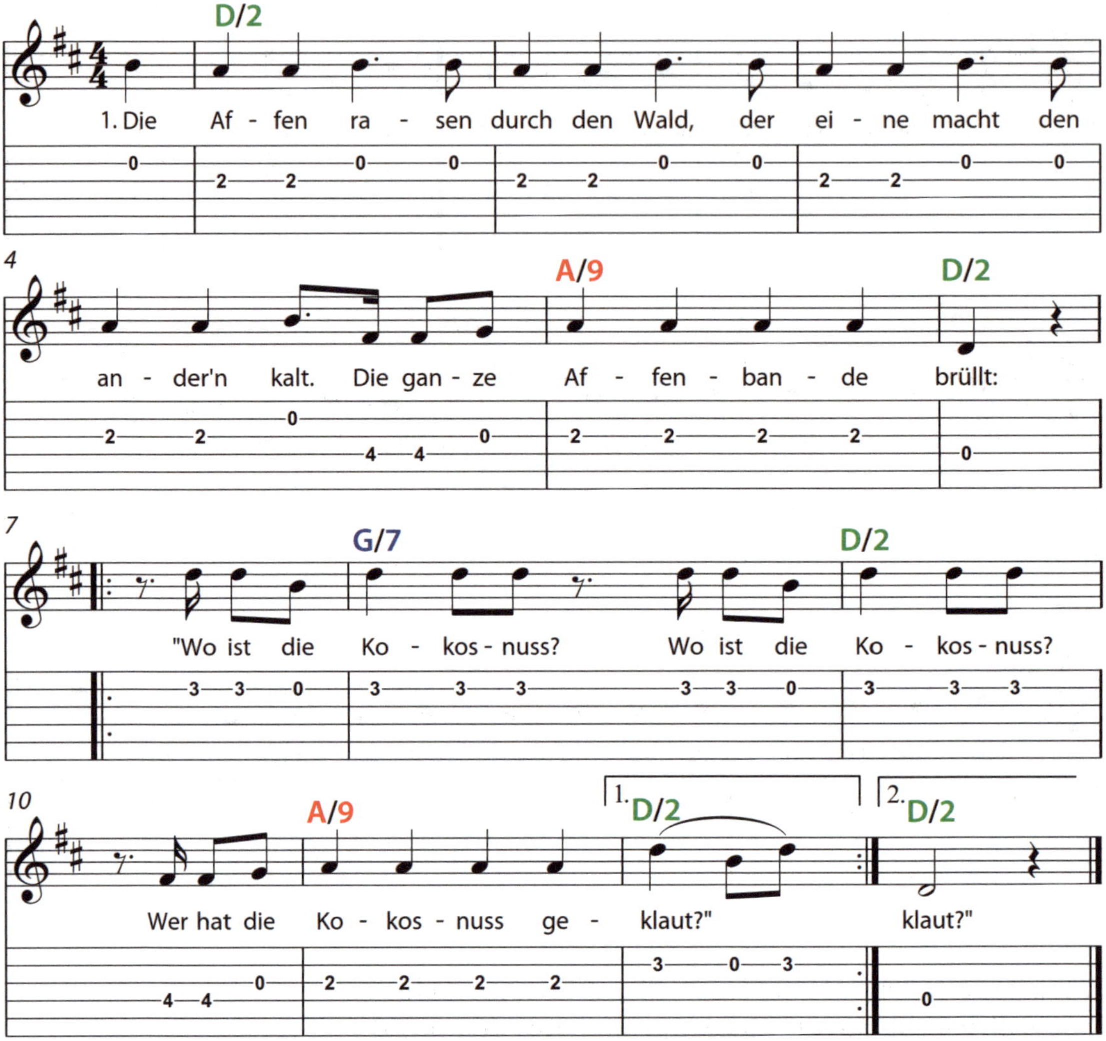

2. Die Affenmama sitzt am Fluss und angelt nach der Kokosnuss...
3. Der Affenonkel, welch ein Graus, reißt ganze Urwaldbäume aus...
4. Die Affentante kommt von fern, sie isst die Kokosnuss so gern...
5. Der Affenmilchmann, dieser Knilch, der wartet auf die Kokosmilch...
6. Das Affenbaby voll Genuss, hält in der Hand die Kokosnuss. Die ganze Affenbande brüllt:
„Da ist die Kokosnuss, da ist die Kokosnuss, es hat die Kokosnuss geklaut!" (2x)
7. Die Affenmama schreit: „Hurra! Die Kokosnuss ist wieder da!" Die ganze Affenbande brüllt:
„Da ist die Kokosnuss, da ist die Kokosnuss, es hat die Kokosnuss geklaut!" (2x)
8. Und die Moral von der Geschicht': Klaut keine Kokosnüsse nicht, weil sonst die ganze Bande brüllt: „Wo ist die Kokosnuss?..." (2x)

In meinem kleinen Apfel

D-Dur • Akkorde D G A • Offenes C-Tuning 2992 27^{29}2

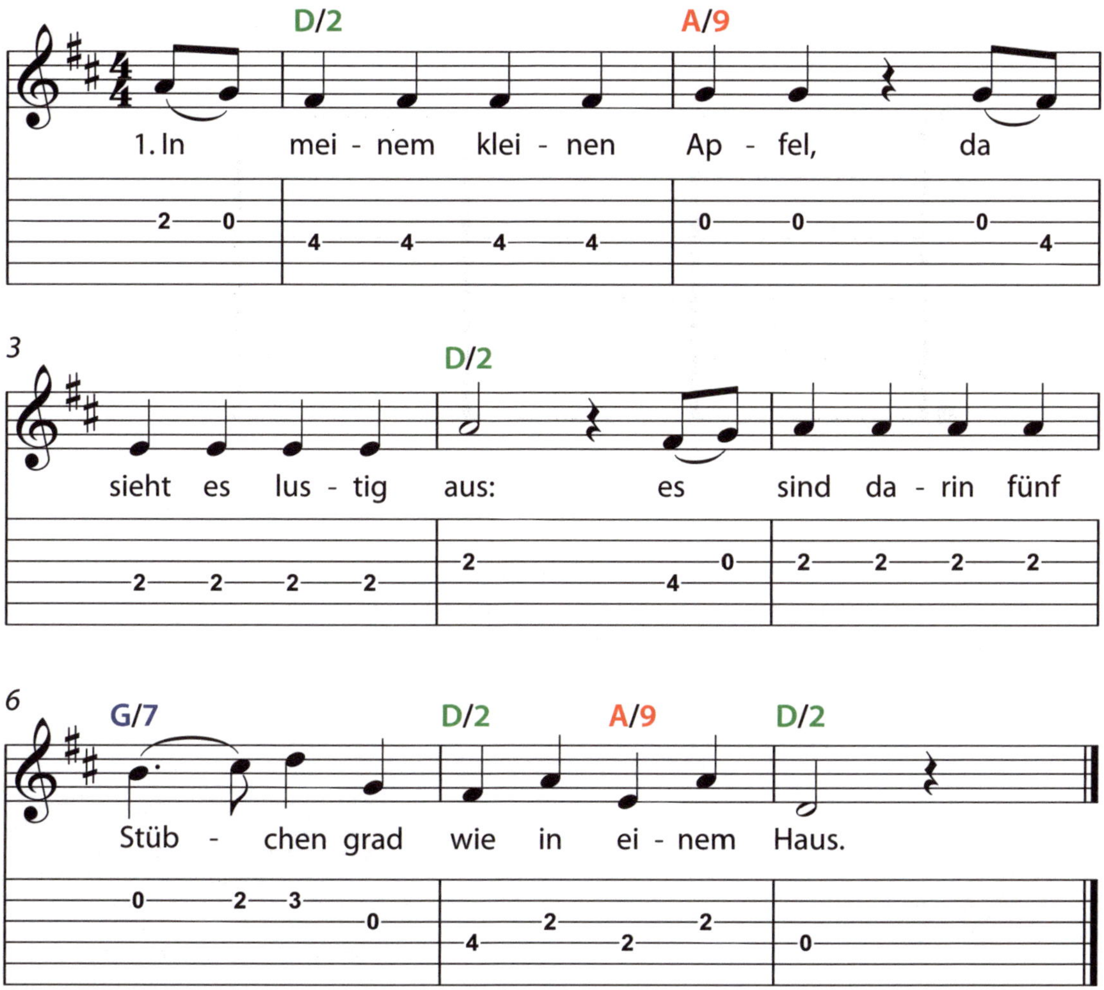

2. In jedem Stübchen wohnen
zwei Kernchen schwarz und fein,
die liegen drin und träumen
vom lieben Sonnenschein.

3. Sie träumen auch noch weiter
gar einen schönen Traum,
wie sie einst werden hängen
am lieben Weihnachtsbaum.

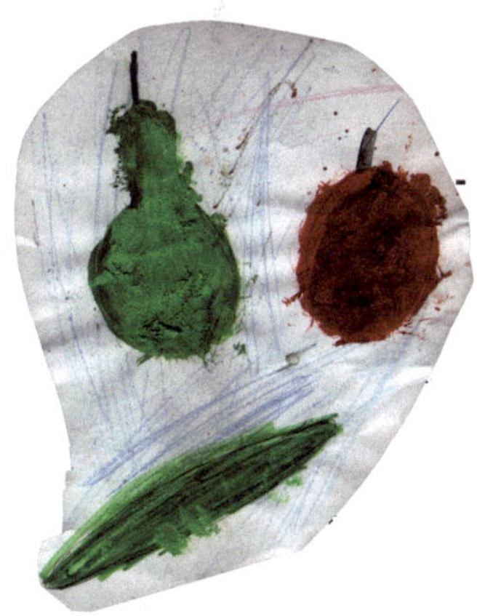

E-Dur

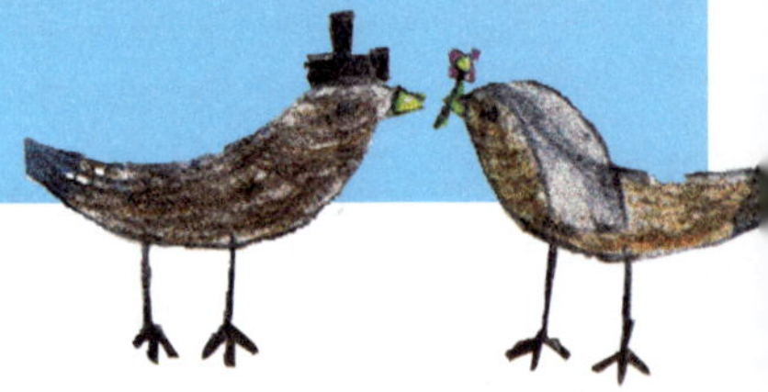

E -Dur

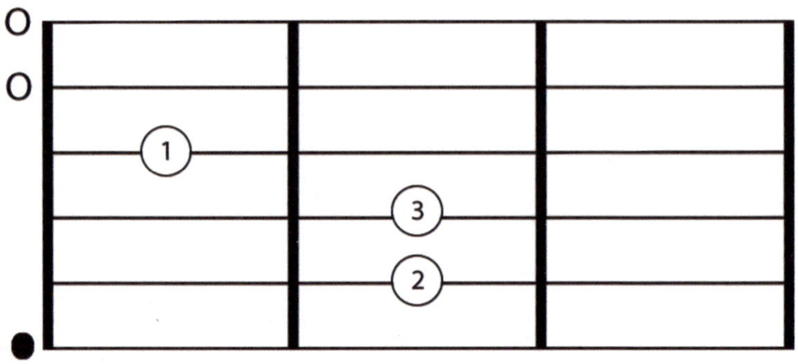

Mit dem Akkord E-Dur legen wir den Grundstein für die nächste Tonart. Der Zeigefinger greift die G-Saite im 1. Bund, der Mittelfinger die A-Saite im 2. Bund und der Ringfinger die D-Saite im 2. Bund. Bei diesem Akkord kannst Du alle 6 Saiten abschlagen. Die dicke E-Saite ist hierbei die Bass-Saite.

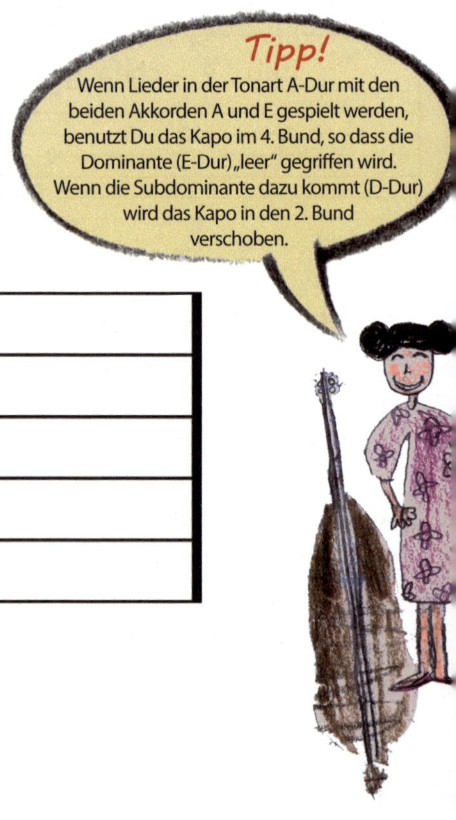

E / 4 4. Bund

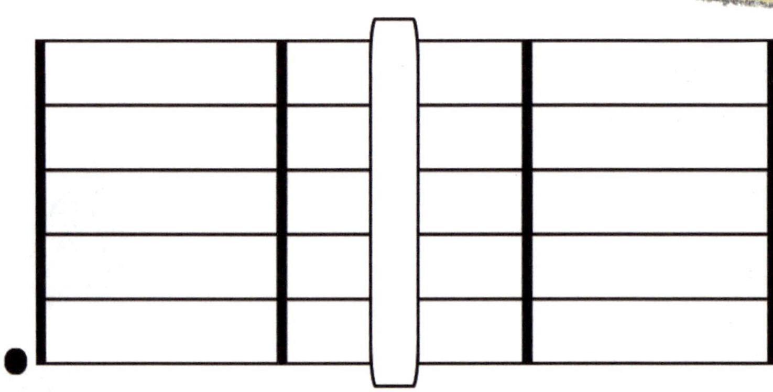

Die Vogelhochzeit

A-Dur • Akkorde A E • Offenes C-Tuning $9494\ 94^{94}9$

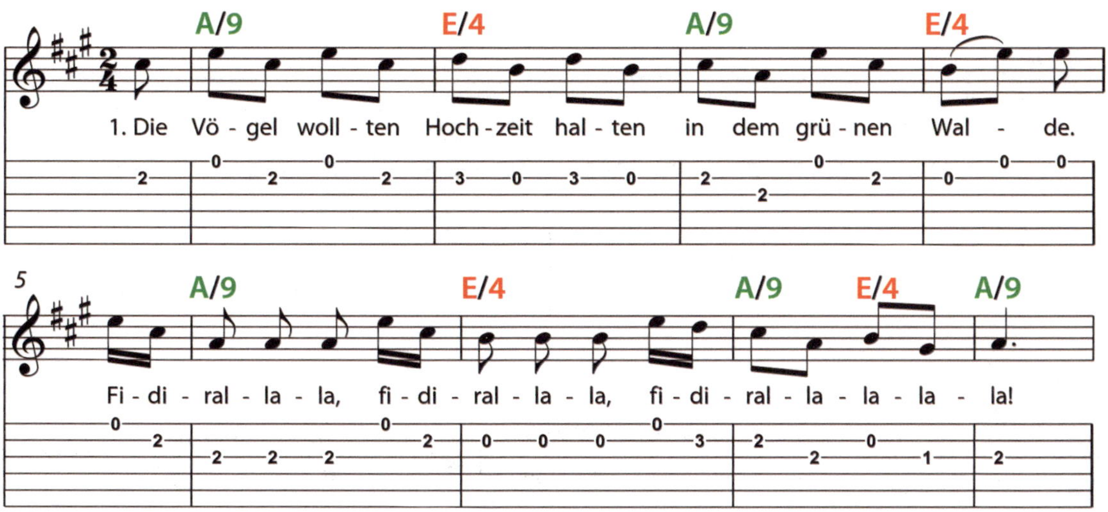

2. Der Stieglitz war der Bräutigam, er singt zu Gottes Gloriam.
3. Die Amsel war die Braute, trug einen Kranz von Raute.
4. Der Sperber, der Sperber, der war der Hochzeitswerber.
5. Der Stare, der Stare, der flocht der Braut die Haare.
6. Die Lerche, die Lerche, die führt' die Braut zur Kerche.
7. Der Auerhahn, der Auerhahn, der war der würd'ge Herr Kaplan.
8. Die Meise, die Meise, die sang das Kyrieleise.
9. Der schwarze Rab', das war der Koch, das sieht man an dem Kleide doch.
10. Der grüne Specht, der grüne Specht, der war des Küchenmeisters Knecht.
11. Die Elster, die ist schwarz und weiß, die bracht' der Braut die Hochzeitsspeis'.
12. Der Wiedehopf, der Wiedehopf, der brachte gleich den Suppentopf.
13. Die Schnepfe, die Schnepfe, setzt' auf den Tisch die Näpfe.
14. Die Finken, die Finken, die gab'n der Braut zu trinken.
15. Der Storch mit seinem Schnabel, der brachte Messer und Gabel.
16. Die Puten, die Puten, die machten breite Schnuten.
17. Die Gänse und die Anten, die war'n die Musikanten.
18. Der Pfau mit seinem bunten Schwanz, tat mit der Braut den ersten Tanz.
19. Frau Nachtigall, Frau Nachtigall, sie sang mit ihrem schönsten Schall.
20. Die Greife, die Greife, die spielten auf der Pfeife.
21. Der Seidenschwanz, der Seidenschwanz, der singt das Lied vom Jungfernkranz.
22. Der Kucku', der Kucku', der spielt' die Laut' und sang dazu.
23. Der Geier, der Geier, der spielte auf der Leier.
24. Der Papagei, der Papagei, der machte drob ein groß' Geschrei.
25. Die Taube, die Taube, die bracht' der Braut die Haube.
26. Brautmutter war die Eule, nahm Abschied mit Geheule.
27. Das Finkelein, das Finkelein, das führt' das Paar zur Kammer rein.
28. Der Uhu, der Uhu, der schlug die Fensterläden zu.
29. Die Fledermaus, die Fledermaus, die zog der Braut die Strümpfe aus.
30. Der Hahn, der krähet: „Gute Nacht!" Jetzt wird die Kammer zugemacht.

Der Cowboy Jim aus Texas

A-Dur • Akkorde A E • Offenes C-Tuning 9994 4449 4499

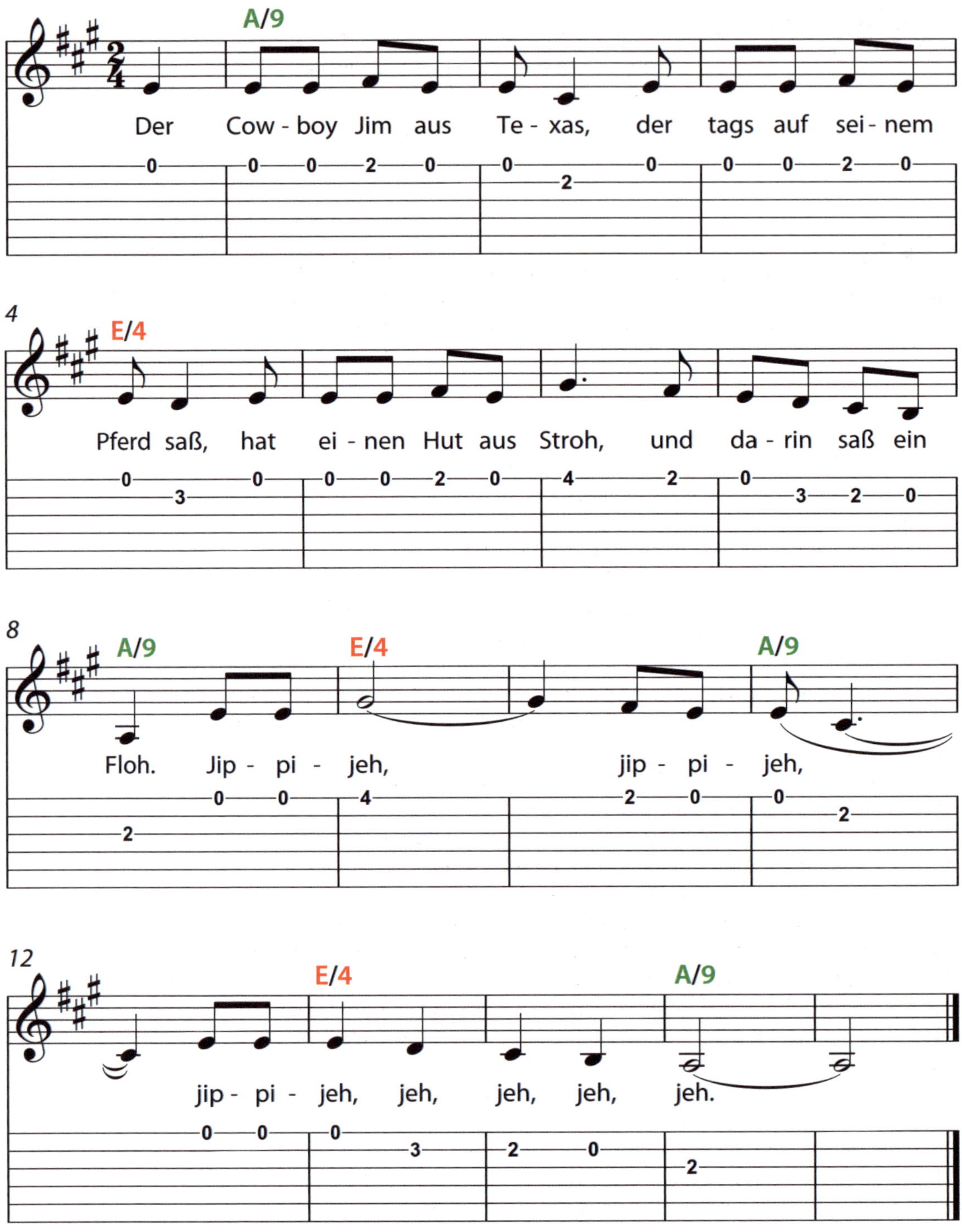

Summm, summ, summ

A-Dur • Akkorde A E • Offenes C-Tuning 9949 9494 9949

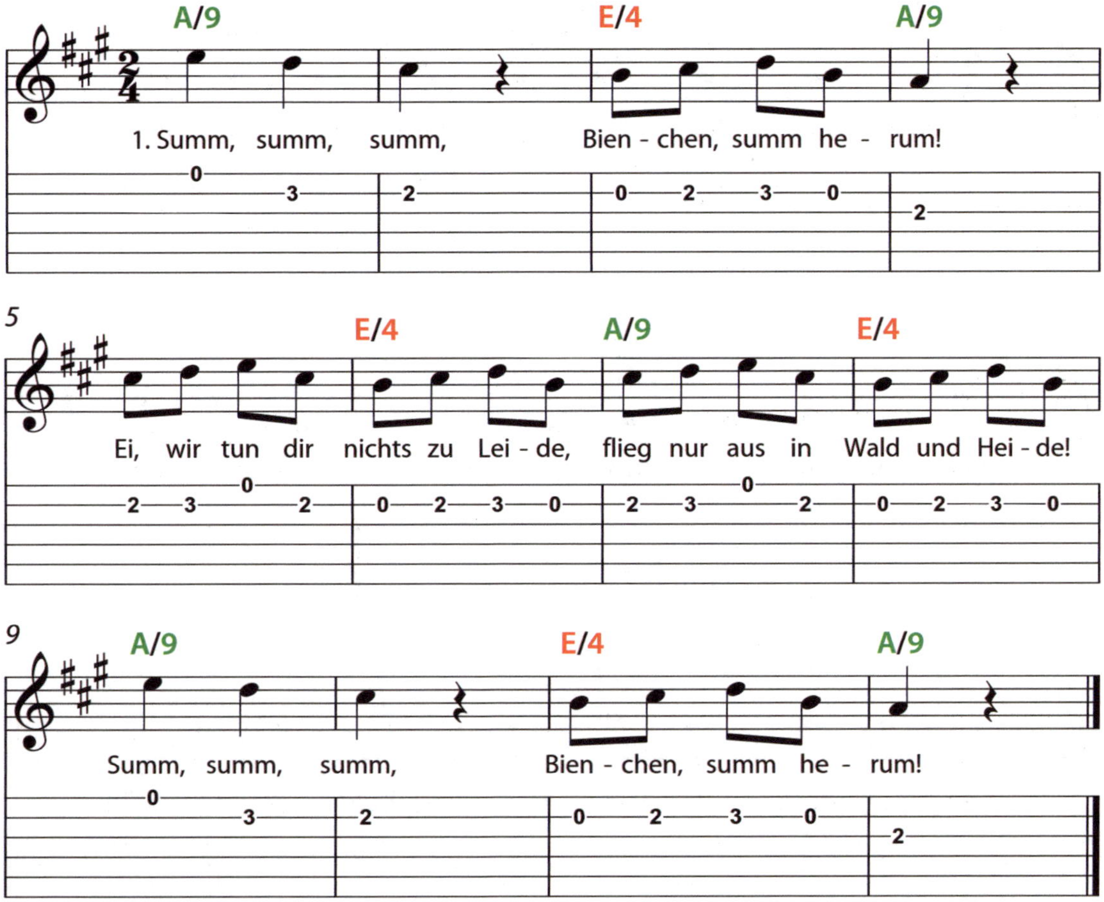

2. Summ, summ, summ, Bienchen, summ herum!
Such in Blumen, such in Blümchen
dir ein Tröpfchen, dir ein Krümchen!
Summ, summ, summ, Bienchen, summ herum!

3. Summ, summ, summ, Bienchen, summ herum!
Kehre heim mit reicher Habe,
bau uns manche volle Wabe!
Summ, summ, summm, Bienchen, summ herum!

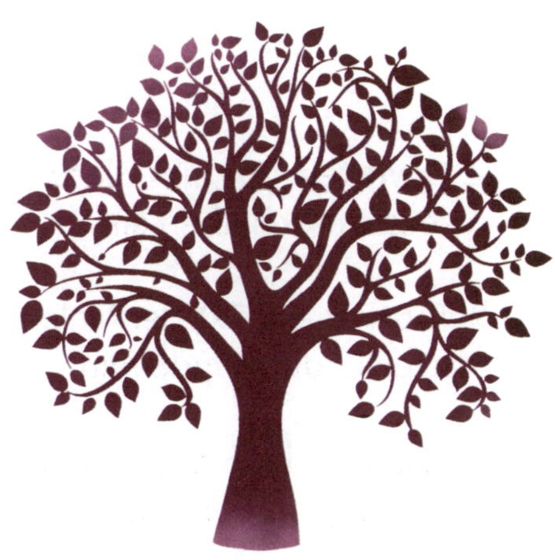

Wer will fleißige Handwerker seh'n

A-Dur • Akkorde A E • Offenes C-Tuning 9949 4949

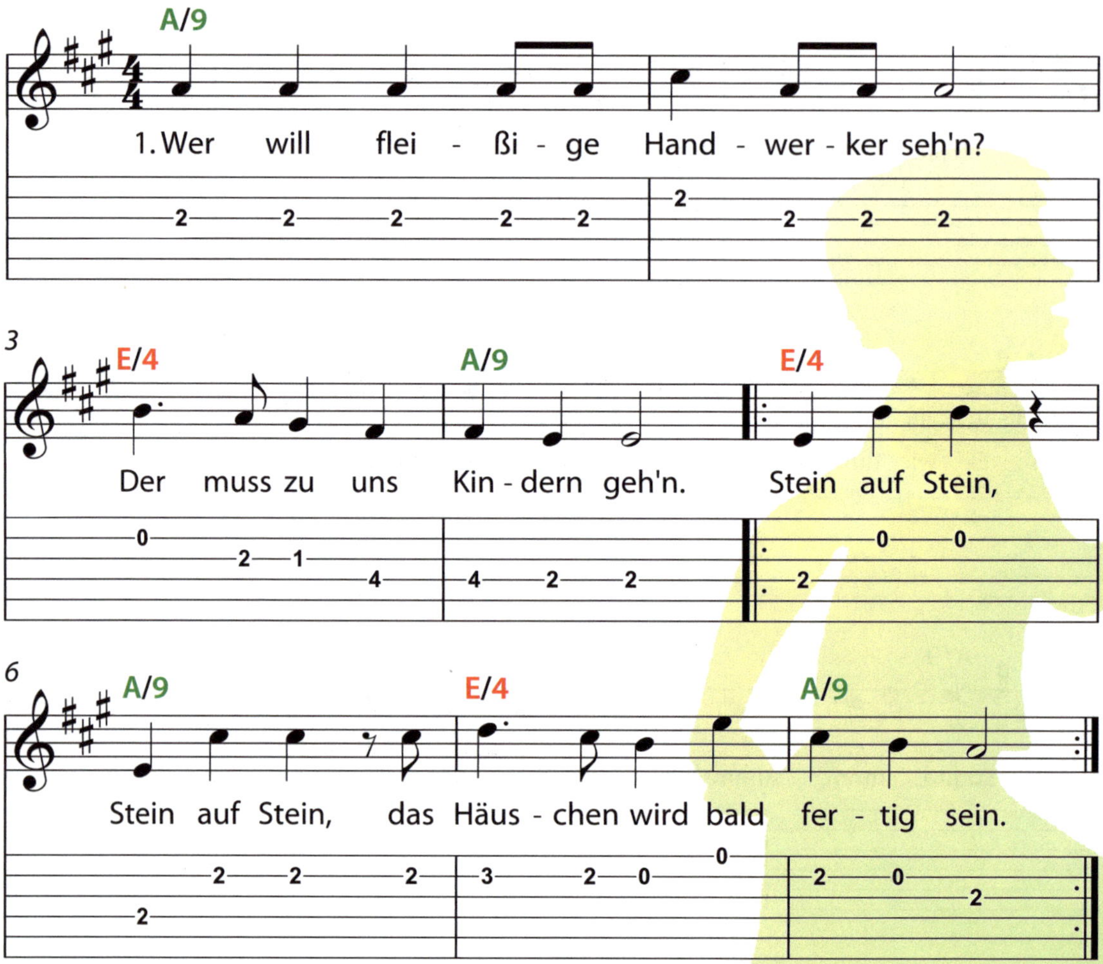

2. O wie fein (2x), der Glaser
   setzt die Scheiben ein.

3. Tauchet ein (2x), der Maler
   streicht die Wände fein.

4. Zisch, zisch, zisch (2x), der Schreiner
   hobelt glatt den Tisch.

5. Poch, poch, poch (2x), der Schuster
   schustert zu das Loch.

6. Stich, stich, stich (2x), der Schneider
   näht ein Kleid für mich.

7. Tripp, trapp, drein (2x), jetzt gehen
   wir von der Arbeit heim.

Hoch soll er leben

A-Dur • Akkorde A E • Offenes C-Tuning 9949 9949

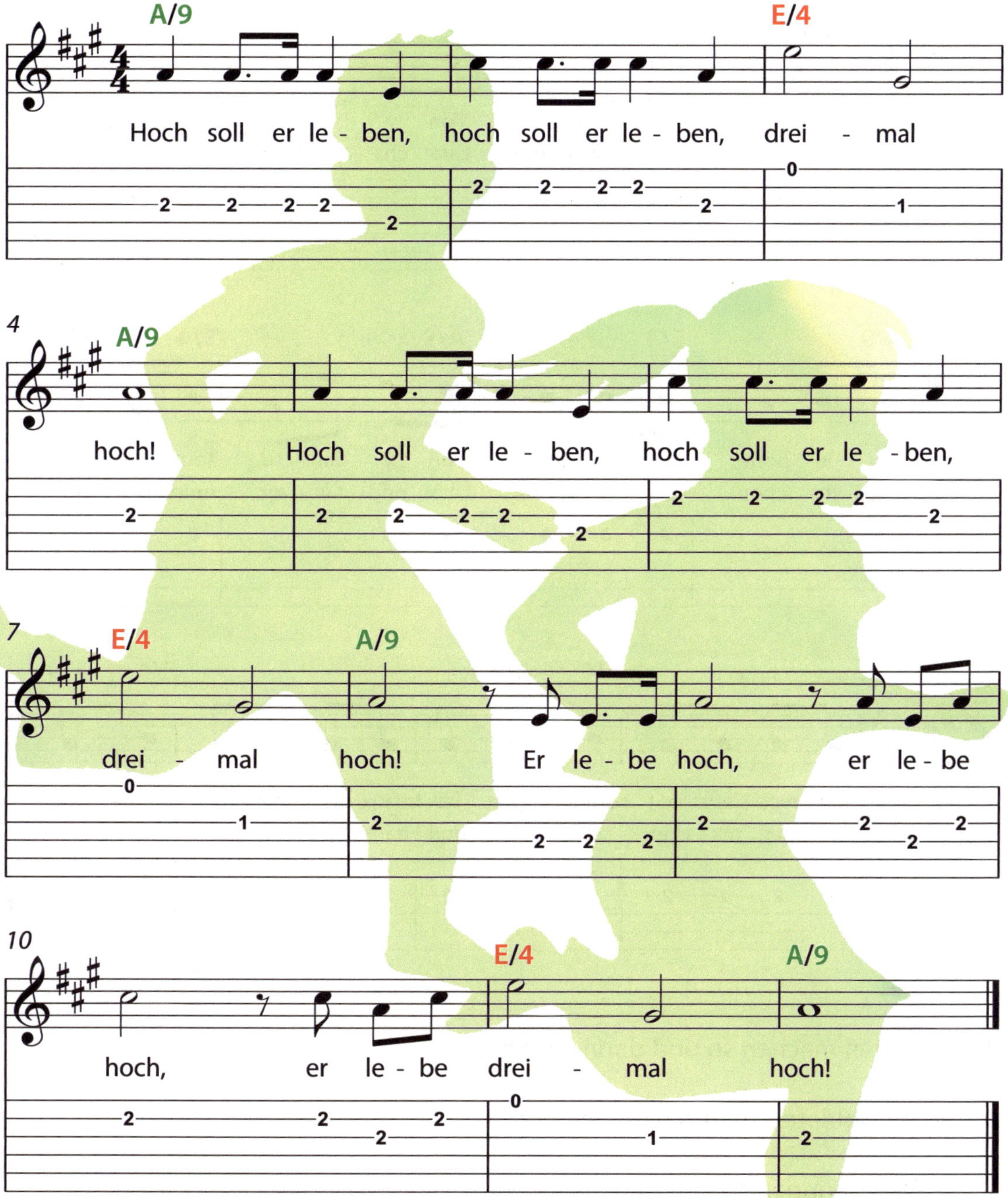

Sur le pont d'Avignon

A-Dur • Akkorde A E • Offenes C-Tuning 9494 949[49] 9[49] 9[49]

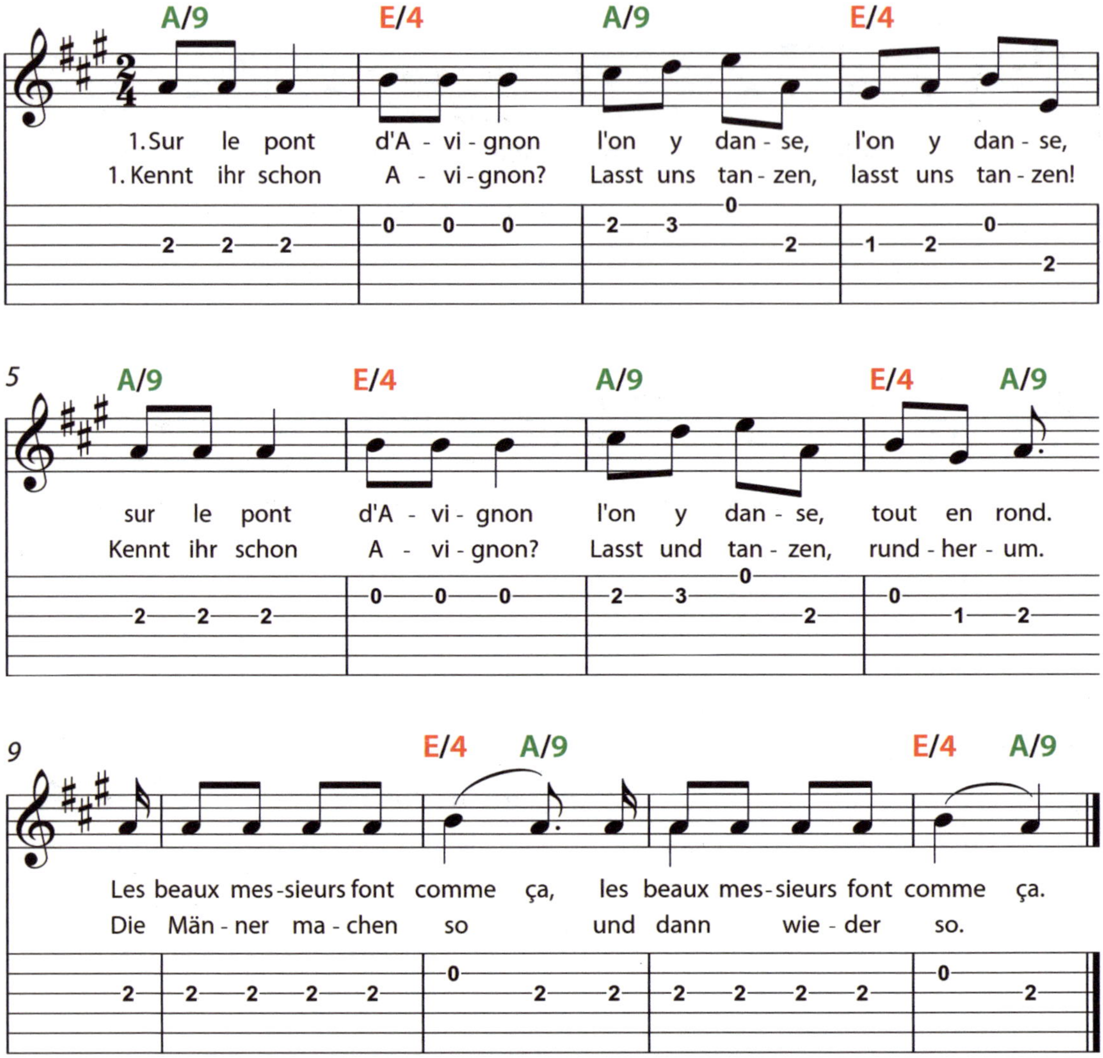

2. Die Frauen machen so und dann wieder so.

3. Und die Soldaten so und dann wieder so.

4. Die Wäscherinnen so und dann wieder so.

5. Die Schuster machen so und dann wieder so.

6. Die Musikanten so und dann wieder so.

Tonart A-Dur

Tonika	Dominante	Subdominante
D/2	*A/9*	*G/7*
A/9	**E/4**	**D/2**

Mit den 3 Akkorden A-Dur, E-Dur und D-Dur ist die 2. Tonart komplett. Auch hier haben wir durch diese 3 Akkorde wieder jeweils Tonika, Dominante und Subdominante.
Das Verhältnis der Akkorde zueinander ist genauso wie das der Akkorde in der 1. Tonart (D-Dur). Das bedeutet, dass Du alle Lieder, die Du bislang gespielt hast, in 2 verschiedenen Tonarten spielen kannst.
Versuche z.B. das Lied „Drei Chinesen mit dem Kontrabass" jetzt in der Tonart A-Dur zu spielen. Du ersetzt einfach jeweils die drei Akkorde mit denen aus der Akkordfamilie A-Dur.

aus D-Dur wird A-Dur
aus A-Dur wird E-Dur
aus G-Dur wird D-Dur

Du wirst jetzt merken, dass sich Deine Stimmlage verändert. Vielleicht liegt es Dir besser, das ein oder andere Lied in der jeweils anderen Tonart zu spielen. Probiere aus, was am besten zu Deiner Stimme passt.

Akkordwechsel üben:

D - A
D - E

A - E
D - A - E

D - A - E - A

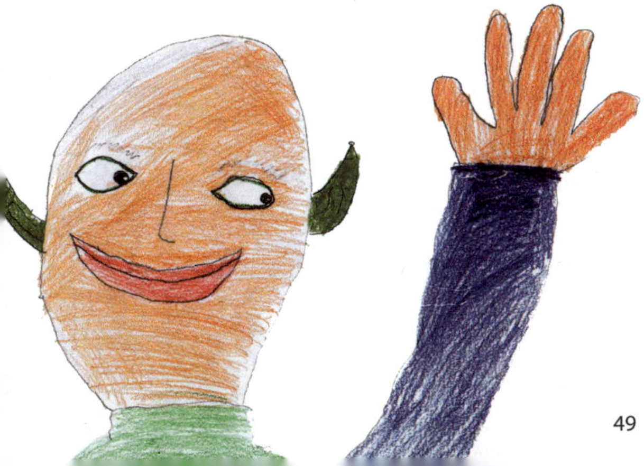

Ein Männlein steht im Walde

A-Dur • Akkorde A D E • Offenes C-Tuning 992 949 9494 992 949

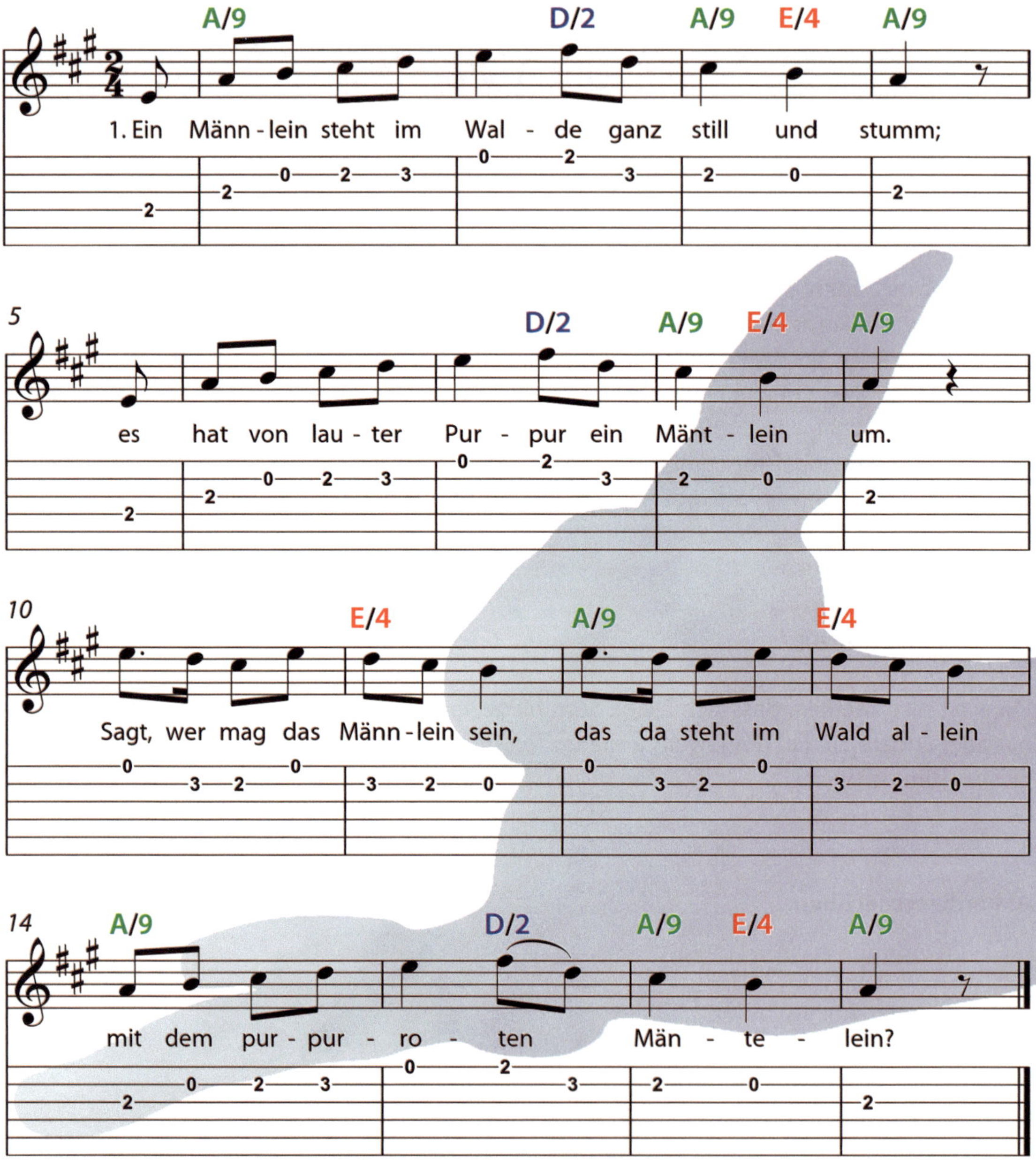

2. Das Männlein steht im Walde auf einem Bein
und hat auf seinem Haupte schwarz' Käpplein klein.
Sagt, wer mag das Männlein sein, das da steht im Wald allein
mit dem kleinen schwarzen Käppelein?

Häschen in der Grube

A-Dur • Akkorde A D E • Offenes C-Tuning 99 2929 4949 9949

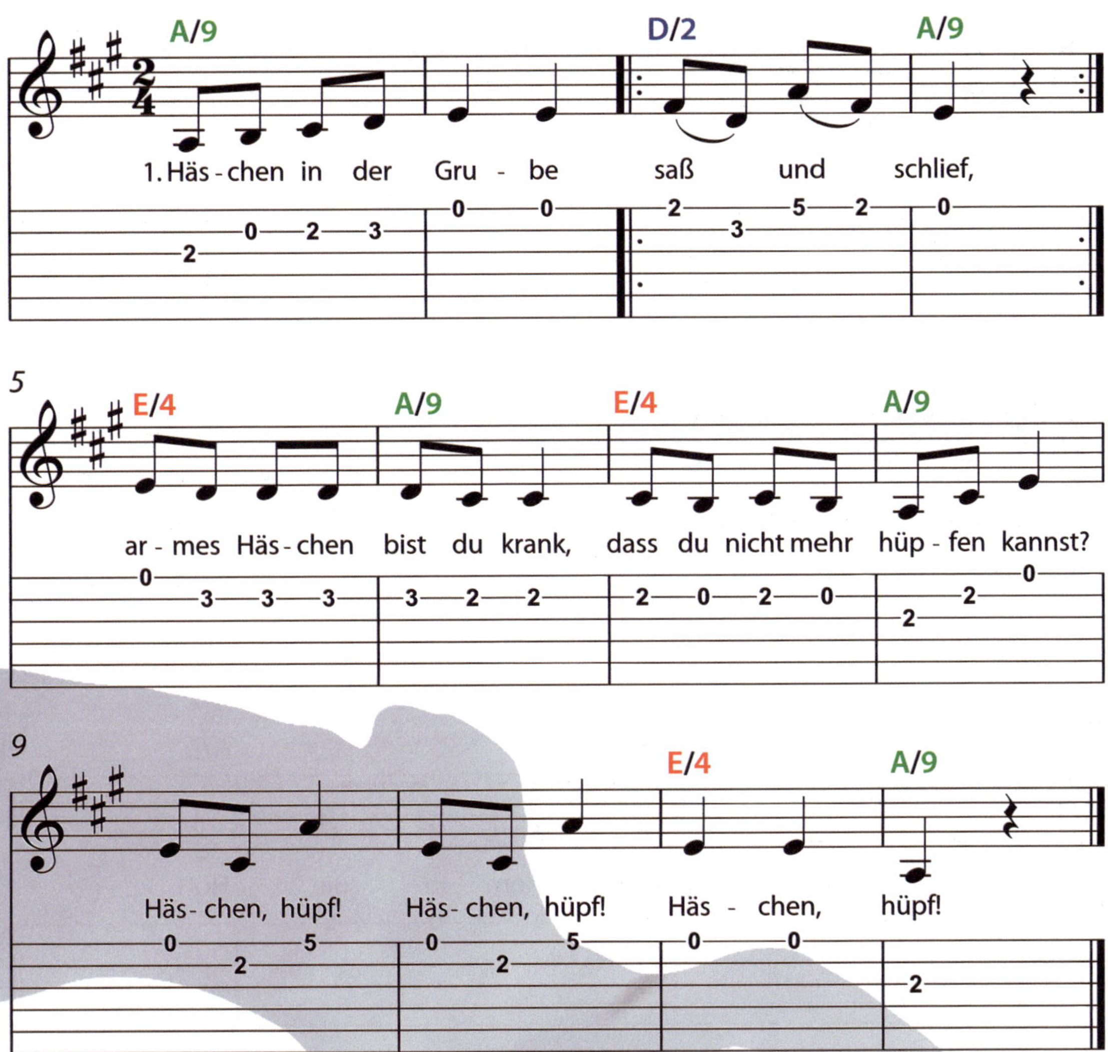

2. Häschen in der Grube nickt und weint,
Doktor, komm geschwind herbei und verschreib ihm Arzenei!
Häschen, schluck! Häschen, schluck! Häschen, schluck!

3. Häschen in der Grube hüpft und springt,
Häschen, bist du schon kurriert? Hui, das rennt und gallopiert!
Häschen, hopp! Häschen, hopp! Häschen, hopp!

Alle meine Entchen

A-Dur • Akkorde A D E • C-Gitarre 99 2929 4949

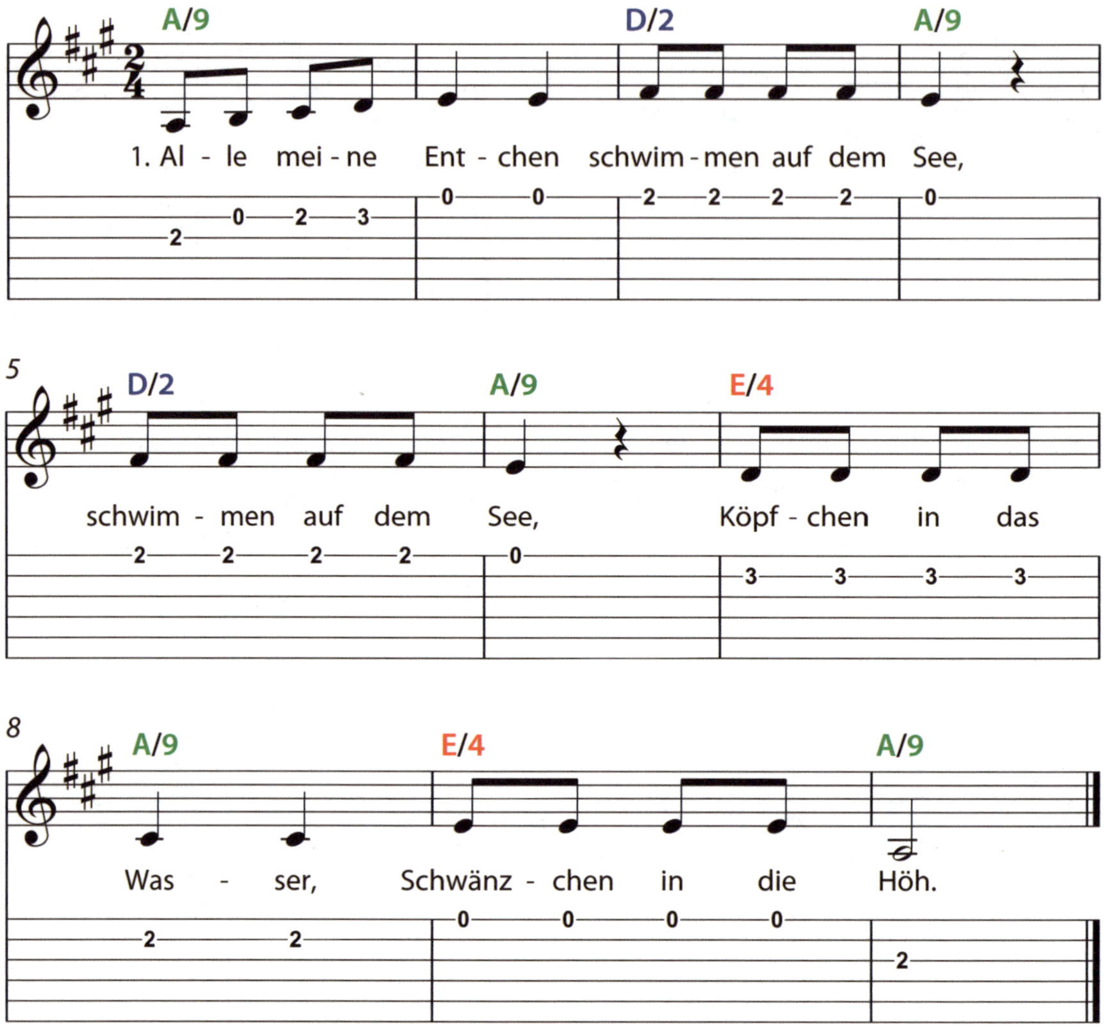

2. Alle meine Täubchen, gurren auf dem Dach,
fliegt eins in die Lüfte, fliegen alle nach.

3. Alle meine Hühner, scharren in dem Stroh,
finden sie ein Körnchen, sind sie alle froh.

4. Alle meine Gänschen, watscheln durch den Grund,
suchen in dem Tümpel, werden kugelrund.

Oh, When the Saints

A-Dur • Akkorde A D E • C-Gitarre 9994 92^{94}9

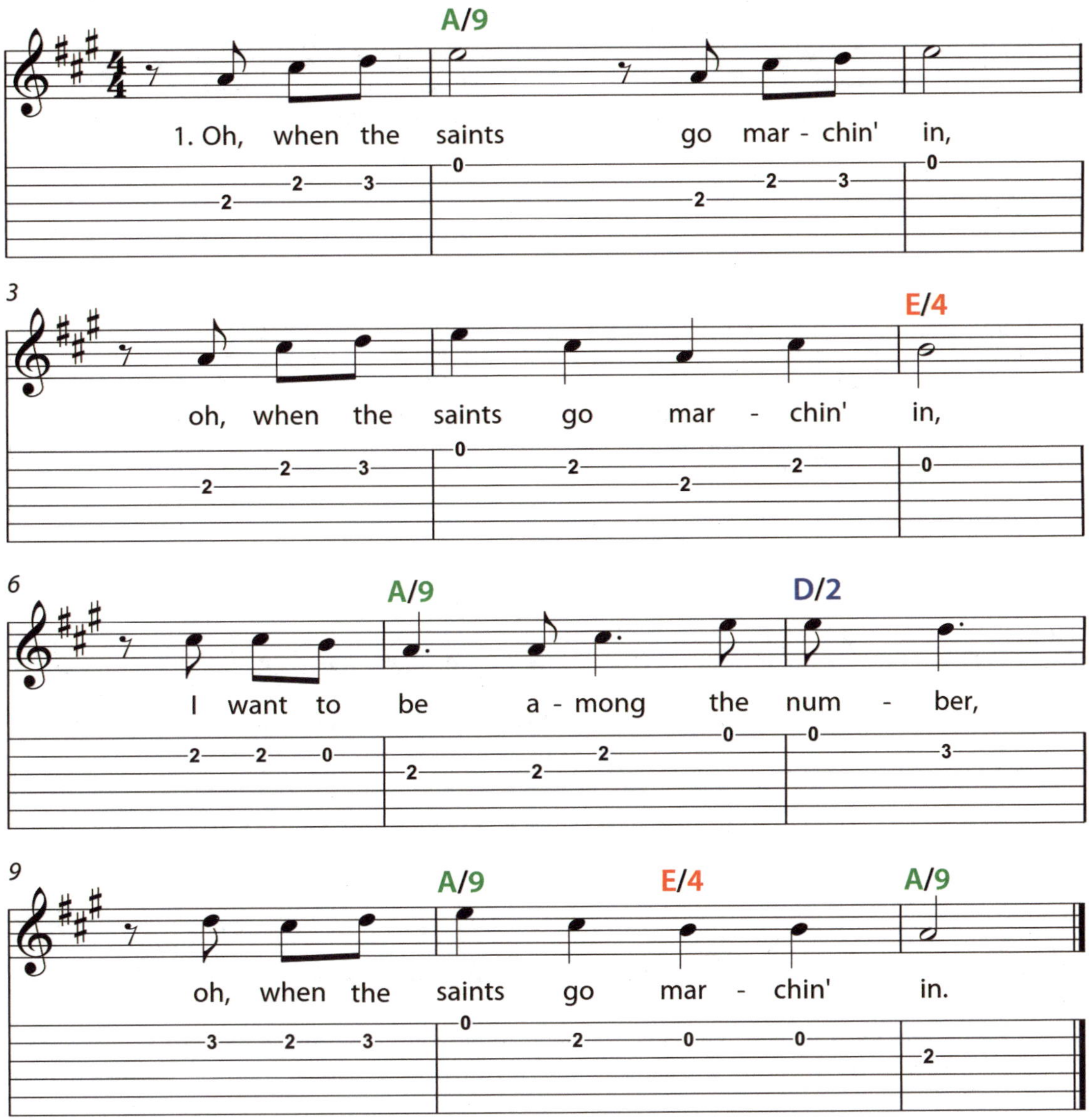

2. And when the stars begin to shine...
3. When Gabriel blows in his horn...
4. And when the sun refuse to shine...
5. And when they gather round the throne...
6. And when they crown him King of Kings...
7. And on that halleluja-day...

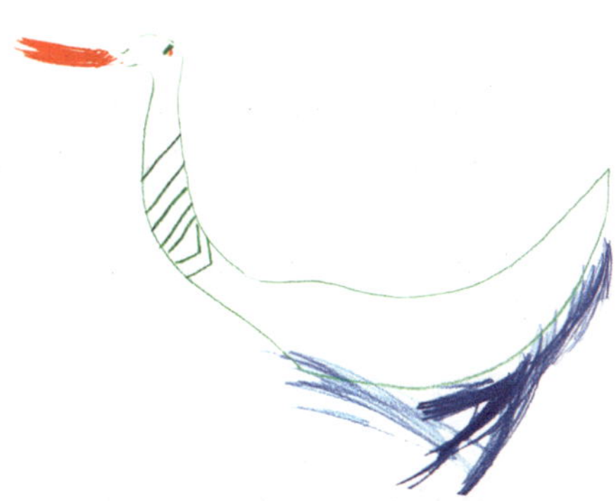

Go, Tell it on the Mountain

A-Dur • Akkorde A D E • C-Gitarre 994^{94} $99^{94}9$ 9949 9924

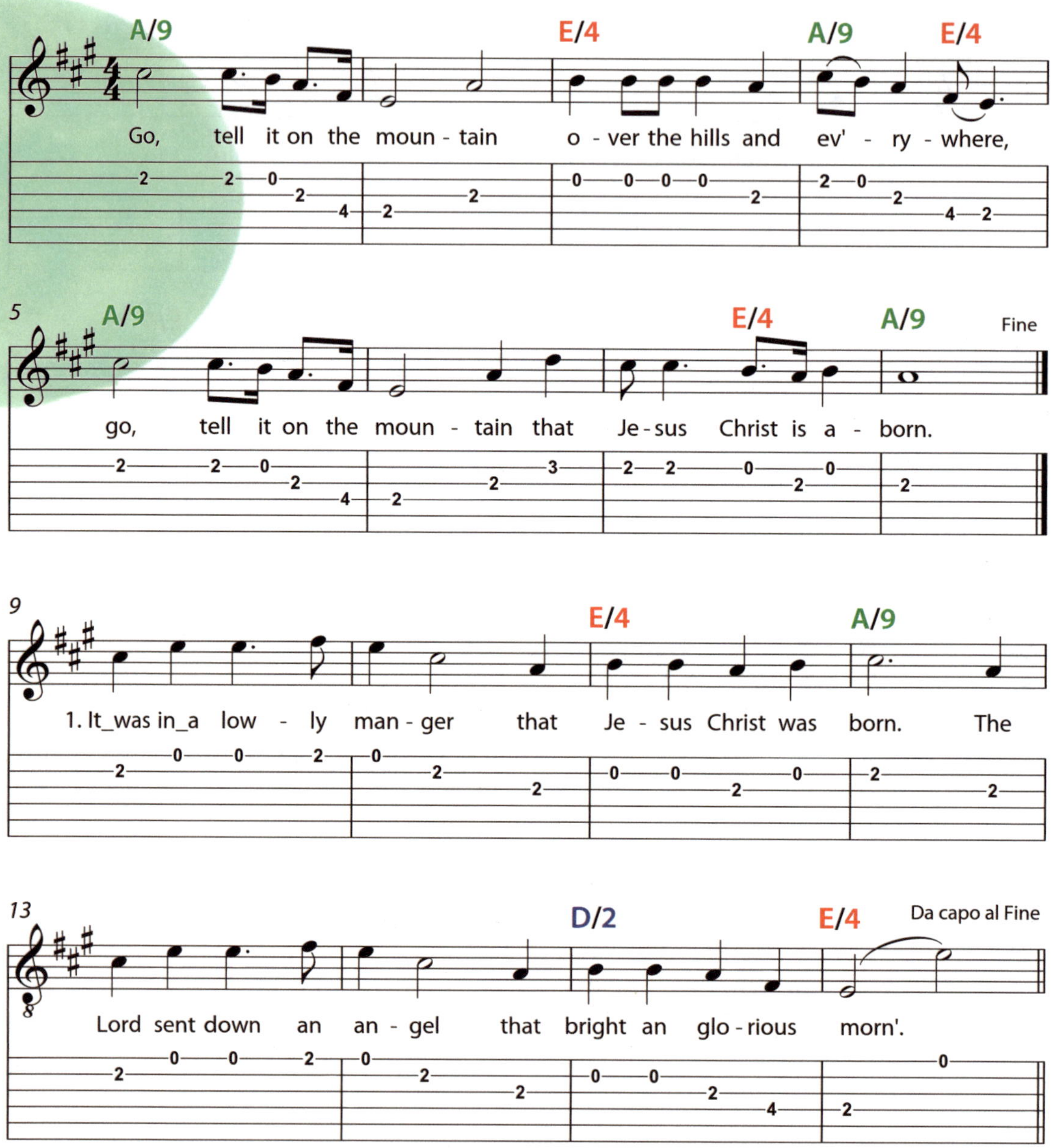

2. When I was a seeker I sought both night and day.
I asked my Lord to help me and he taught me to pray.

3. When I was a sinner I prayed both night and day.
I asked the Lord to help me and he showed me the way.

Die Gedanken sind frei

A-Dur • Akkorde A D E • C-Gitarre 9949 4949 2949

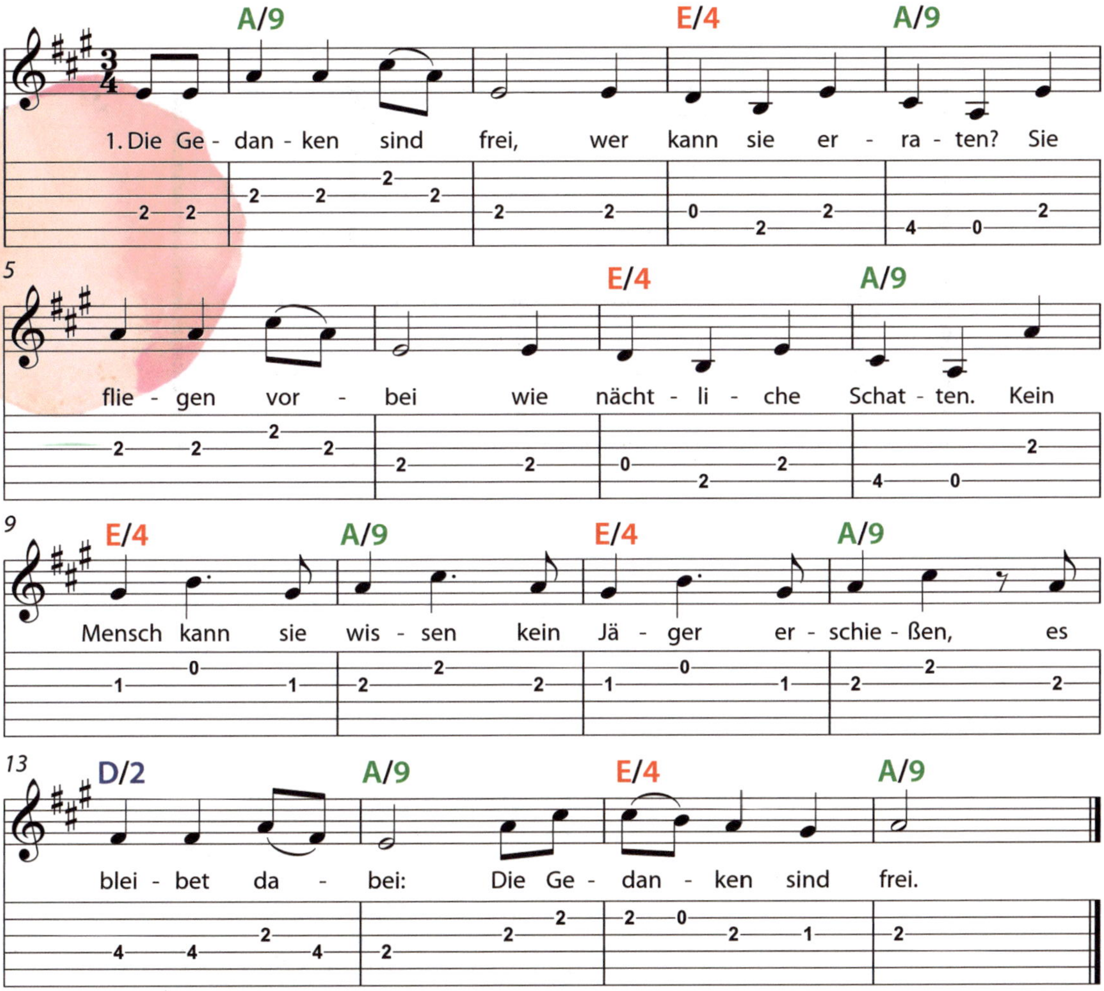

2. Ich denke, was ich will und was mich beglücket,
doch alles in der Still und wie es sich schicket.
Mein Wunsch und Begehren kann niemand verwehren.
Es bleibet dabei: Die Gedanken sind frei.

3. Und sperrt man mich ein im finsteren Kerker,
das alles sind rein vergebliche Werke;
denn meine Gedanken zerreißen die Schranken
und Mauern entzwei: Die Gedanken sind frei.

4. Und will ich auf immer den Sorgen entsagen
und will mich auch nimmer mit Grillen mehr plagen.
Man kann ja im Herzen stets lachen und scherzen
und denken dabei: Die Gedanken sind frei.

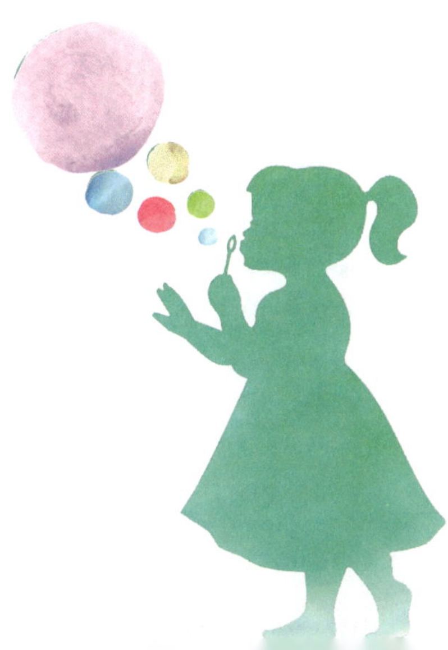

Rhythmusfigur 2

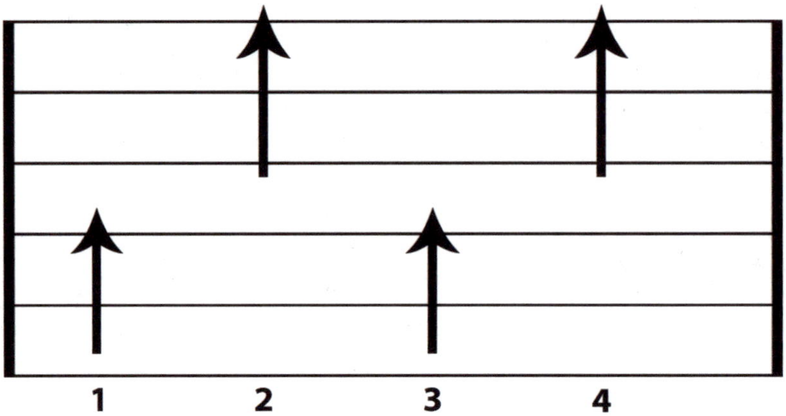

Der 2. Rhythmus bringt schon etwas mehr Schwung in die Begleitung. Wir schlagen jetzt nicht nur einfach alle Saiten ab, sondern versuchen abwechselnd einmal mehr die Bass-Saiten und danach die Diskant-Saiten zu betonen. Je nachdem welchen Akkord Du greifst, ist es wichtig die entsprechenden Bass-Saiten zu treffen. Beim Akkord D-Dur beispielsweise sollte die tiefe E-Saite nicht mitklingen. Dein Gitarrenlehrer gibt Dir hierzu ein paar Tipps, wie Du diesen Rhythmus am besten üben kannst.

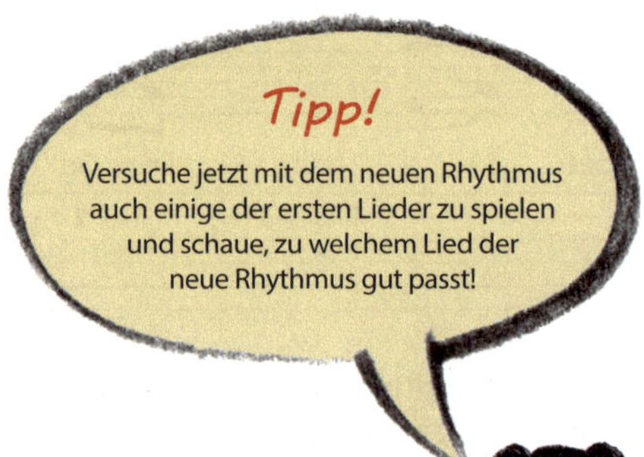

Wenn Du in der C-Stimmung spielst, kannst Du die auf C gestimmte tiefe Bass-Saite mit anspielen. Diese Saite ist bei jedem anderen Akkord in der C-Stimmung der jeweilige Grundton.

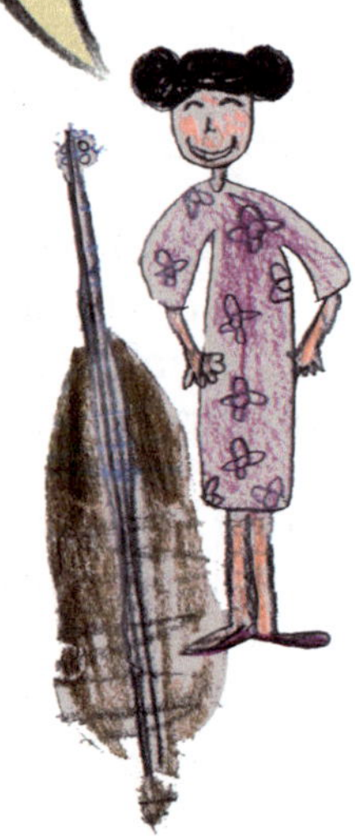

E-Moll

E-Moll

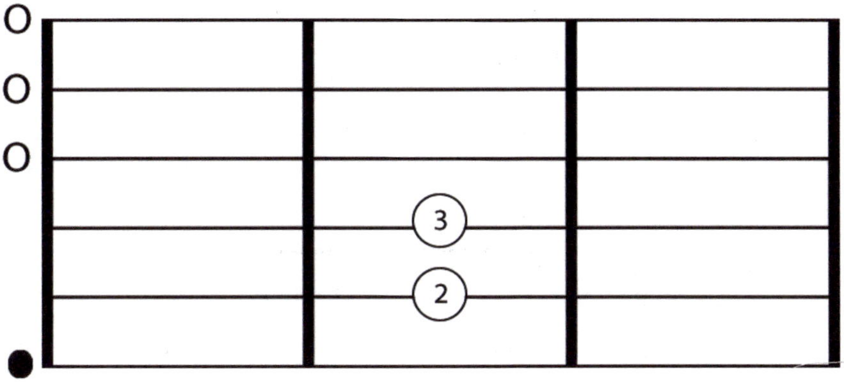

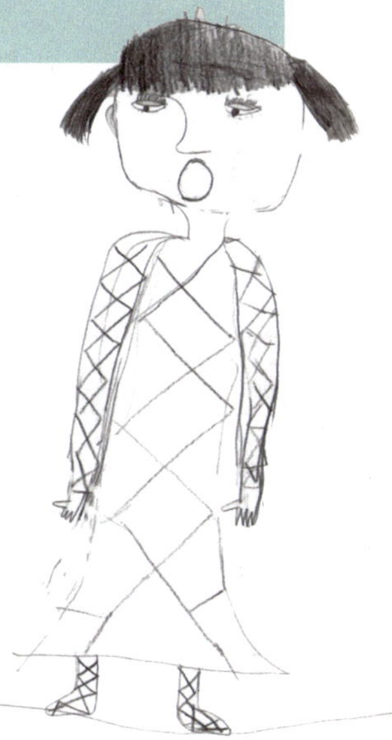

Nun lernst Du Deinen ersten Moll-Akkord kennen. Moll-Akkorde unterscheiden sich von Dur-Akkorden dadurch, dass sie einen melancholischen Klangcharakter haben.
Greife mit dem Mittelfinger auf der A-Saite im 2. Bund und darunter mit dem Ringfinger auf der D-Saite im 2. Bund. Die tiefe E-Saite ist die Bass-Saite. Du kannst also alle sechs Saiten anschlagen.

Em / 4m

4. Bund

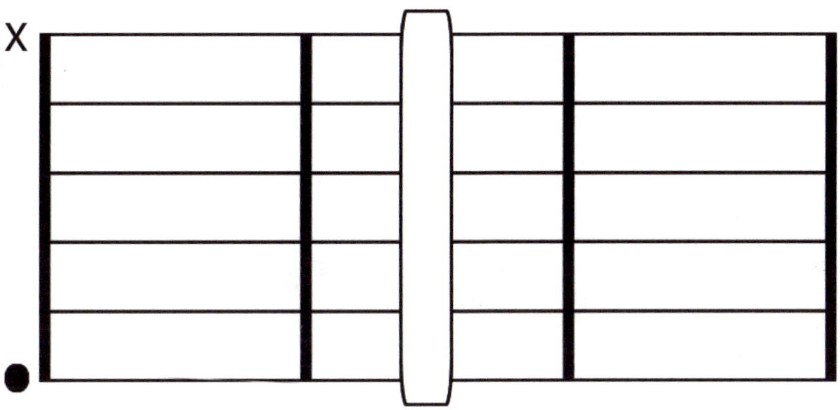

Auf der C-Gitarre ist es nun schwieriger einen wirklichen Moll-Akkord zu greifen. Dafür müsstest Du zu Deinem Barrégriff eigentlich noch einen Ton hinzunehmen. Mit dem kleinen Finger könntest Du die H-Saite (die auf C umgestimmt ist) 3 Bünde weiter greifen. Die hohe E-Saite darfst Du auf keinen Fall mitspielen, da dieser Ton in einem Moll-Akkord nichts zu suchen hat.

Um das Ganze zunächst zu vereinfachen, kannst Du auch einfach die hohe E-Saite nicht mit anschlagen. Du hast dadurch zwar keinen richtigen Moll-Akkord, aber Du kannst ihn trotzdem für die Liedbegleitung an dieser Stelle so nutzen.

Hejo, spann den Wagen an

e-Moll • Akkorde Em D • C-Gitarre 4m24m2 (3x)

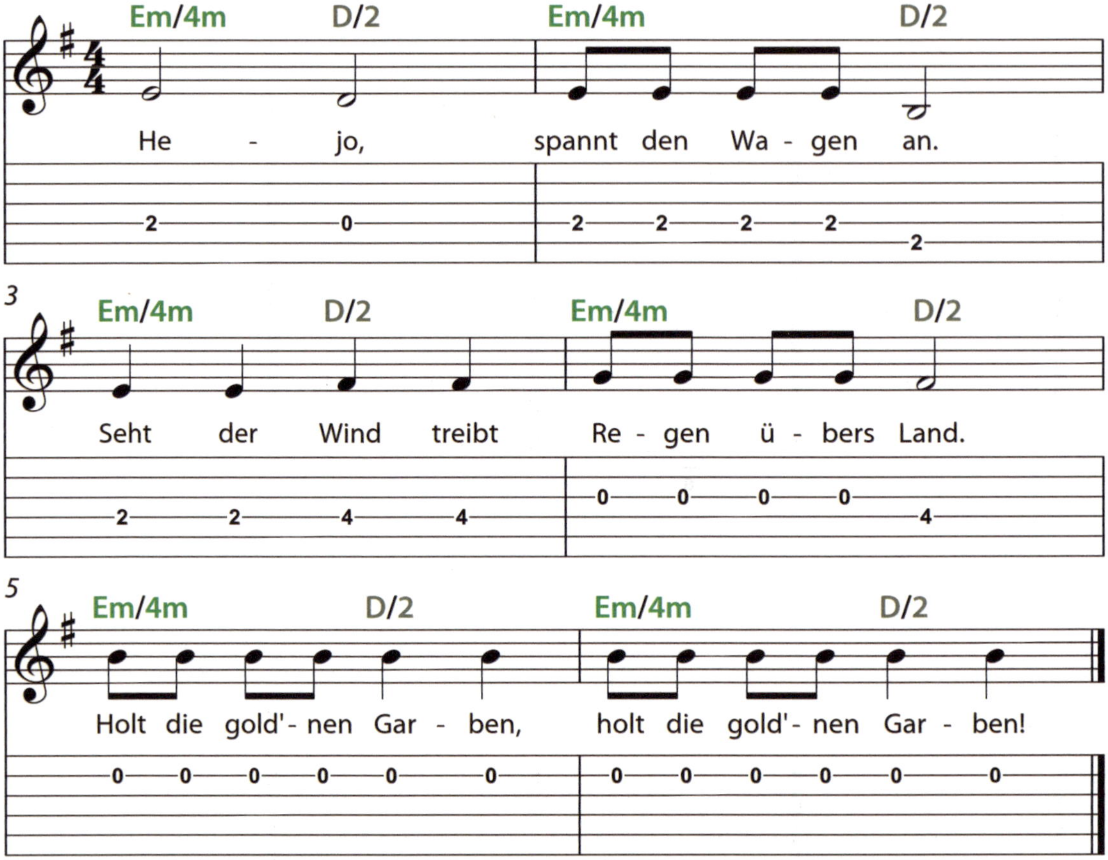

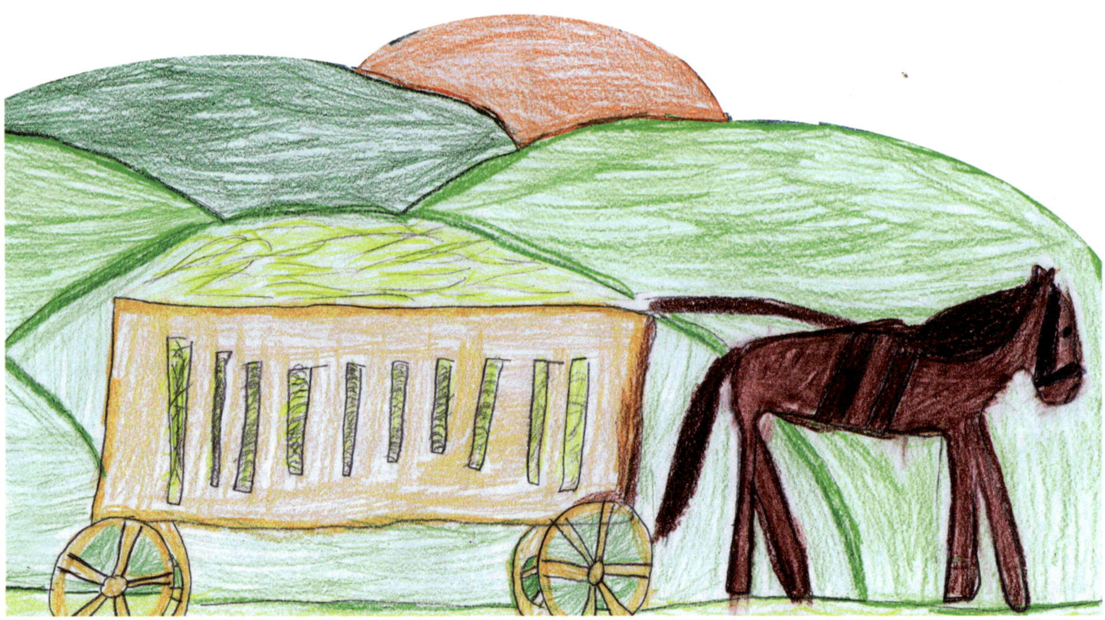

What Shall We Do

e-Moll • Akkorde Em D • C-Gitarre 4m4m22 4m4m24m

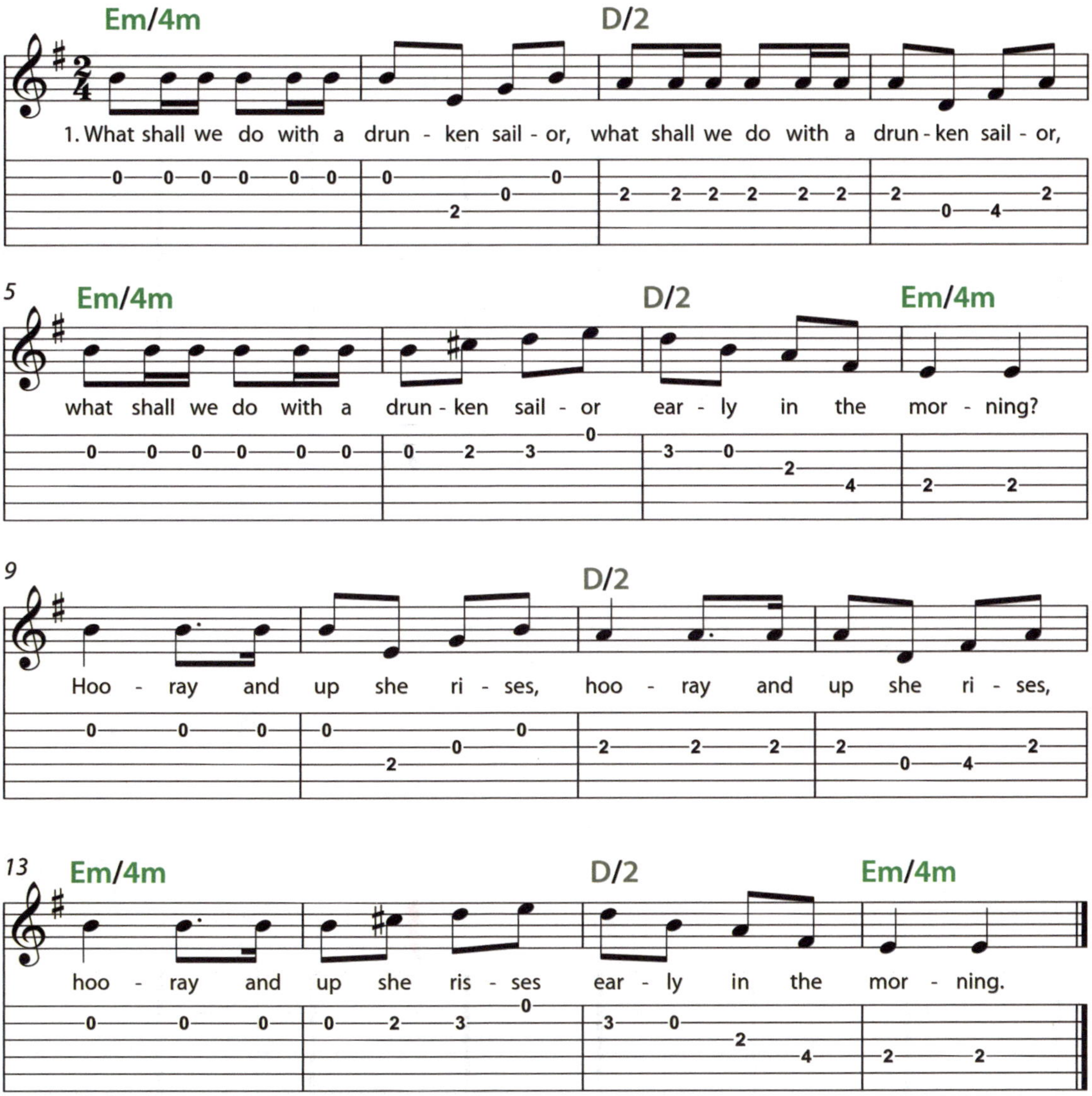

2. Take him and shake him and try to awake him! (3x) Hurray...

3. Put out the plug and wet him all over! (3x) Hurray...

4. Put him in the long boat till he's sober! (3x) Hurray...

5. That's what to do with a drunken sailor! (3x) Hurray...

C-Dur

C-Dur

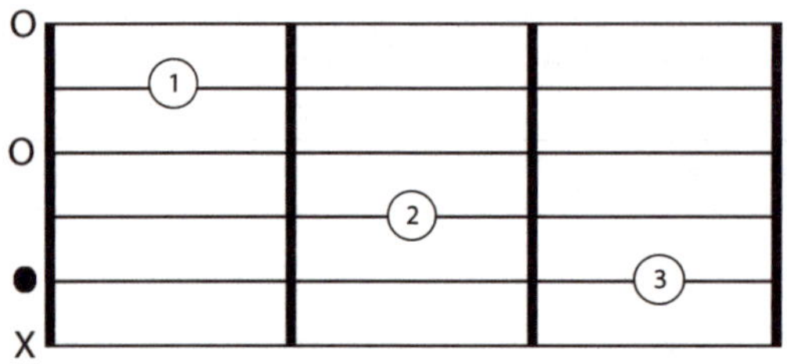

C / 0

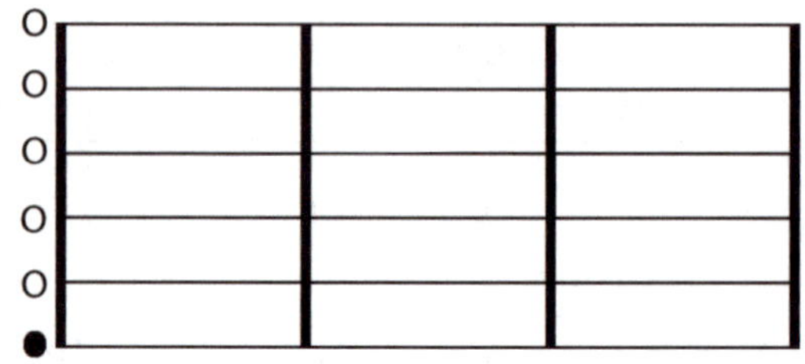

Der Akkord C-Dur ist nicht so leicht zu greifen, weil Du Deine Finger hierbei schon richtig dehnen musst. Setze den Zeigefinger zunächst auf die H-Saite im 1. Bund auf und dann den Mittelfinger auf der G-Saite im 2. Bund. Achte darauf, dass alle Saiten klingen. Jetzt kommt der Ringfinger auf den 3. Bund der A-Saite. Dadurch greifst Du den Ton C, der dann auch Grundton für den Akkord C-Dur wird. Die A-Saite ist die Bass-Saite für den Akkord C-Dur.

G-Dur

G-Dur

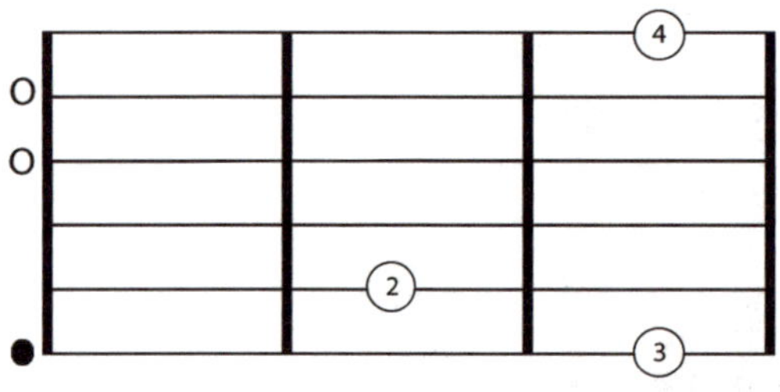

G / 7 7. Bund

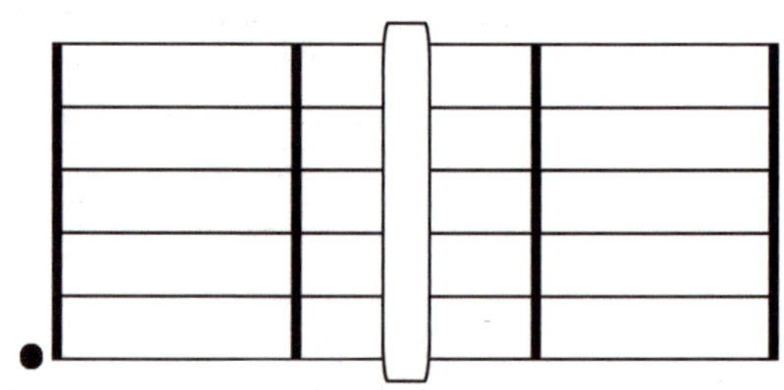

Um den Akkord G-Dur komplett zu greifen, brauchst Du den Ton G als Basston. Durch den Ringfinger auf der tiefen E-Saite greifst Du das G als Grundton. Der kleine Finger auf der hohen E-Saite erzeugt ebenfalls den Ton G. Wenn es zu schwierig mit dem Ring- bzw. kleinen Finger ist, den Akkord zu greifen, versuche es doch zunächst mit dem Mittelfinger auf der tiefen E-Saite, dem Zeigefinger auf der A-Saite und dem Ring- oder kleinen Finger auf der hohen E-Saite.

Tonart G-Dur

Tonika	Dominante	Subdominante
D/2	*A/9*	*G/7*
A/9	*E/4*	*D/2*
G/7	**D/2**	**C/0**

Nachdem Du jetzt schon die beiden Tonarten D-Dur und A-Dur kennen gelernt hast, kannst Du mit den Akkorden G-Dur, D-Dur und C-Dur die drei Hauptakkorde der Tonart G-Dur spielen. Übe zunächst den Wechsel der Akkorde. Probiere dann Lieder mit 2 Akkorde aus den Tonarten D-Dur und A-Dur in G-Dur zu spielen. Welche Tonart passt am besten zu Deiner Stimme?

Akkordwechsel üben:

C - G
C - D

G - D
C - G - D

C - G - D - G

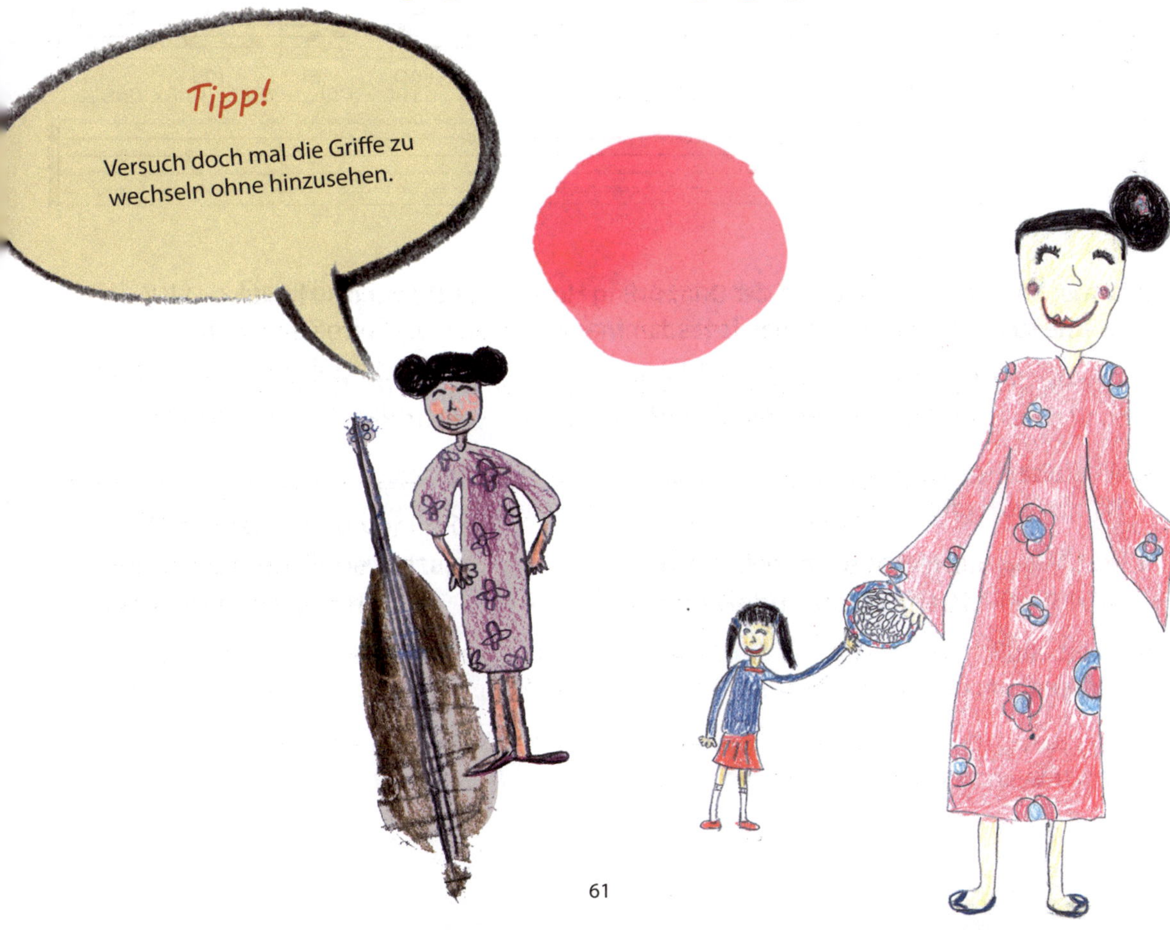

Der Mond ist aufgegangen

G-Dur • Akkorde G C D • C-Gitarre 7 2707 27 7 07 27 7 07 2 7

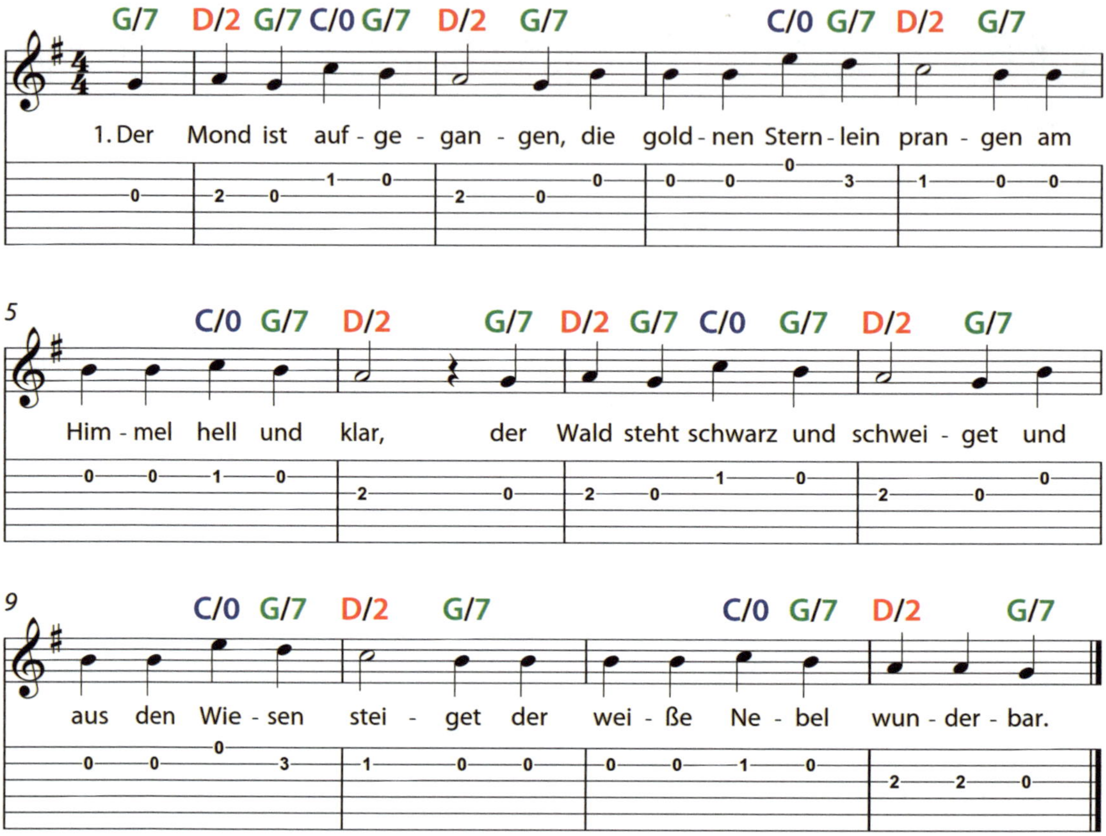

2. Wie ist die Welt so stille und in der Dämmrung Hülle so traulich und so hold
als eine stille Kammer, wo ihr des Tages Jammer verschlafen und vergessen sollt.

3. Seht ihr den Mond dort stehen? Er ist nur halb zu sehen und ist doch rund und schön.
So sind wohl manche Sachen, die wir getrost belachen, weil unsre Augen sie nicht sehn.

4. Wir stolzen Menschenkinder sind eitel arme Sünder und wissen gar nicht viel.
Wir spinnen Luftgespinste und suchen viele Künste und kommen weiter von dem Ziel.

5. Gott, lass uns dein Heil schauen, auf nichts Vergänglichs trauen, nicht Eitelkeit uns freun;
lass uns einfältig werden und vor dir hier auf Erden wie Kinder fromm und fröhlich sein.

6. Wollst endlich sonder Grämen aus dieser Welt uns nehmen durch einen sanften Tod;
und wenn du uns genommen, lass uns in'n Himmel kommen, du, unser Herr und unser Gott.

7. So legt euch denn, ihr Brüder, in Gottes Namen nieder; kalt ist der Abendhauch.
Verschon uns, Gott, mit Strafen und lass und ruhig schlafen und unsern kranken Nachbar auch.

Hoppe, hoppe Reiter

G-Dur • Akkorde G C D • C-Gitarre 7077 7077 7722 2277

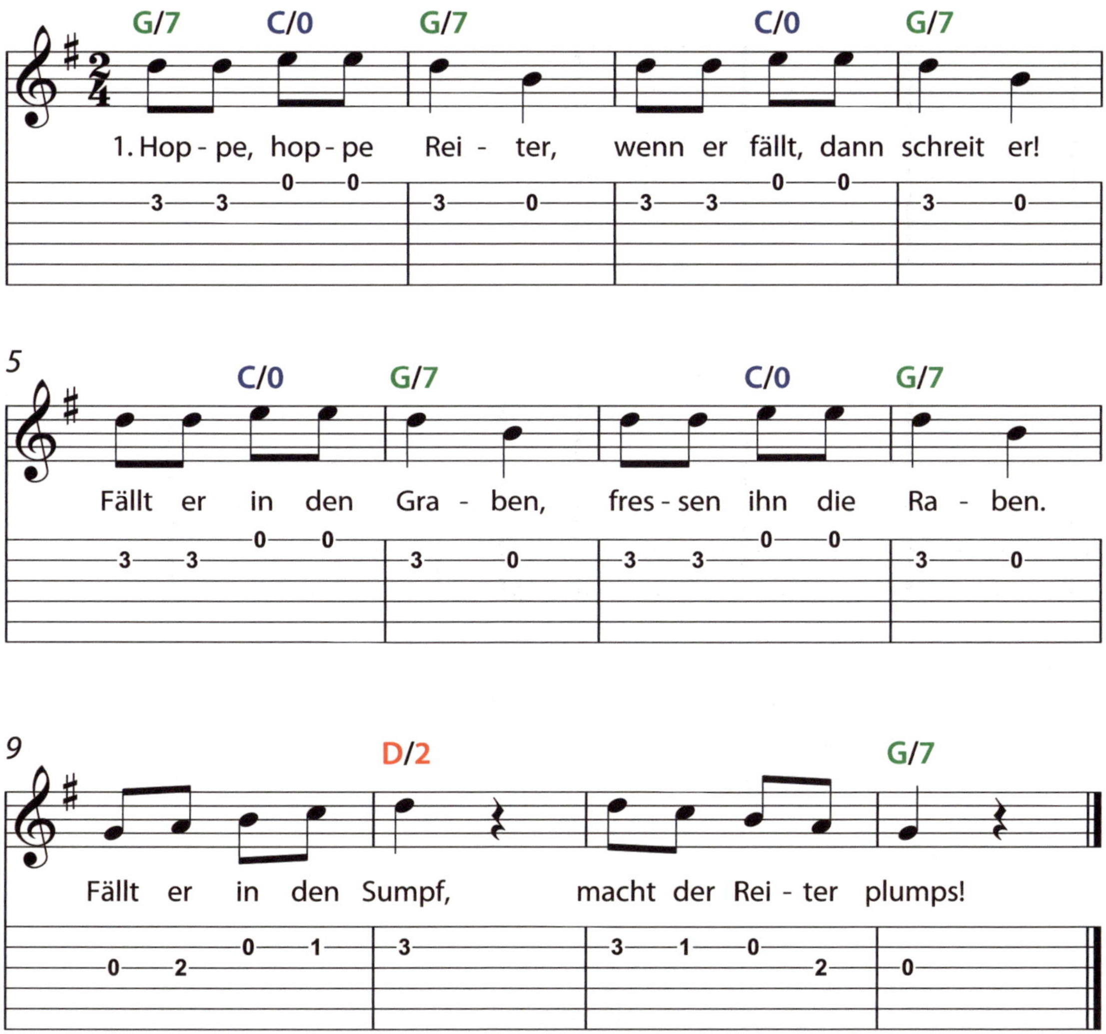

2. Hoppe, hoppe Reiter, wenn er fällt, dann schreit er!
   Fällt er auf die Steine, tun ihm weh die Beine.
   Fällt er in den Sumpf, macht der Reiter plumps!

3. Hoppe, hoppe Reiter, wenn er fällt, dann schreit er!
   Fällt er in die Hecken, fressen ihn die Schnecken.
   Fällt er in den Sumpf, macht der Reiter plumps!

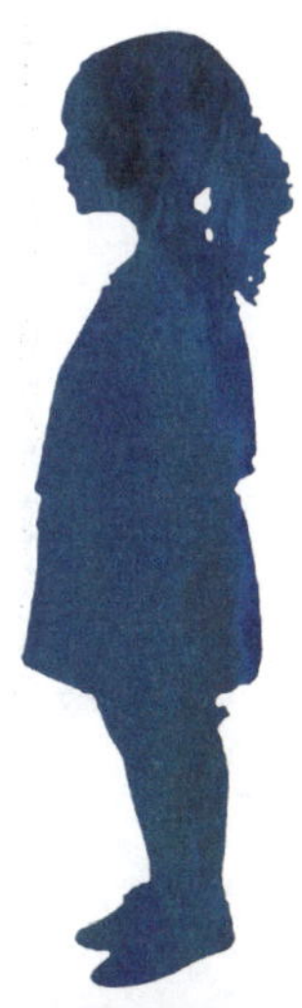

F-Dur (vereinfacht)

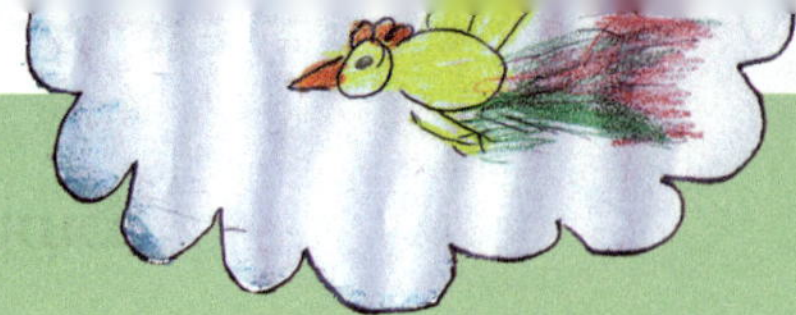

F -Dur (einfach)

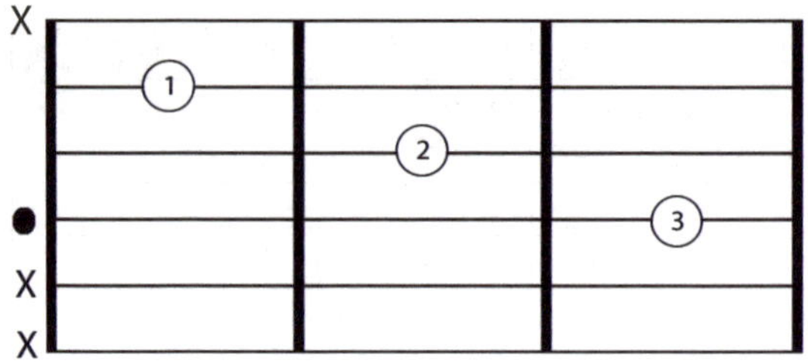

F -Dur (einfach II)

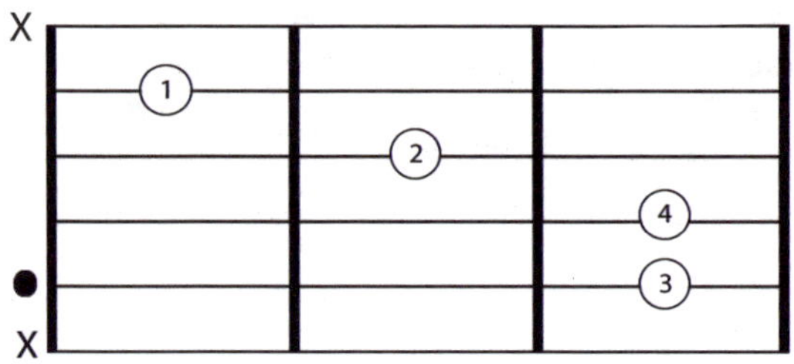

F -Dur (komplett)

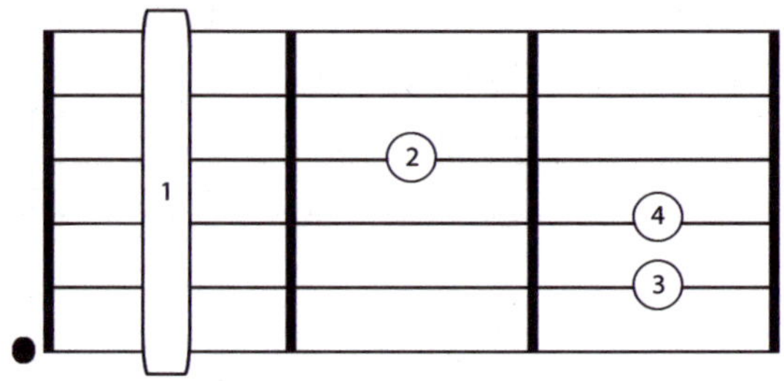

Der Akkord F-Dur wird, wenn Du ihn komplett greifen möchtest, als Barrégriff gegriffen. Hierzu musst Du mit dem Zeigefinger alle Saiten im 1. Bund herunterdrücken und dann mit Mittel-, Ring- und kleinem Finger ein E-Dur dahinter greifen. Das ist aber sehr schwierig und muss lange geübt werden. Übe deshalb zunächst die vereinfachten Formen des F-Dur Akkords.

F / 5

5. Bund

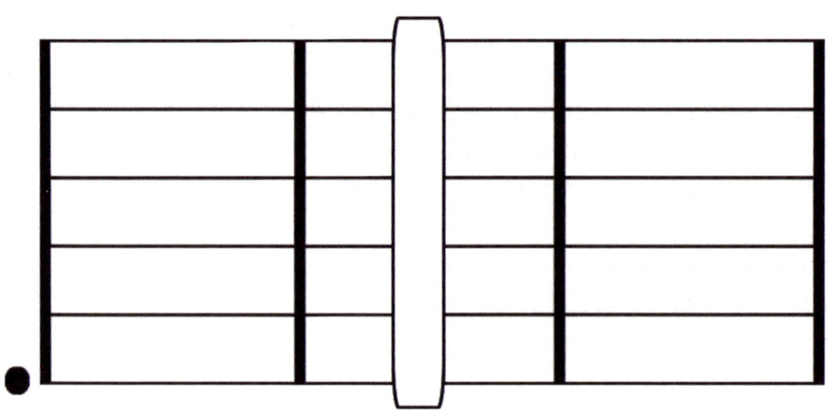

Tonart C-Dur

Tonika	Dominante	Subdominante
D/2	*A/9*	*G/7*
A/9	*E/4*	*D/2*
G/7	*D/2*	*C/0*
C/0	**G/7**	**F/5**

In der Tonart C-Dur waren bereits die ersten Lieder dieses Buches notiert (Bruder Jakob, Aram sam sam, usw.). Mit dem Akkord F-Dur wird diese Tonart durch die Subdominante ergänzt, so dass Du nun alle Lieder mit 3 Akkorden in vier verschiedenen Tonarten spielen kannst. Wenn Du den einfachen F-Dur Akkord benutzt, kannst Du den Akkordwechsel relativ leicht hinbekommen. Mittel- und Ringfinger behalten nämlich ihre Position und „wandern" im zweiten und dritten Bund jeweils eine Saite nach oben bzw. nach unten.

Akkordwechsel üben:

F - C
F - G

C - G
F - C - G

F - C - G - C

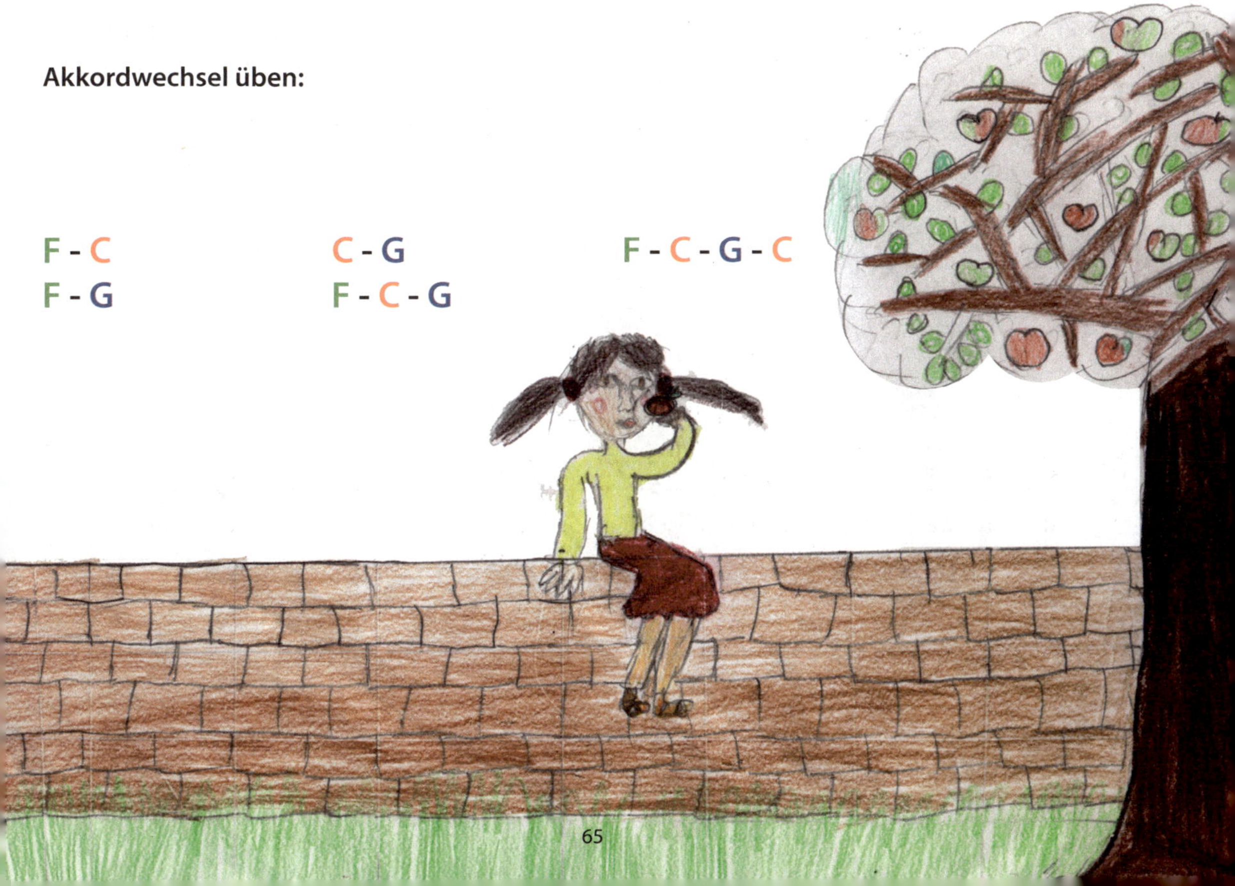

Backe, backe Kuchen

C-Dur • Akkorde C F G • C-Gitarre 0500 0500 707070 0500 0700

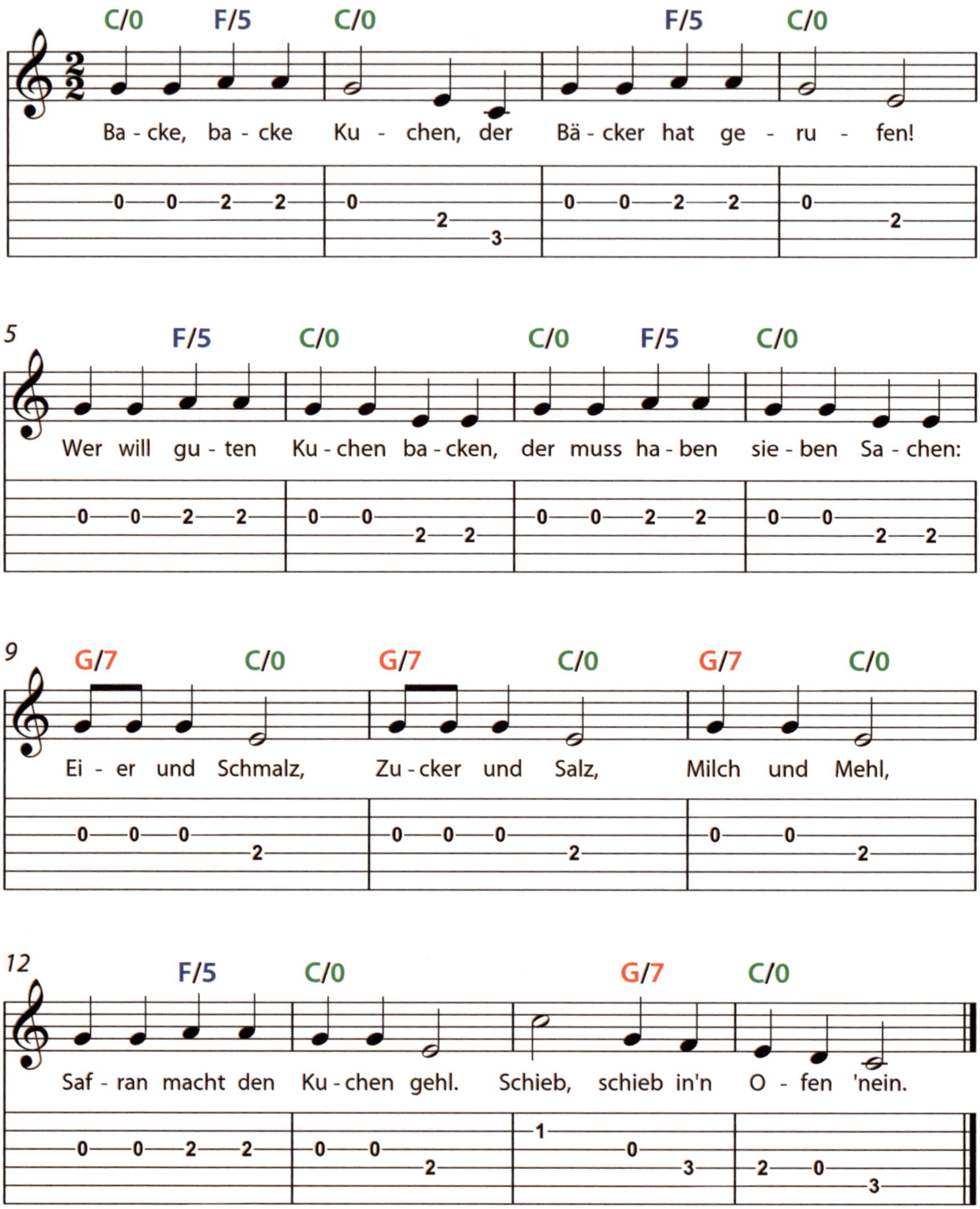

If You're Happy

C-Dur • Akkorde C F G • C-Gitarre 0770 5070

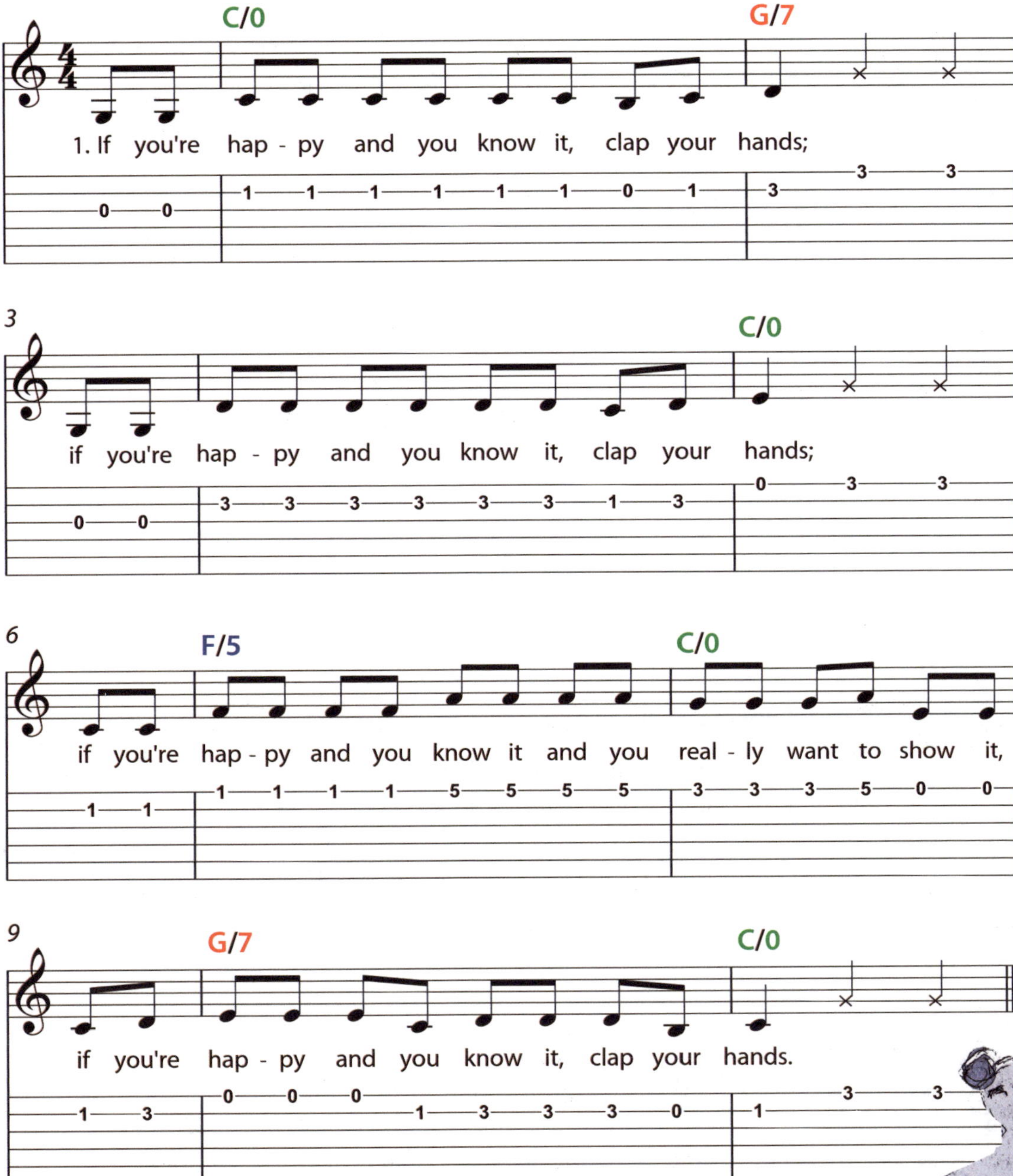

2. ... slap your sides ...

3. ... stamp your feet ...

4. ... snap your ngers ...

5. ... sni your nose ...

6. ... shout „we are!“ ...

7. ... do it all ...

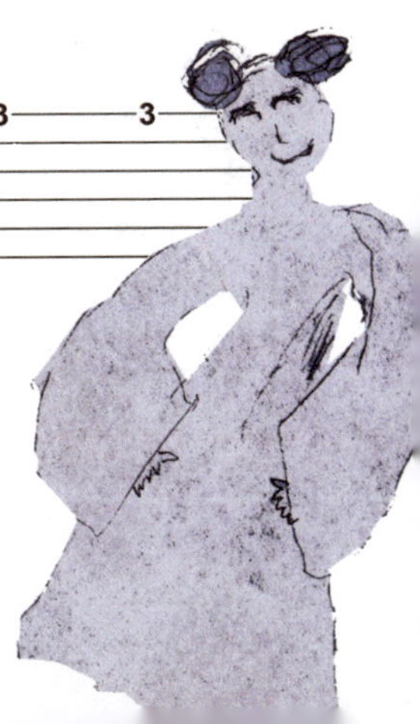

ABC, die Katze lief im Schnee

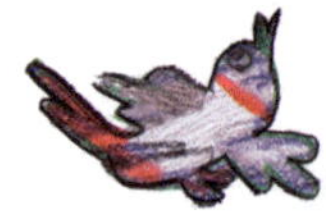

C-Dur • Akkorde C F G • C-Gitarre 0070 0707 5570

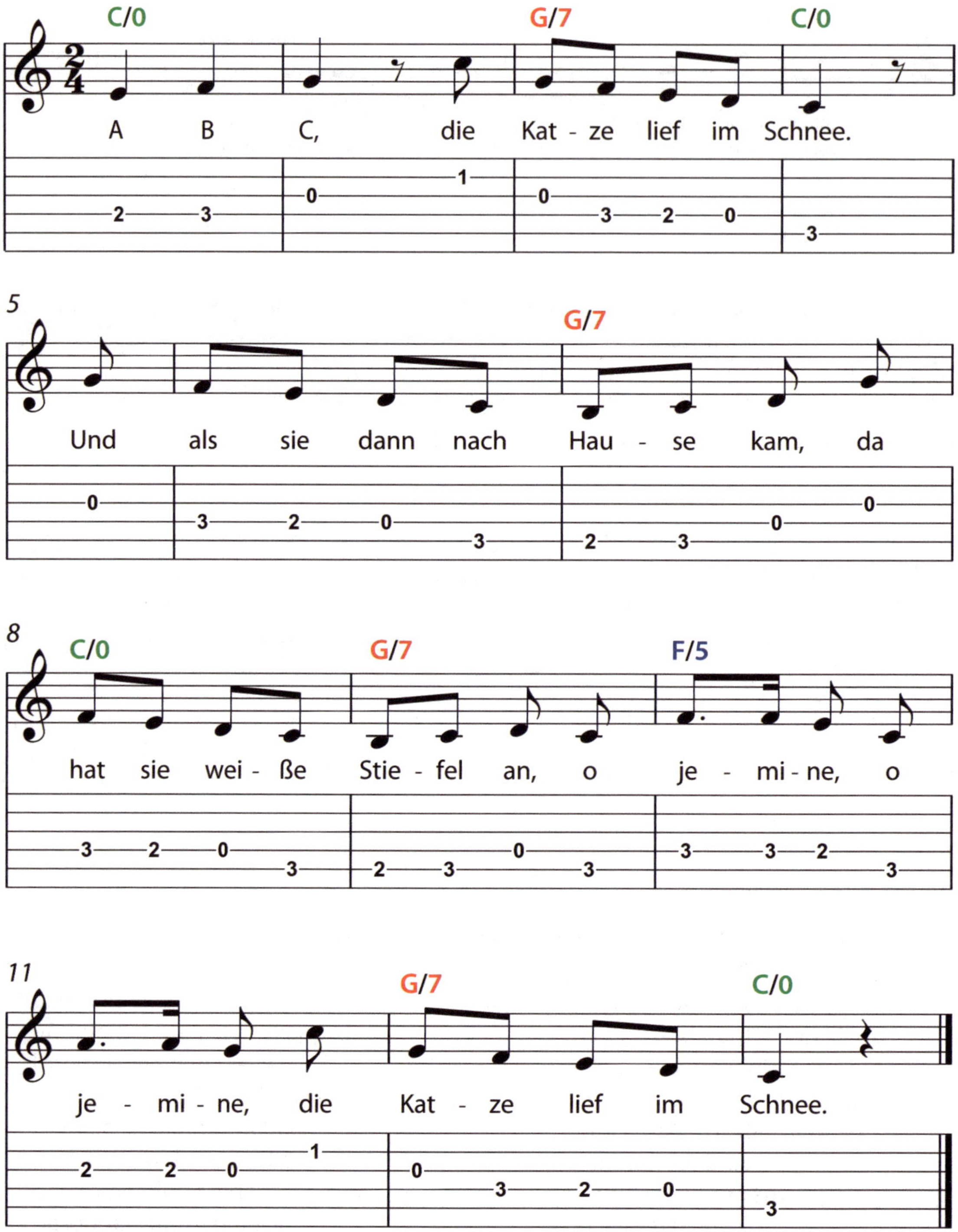

Alle Vögel sind schon da

C-Dur • Akkorde C F G • C-Gitarre 0050 7070 0707 0050 7070

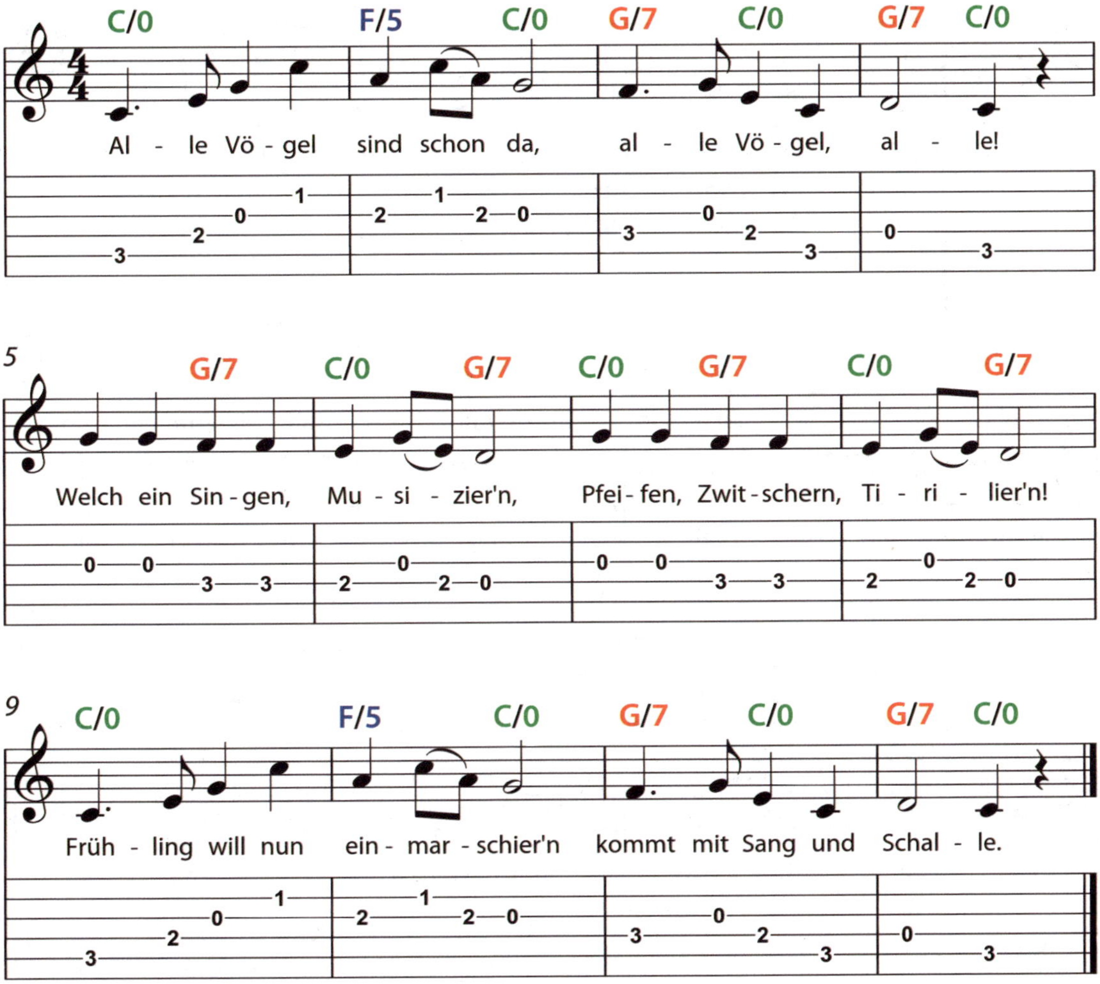

2. Wie sie alle lustig sind, flink und froh sich regen!
Amsel, Drossel, flink und Star und die ganze Vogelschar
wünschen uns ein frohes Jahr, lauter Heil und Segen.

3. Was sie uns verkünden nun, nehmen wir zu Herzen:
Wir auch wollen lustig sein, lustig wie die Vögelein,
hier und dort, feldaus, feldein, singen, springen, scherzen!

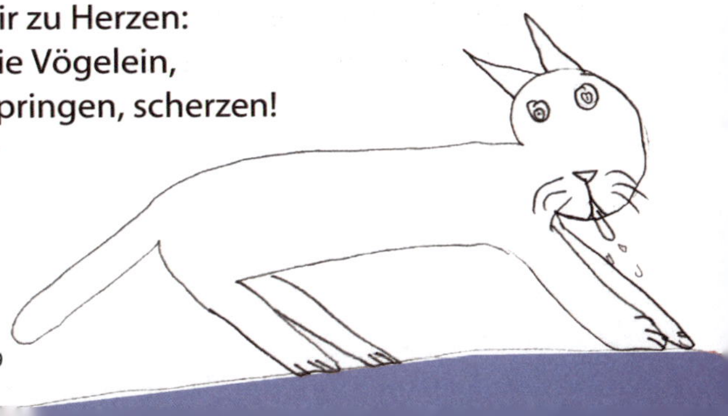

Der Herbst ist da

C-Dur • Akkorde C (F) G • C-Gitarre 0070 7070 0070

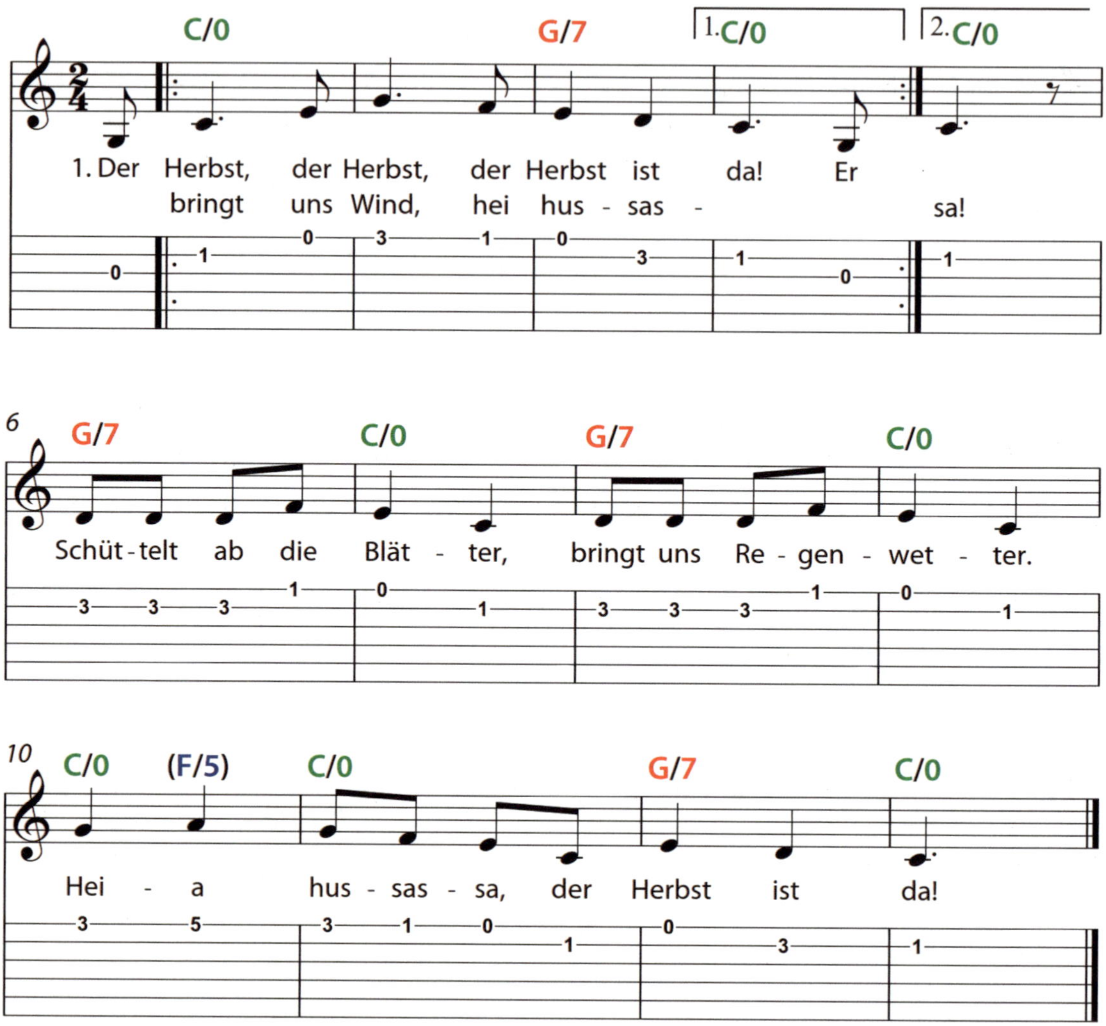

2. Der Herbst, der Herbst, der Herbst ist da!
Er bringt uns Spaß, hei hussassa!
Rüttelt an den Zweigen,
lässt den Drachen steigen.
Heia hussassa, der Herbst ist da!

H^7

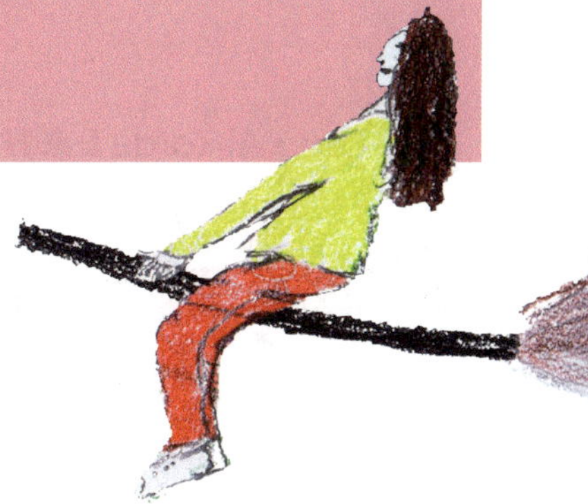

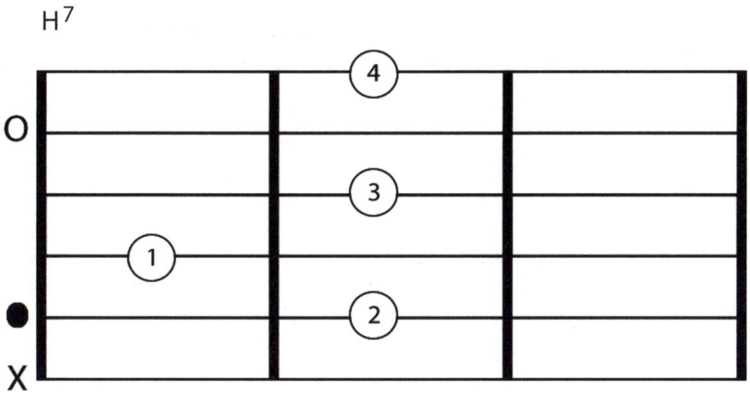

Der Akkord H^7 ist ein so genannter Dominantsept-Akkord. Diese zeichnen sich dadurch aus, dass sie eine starke Spannung erzeugen und dazu drängen als nächstes den Tonika-Akkord (in diesem Falle E-Dur) zu spielen. Greife mit dem kleinen Finger im 2. Bund auf der hohen E-Saite, mit dem Ringfinger im 2. Bund auf der G-Saite, mit dem Zeigefinger im 1. Bund auf der D-Saite und mit dem Mittelfinger im 2. Bund auf der A-Saite. Letzteres ist der Bass-Ton dieses Akkords.

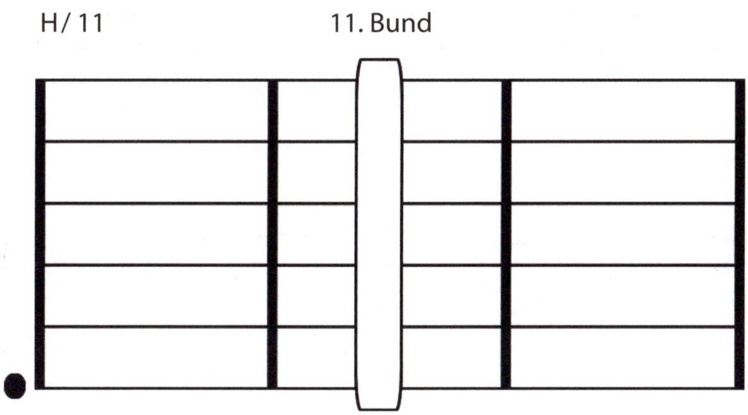

Auf der C-Gitarre ist der Akkord H-Dur sehr schwer zu greifen. Du musst den 11. Bund drücken, und da dieser auf einer Konzertgitarre sehr nah am Korpus ist, wird es ziemlich eng. Wir schlagen deshalb vor, die Tonart zu wechseln, sollte in einem Lied H-Dur vorkommen.

Das Wandern

E-Dur • Akkorde E A H • C-Gitarre 4444 11 4 11 11 11 11 94 11 4 11 4 11 4

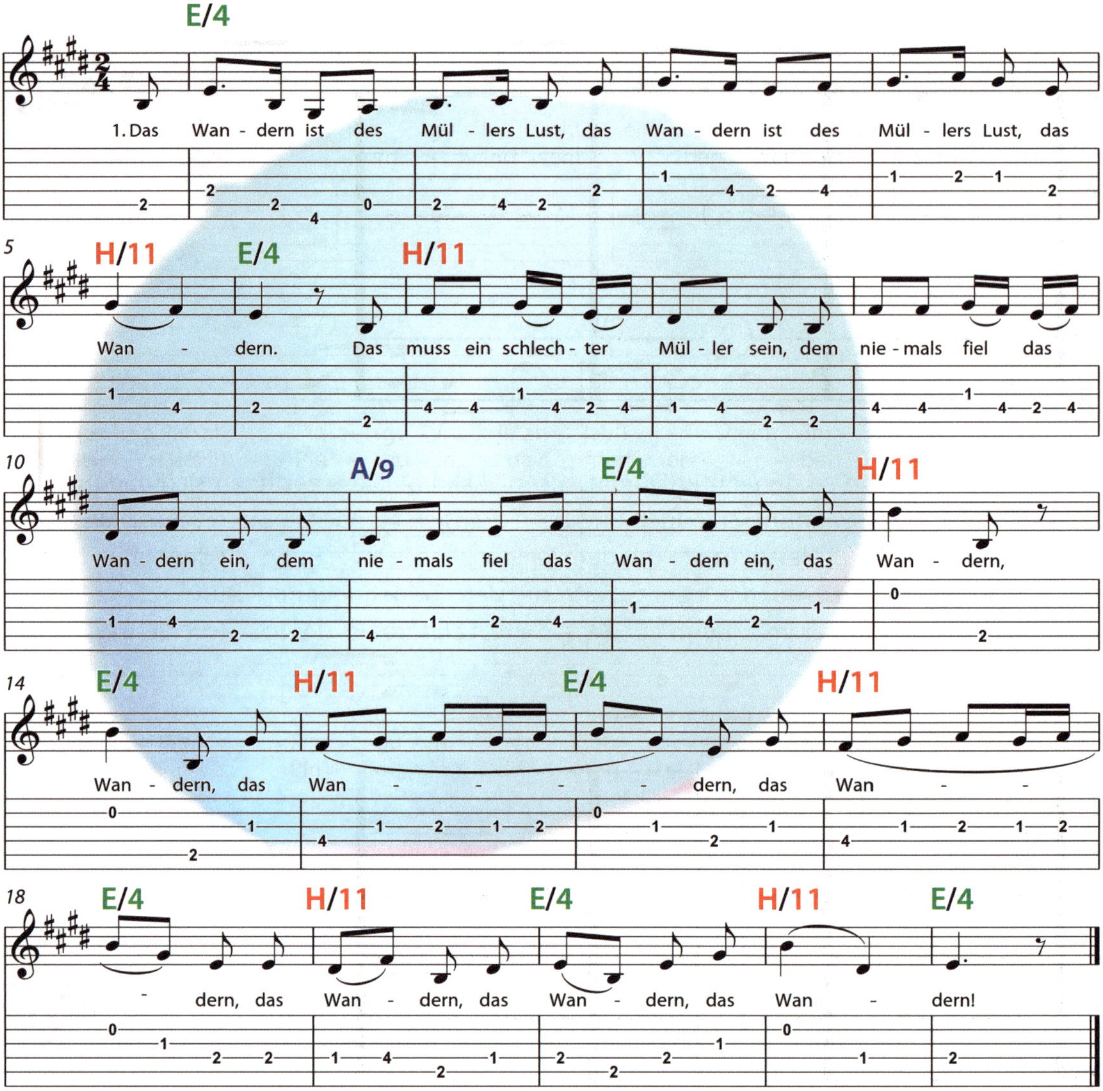

2. Vom Wasser haben wir's gelernt,
vom Wasser haben wir's gelernt, vom Wasser.
Das hat nicht Ruh' bei Tag und Nacht,
ist stets auf Wanderschaft bedacht,
ist stets auf Wanderschaft bedacht,
das Wasser,… das Wasser!

3. Das seh'n wir auch den Rädern an,
das seh'n wir auch den Rädern an, den Rädern.
Die gar nicht gerne stille steh'n
und sich bei Tag nicht müde dreh'n,
und sich bei Tag nicht müde dreh'n,
die Räder,… die Räder!

4. Die Steine selbst so schwer sie sind,
die Steine selbst so schwer sie sind, die Steine.
Sie tanzen mit den munter'n Reih'n
und wollen gar noch schneller sein,
und wollen gar noch schneller sein,
die Steine,… die Steine!

5. O Wandern, Wandern, meine Lust,
o Wandern, Wandern, meine Lust, o Wandern.
Herr Meister und Frau Meisterin,
lasst mich in Frieden weiterzieh'n,
lasst mich in Frieden weiterzieh'n
und wandern,… und wandern!

La cucaracha

E-Dur • Akkorde E H • C-Gitarre 44411 11 11 11 4 (4x)

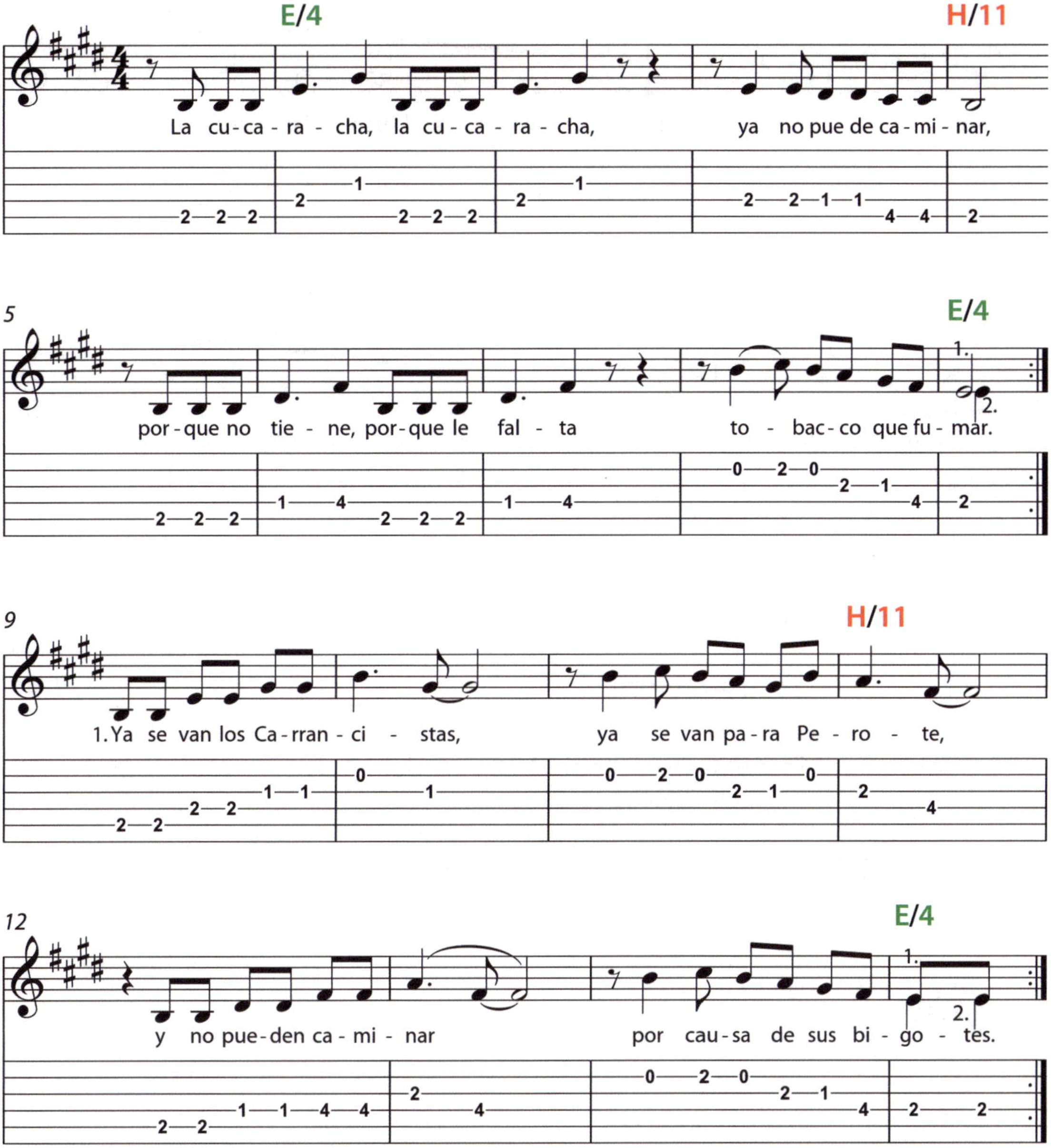

2. Con los barbas de Carranza, voy a hacer una toquilla,
pa ponersela al sombrero del senor Francisco Villa.
La cucaracha, la cucaracha...

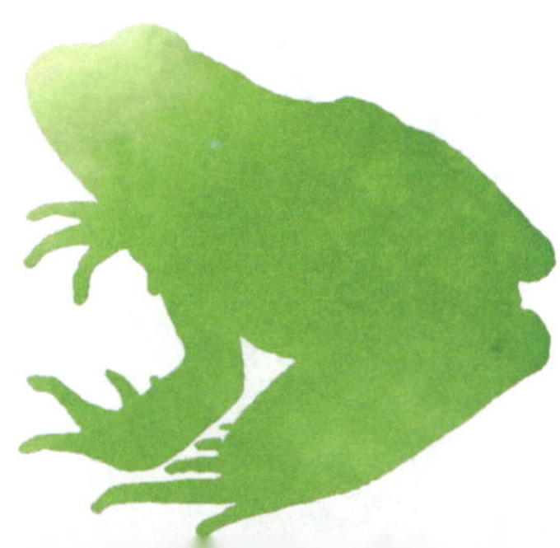

Tonart E-Dur

Tonika	Dominante	Subdominante
D/2	*A/9*	*G/7*
A/9	*E/4*	*D/2*
G/7	*D/2*	*C/0*
C/0	*G/7*	*F/5*
E/4	**H/11**	**A/9**

Die fünfte Tonart E-Dur ist vor allem deshalb interessant, weil Du das erste Mal einen Dominantseptakkord innerhalb einer Tonart spielst. Durch das H7 wird eine Spannung aufgebaut, die an vielen Stellen sehr gut passt und die Liedbegleitung interessanter macht. Versuche es mit verschiedenen Liedern und höre, wie gut der Akkord H7 als Dominantakkord klingt.

Wir benutzen in diesem Buch übrigens den Akkord H7, weil ein H-Dur viel schwieriger zu greifen ist. Du müsstest hierzu einen Barrégriff lernen, was zunächst sehr schwer ist. In allen anderen Tonarten kannst Du immer auch den Dominantseptakkord greifen, um mehr Spannung zu erzeugen (D-A7-G, A-E7-D, G-D7-C, C-G7-F).

Diese Akkorde sind in diesem Buch nicht aufgeschrieben. Bitte frage bei Interesse Deinen Gitarrenlehrer und notiere sie Dir im Anhang dieses Buches.

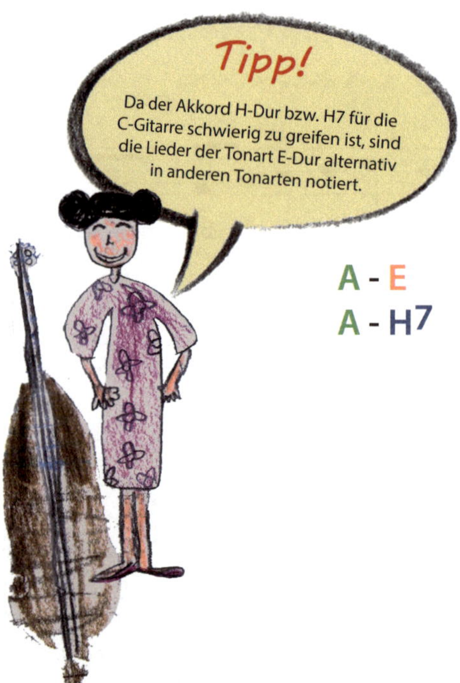

Akkordwechsel üben:

A - E
A - H^7

E - H^7
A - E - H^7

A - E - H^7 - E

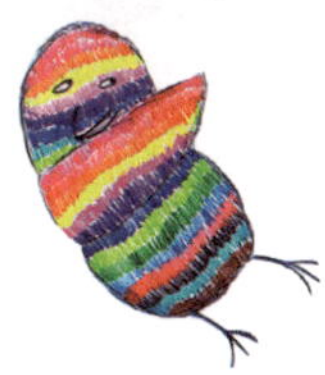

Old MacDonald Had a Farm

E-Dur • Akkorde E A H • C-Gitarre 4 94 411 4 4444 4 94 411 4

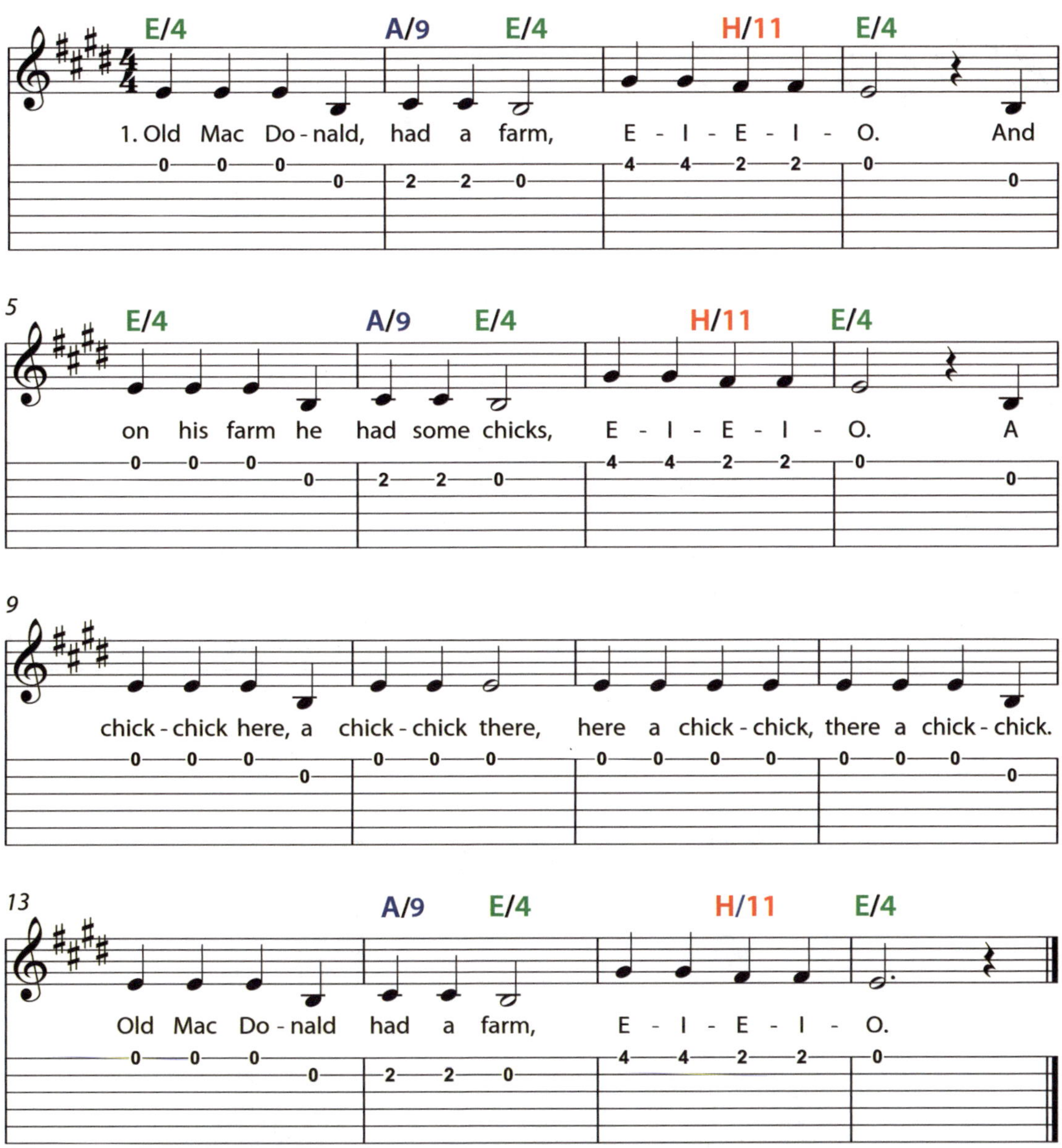

2. ... some ducks ... quack-quack...
3. ... some geese ... gab-ble...
4. ... a cow ... moo-moo...
5. ... a pig ... oink-oink...
6. ... a car ... rat-tle...

Froh zu sein, bedarf es wenig

E-Dur • Akkorde E H • C-Gitarre 114114 114114

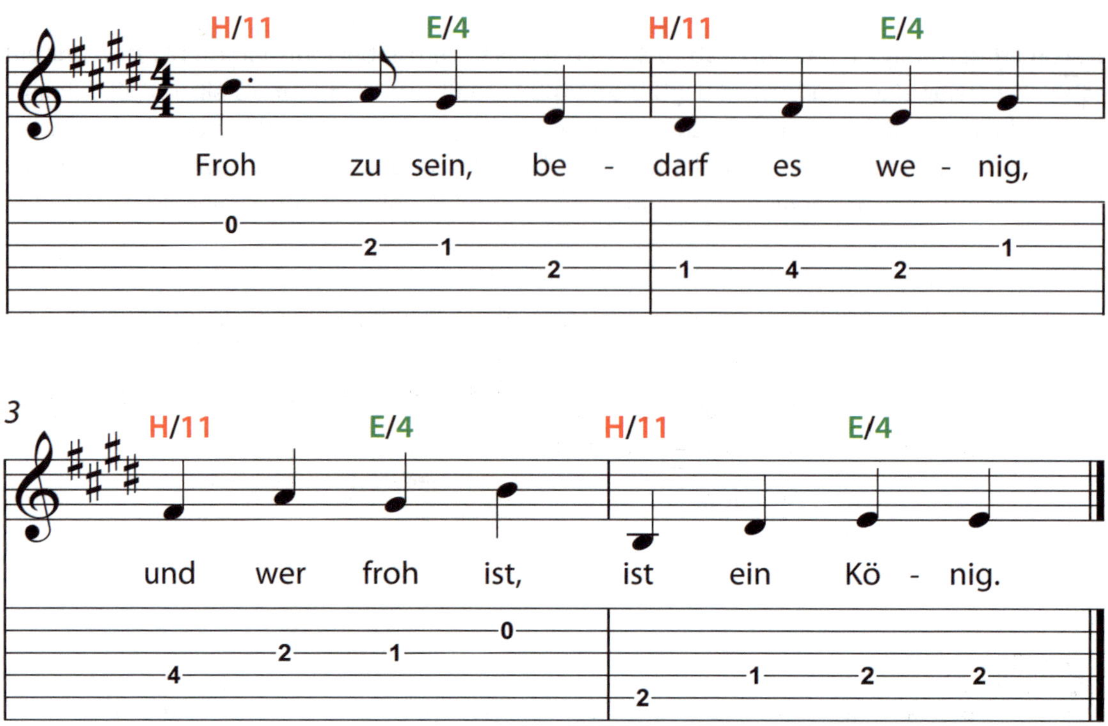

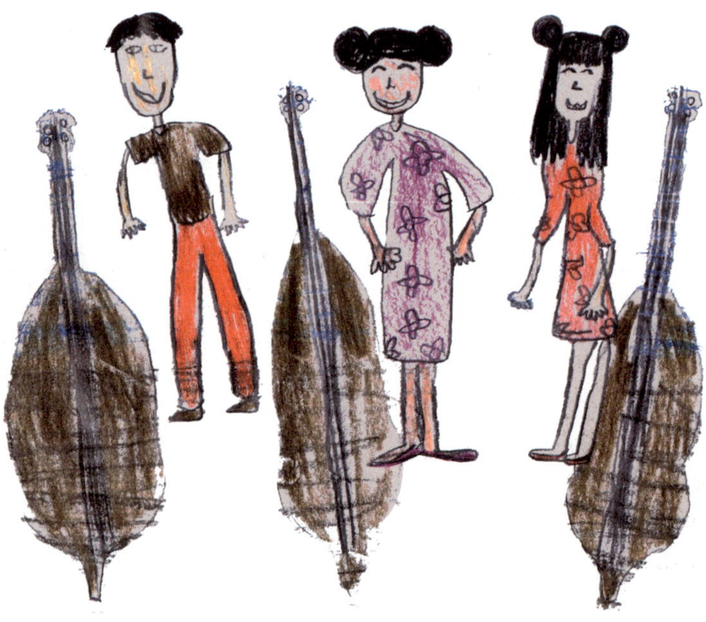

Kräht der Hahn

E-Dur • Akkorde E A H • C-Gitarre 4494 114114

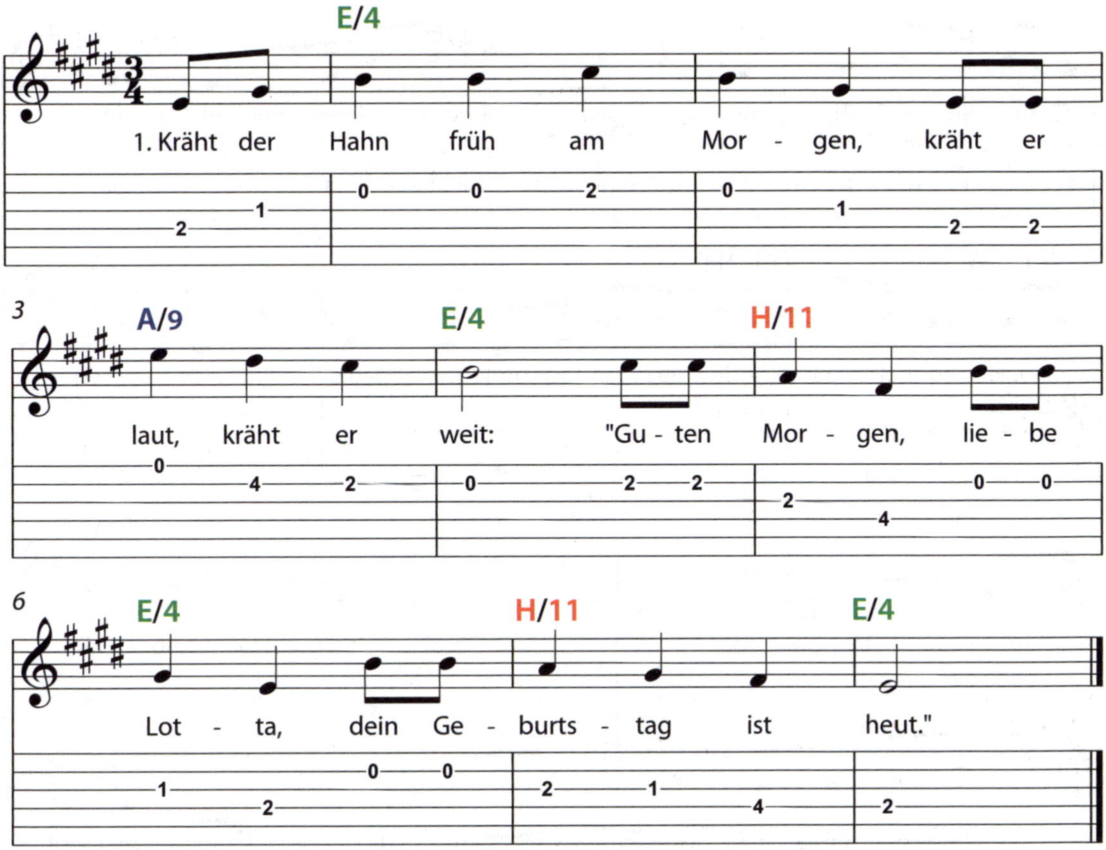

2. Schaut das Eichhörnchen runter:
Keine Zeit, keine Zeit!
„Guten Morgen, liebe Lotta,
dein Geburtstag ist heut.“

3. Kommt das Häschen gesprungen,
macht es Männchen vor Freud:
„Guten Morgen, liebe Lotta,
dein Geburtstag ist heut.“

4. Steht der Kuchen auf dem Tische,
macht sich dick, macht sich breit:
„Guten Morgen, liebe Lotta,
dein Geburtstag ist heut.“

5. Und Vater und Mutter,
alle Kinder, alle Leut‘
rufen: „Hoch, liebe Lotta,
dein Geburtstag ist heut.“

Meine Oma fährt im Hühnerstall Motorrad

E-Dur • Akkorde E A H • C-Gitarre 4944 11 1144 4944 91144

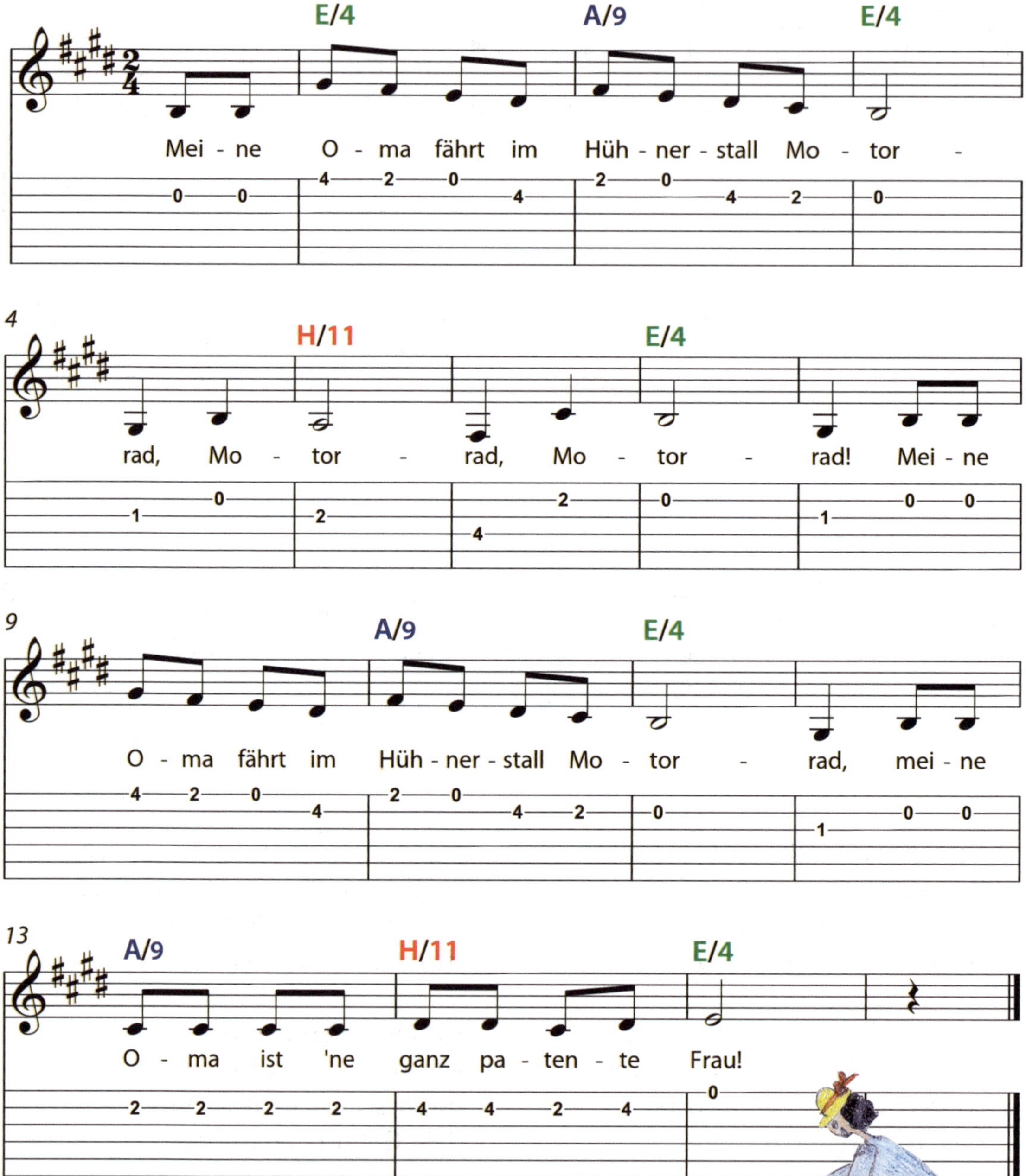

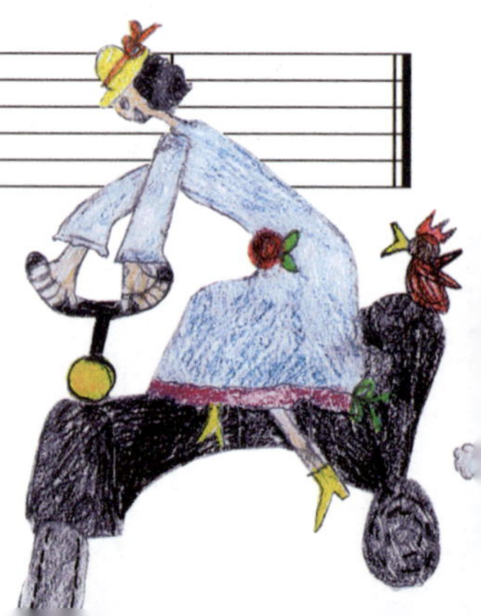

Rhythmus

3/4-Takt

Der 3/4-Takt unterscheidet sich vom 2/4- oder 4/4-Takt dadurch, dass er einfach nur bis 3 gezählt wird. Das gleiche gilt für den 6/8-Takt, bei dem wir sogar bis 6 zählen. Es scheint etwas ungewohnt, den 3er-Rhythmus zu fühlen, da die meisten Lieder in einem geraden Rhythmus notiert sind. Durch etwas Übung wirst Du Dich jedoch schnell an diese Zählart gewöhnen. Ein bekanntes Beispiel für den 3/4-Takt ist der Walzer.

Rhythmusfigur 3

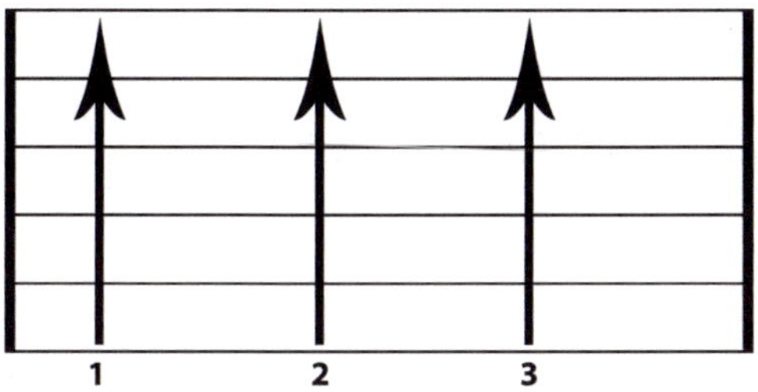

Rhythmusfigur 4

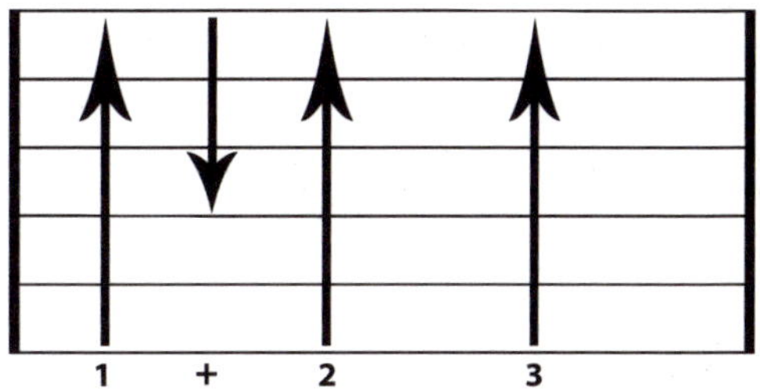

Rhythmusfigur 5

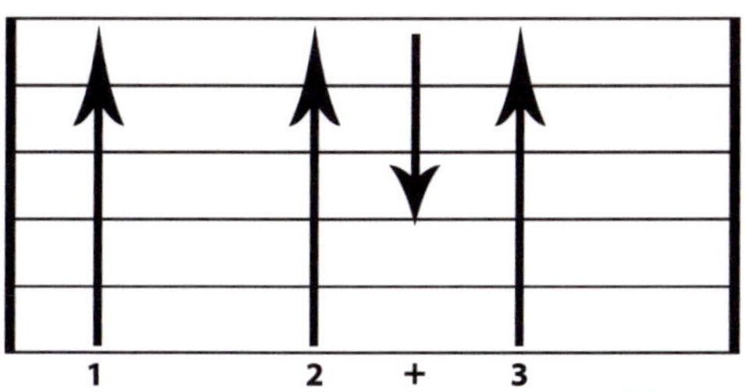

Rhythmusfigur 6

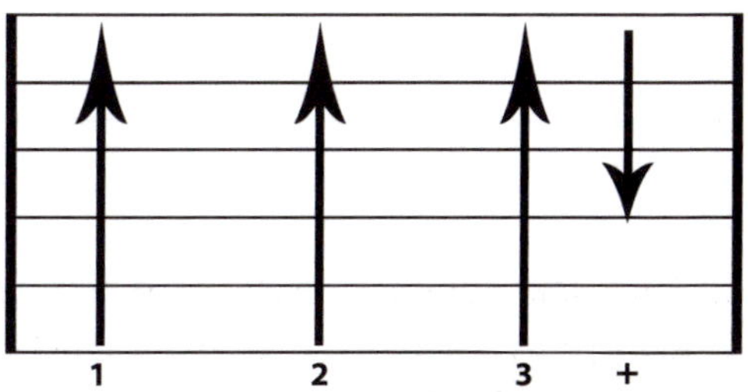

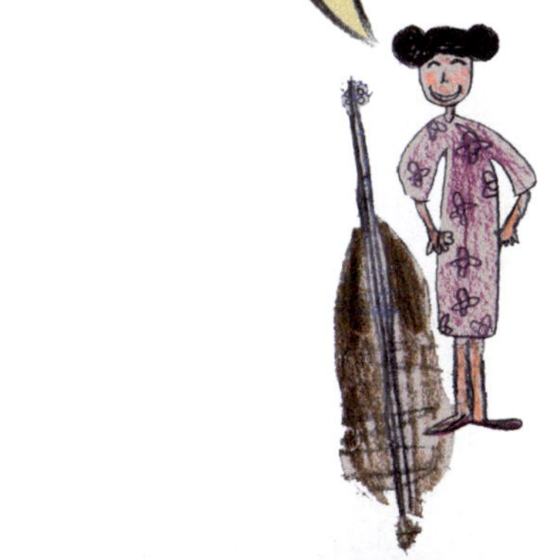

Kuckuck, Kuckuck

D-Dur • Akkorde D A • C-Gitarre 2292 9922 2292

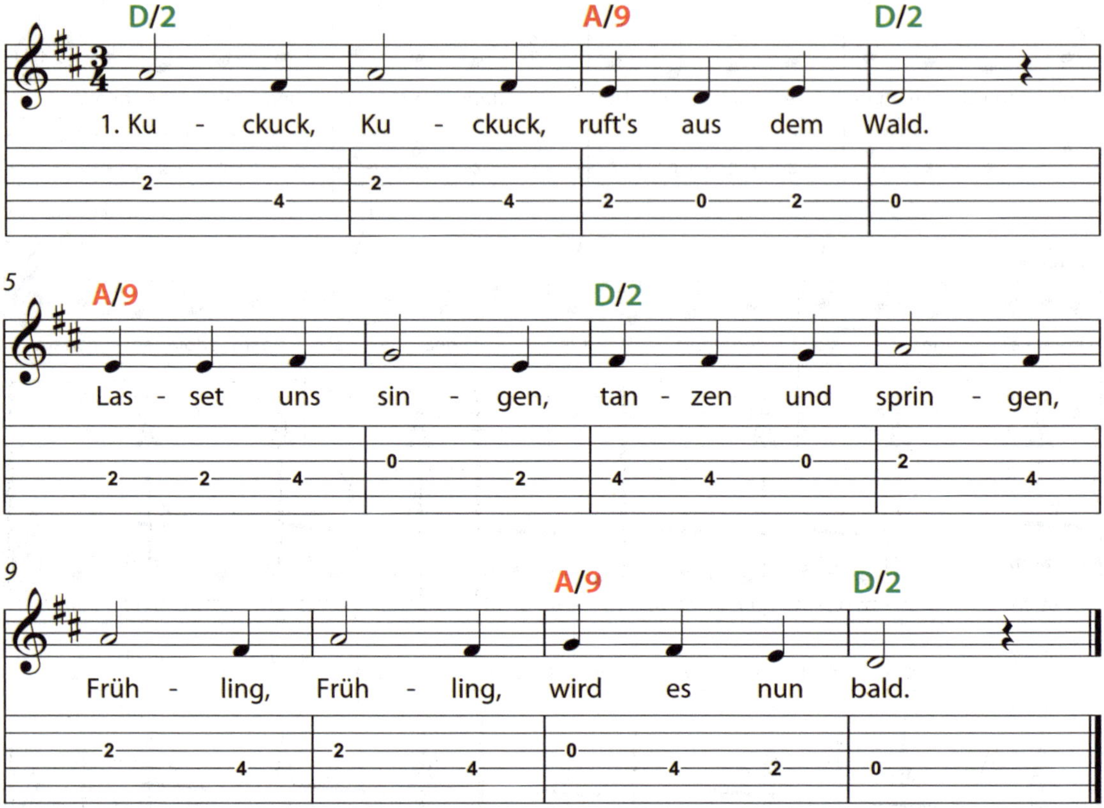

2. Kuckuck, Kuckuck, lässt nicht sein Schrei'n:
Komm in die Felder, Wiesen und Wälder;
Frühling, Frühling, stelle dich ein!

3. Kuckuck, Kuckuck, trefflicher Held!
Was du gesungen, ist dir gelungen:
Winter, Winter, räumet das Feld.

Kommt ein Vogel geflogen

C-Dur • Akkorde C G • C-Gitarre 0770

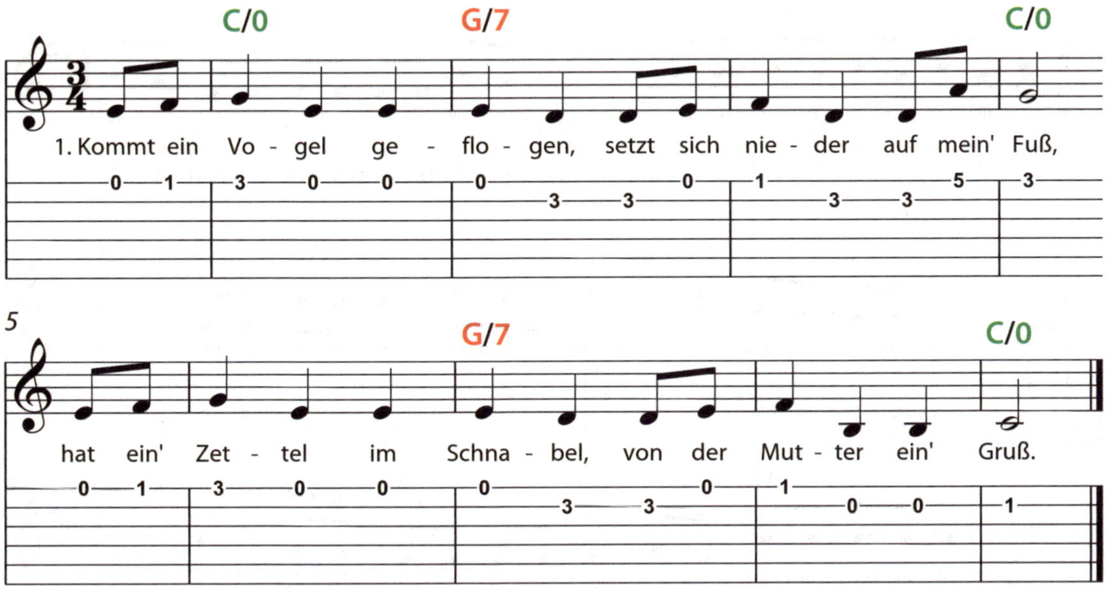

2. Lieber Vogel, fliege weiter!
Nimm ein' Gruß mit und ein' Kuss.
Denn ich kann dich nicht begleiten,
weil ich hier bleiben muss.

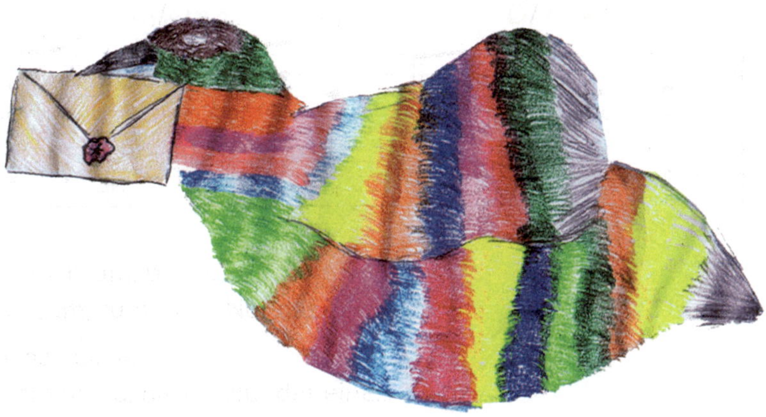

Alle Leut geh'n jetzt nach Haus

C-Dur • Akkorde C G • C-Gitarre 0070 7070 0070

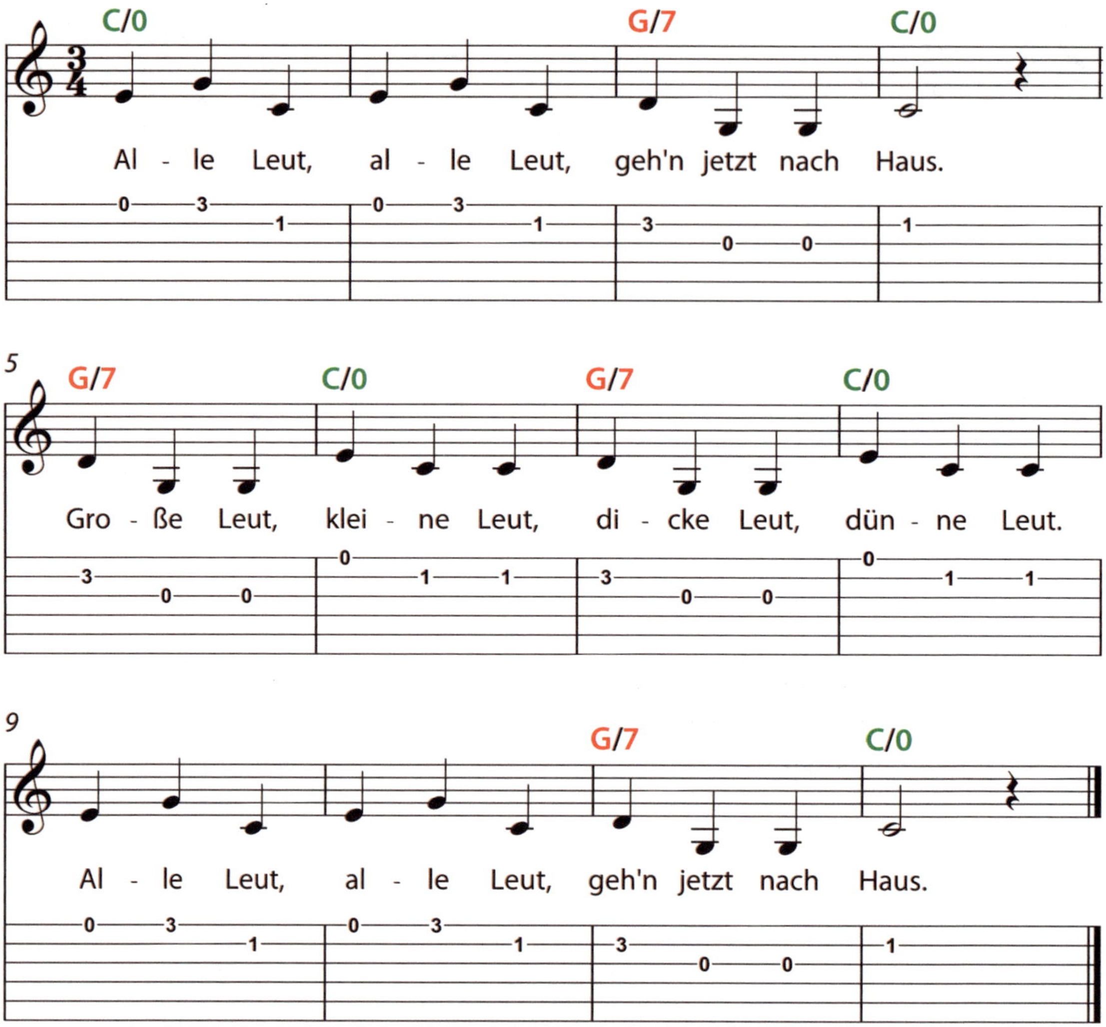

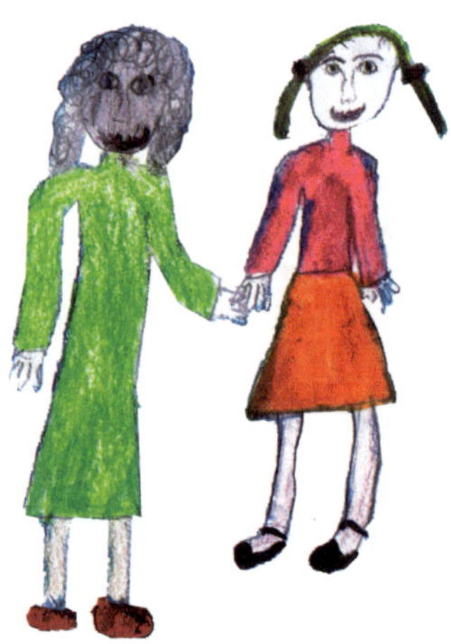

Mein Hut, der hat drei Ecken

A-Dur • Akkorde A E • C-Gitarre 9449

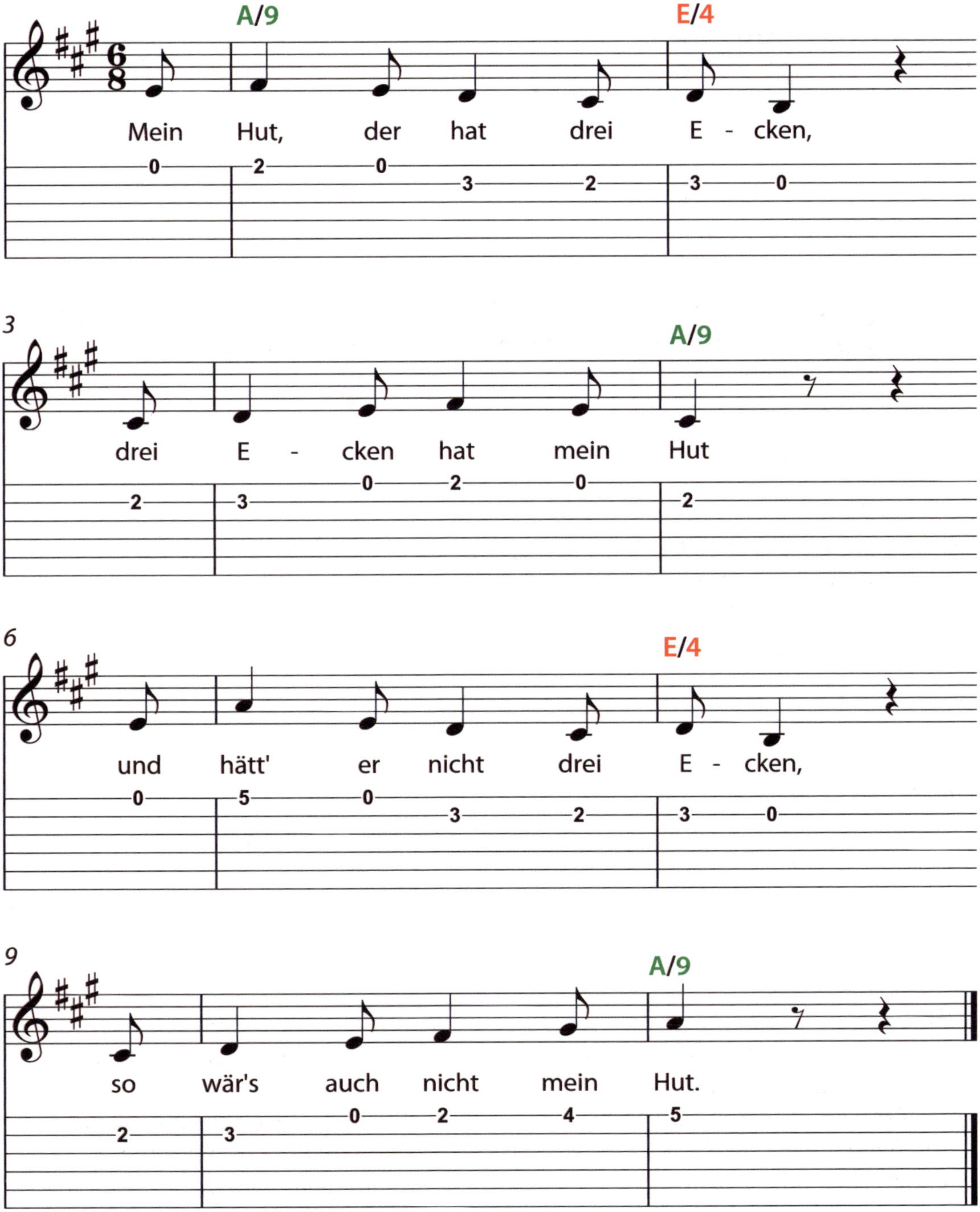

Es klappert die Mühle

A-Dur • Akkorde A E • C-Gitarre 949 9494 949 949

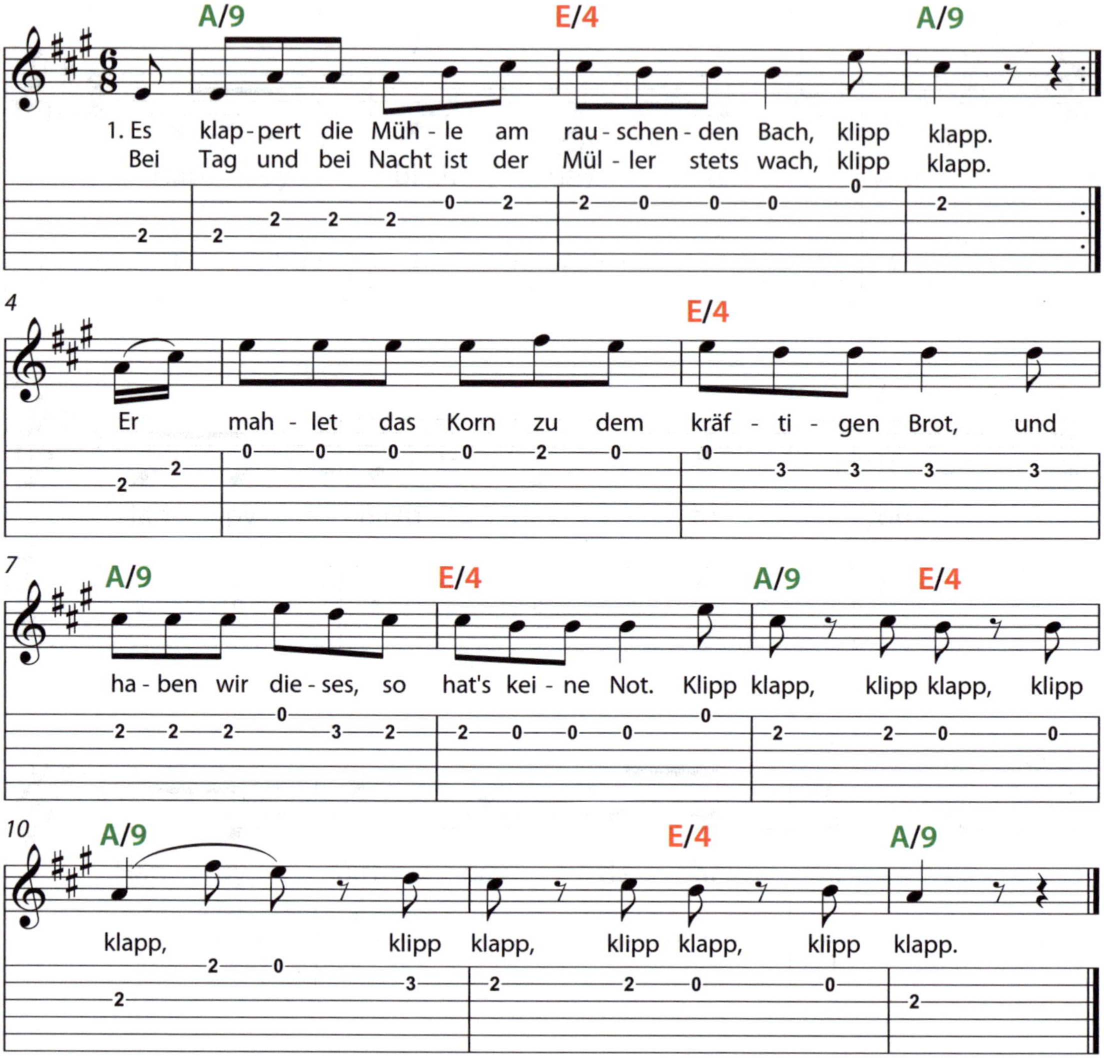

2. Flink laufen die Räder
und drehen den Stein, klipp klapp.
Und mahlen den Weizen
zu Mehl uns so fein, klipp klapp.
Der Bäcker dann Zwieback
und Kuchen draus bäckt,
der immer den Kindern
besonders gut schmeckt.
Klipp klapp, klipp klapp, klipp klapp.

3. Wenn reichliche Körner
das Ackerfeld trägt, klipp klapp.
Die Mühle dann flink
ihre Räder bewegt, klipp klapp.
Und schenkt uns der Himmel
nur immerdar Brot,
so sind wir geborgen
und leiden nicht Not.
Klipp klapp, klipp klapp, klipp klapp.

Oh, du lieber Augustin

C-Dur • Akkorde C G • C-Gitarre 0070 7070 0070

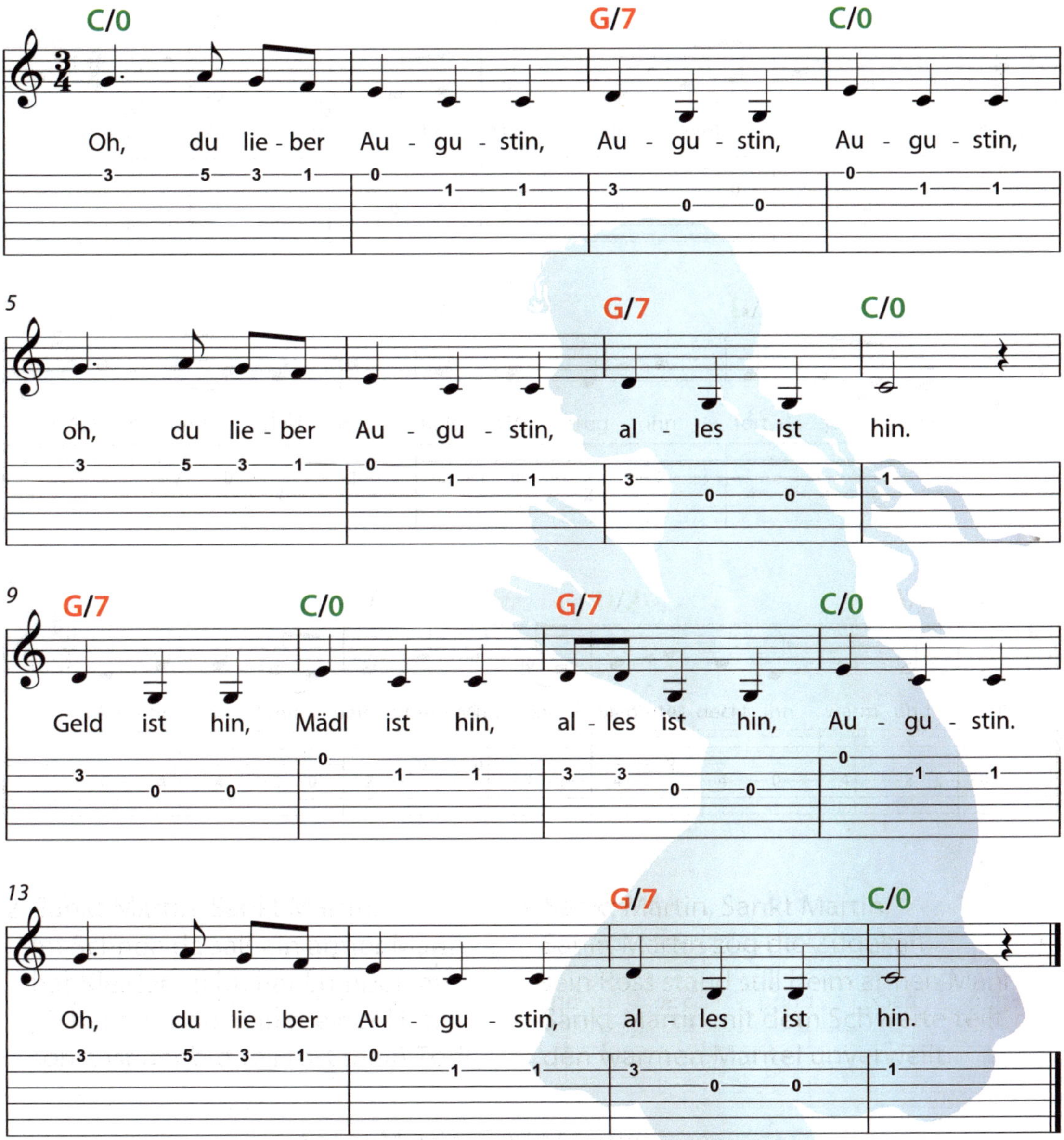

My Bonnie Lies Over the Ocean

C-Dur • Akkorde C F G • C-Gitarre 0500 0577 0500 5700 0055 7700

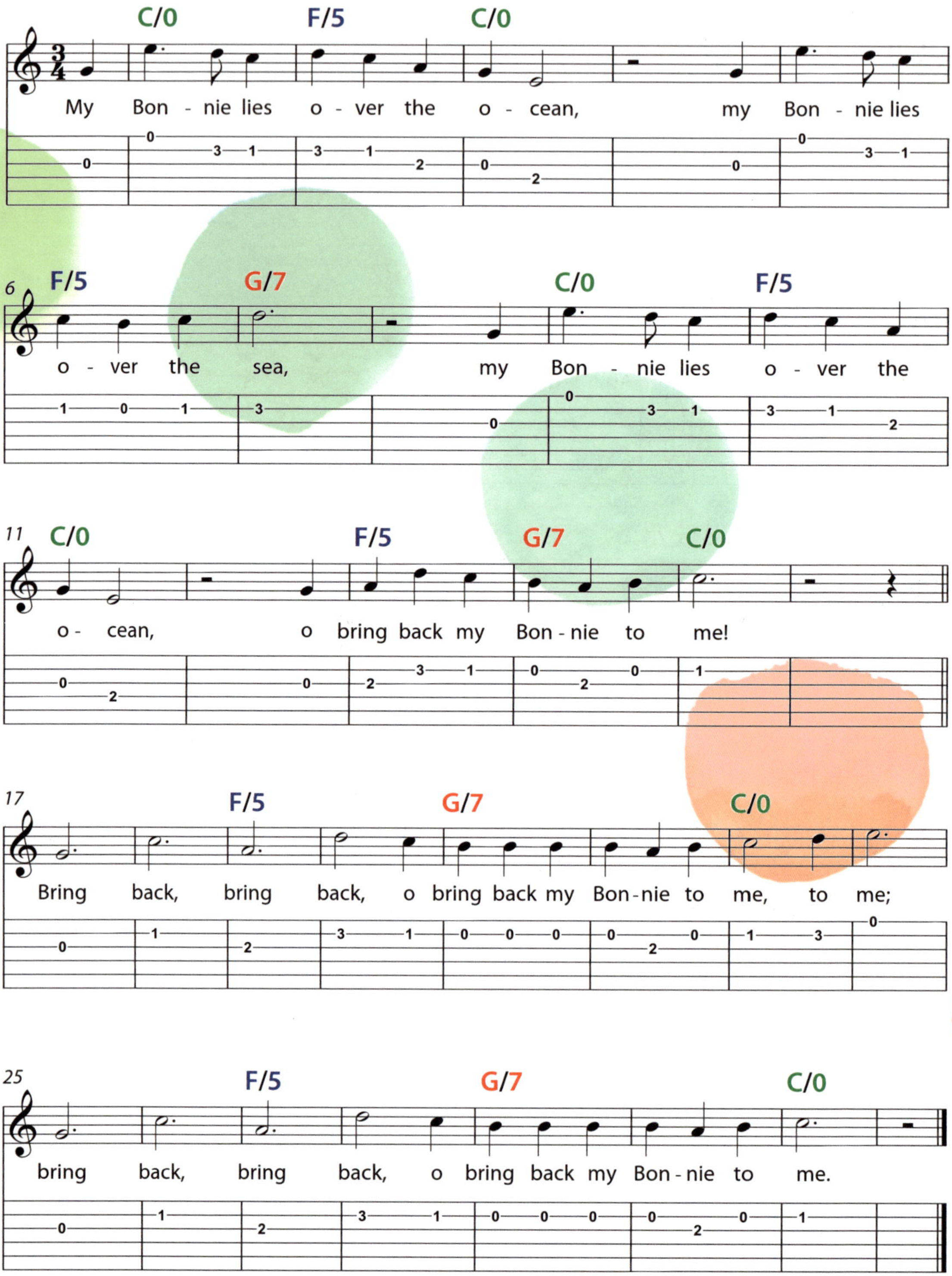

Atte katte nuwa

D-Dur • Akkorde D A • C-Gitarre 29292 2992

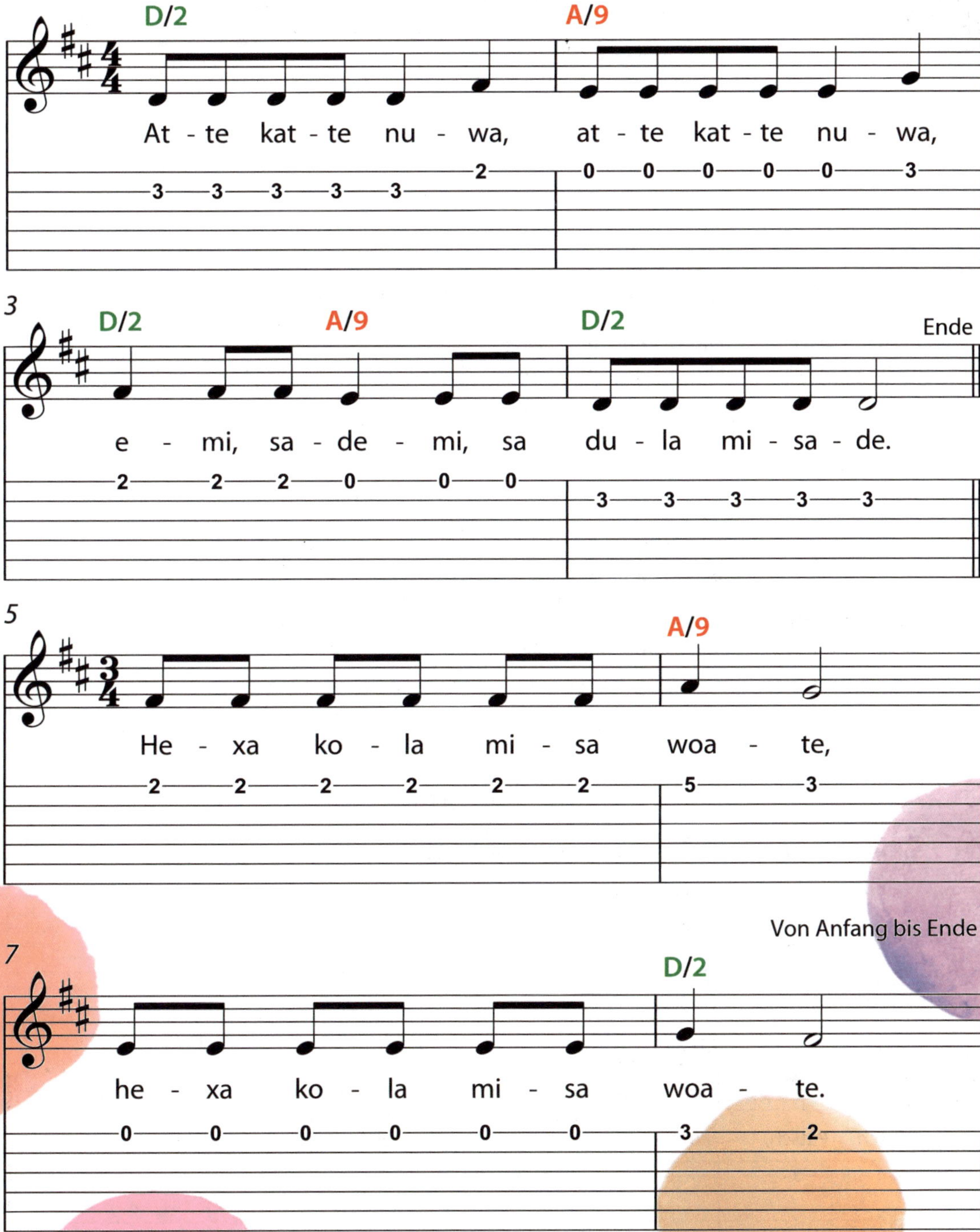

Pitsch, Patsch, Pinguin

D-Dur • Akkorde D G A • C-Gitarre 2299 7292 7292 2299 7292

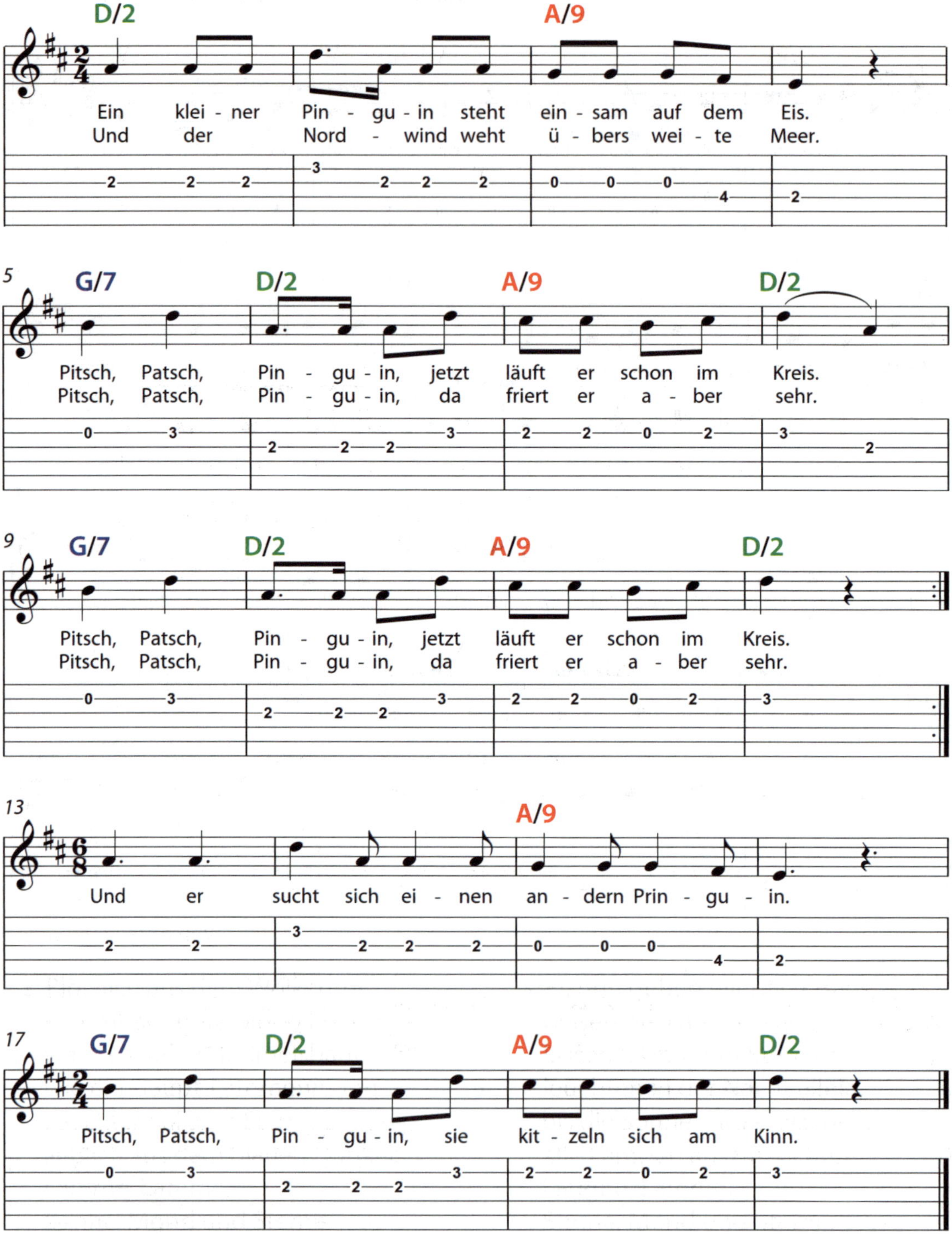

Hört mal, ich klatsch euch was vor

D-Dur • Akkorde D G A • C-Gitarre 292292 2792

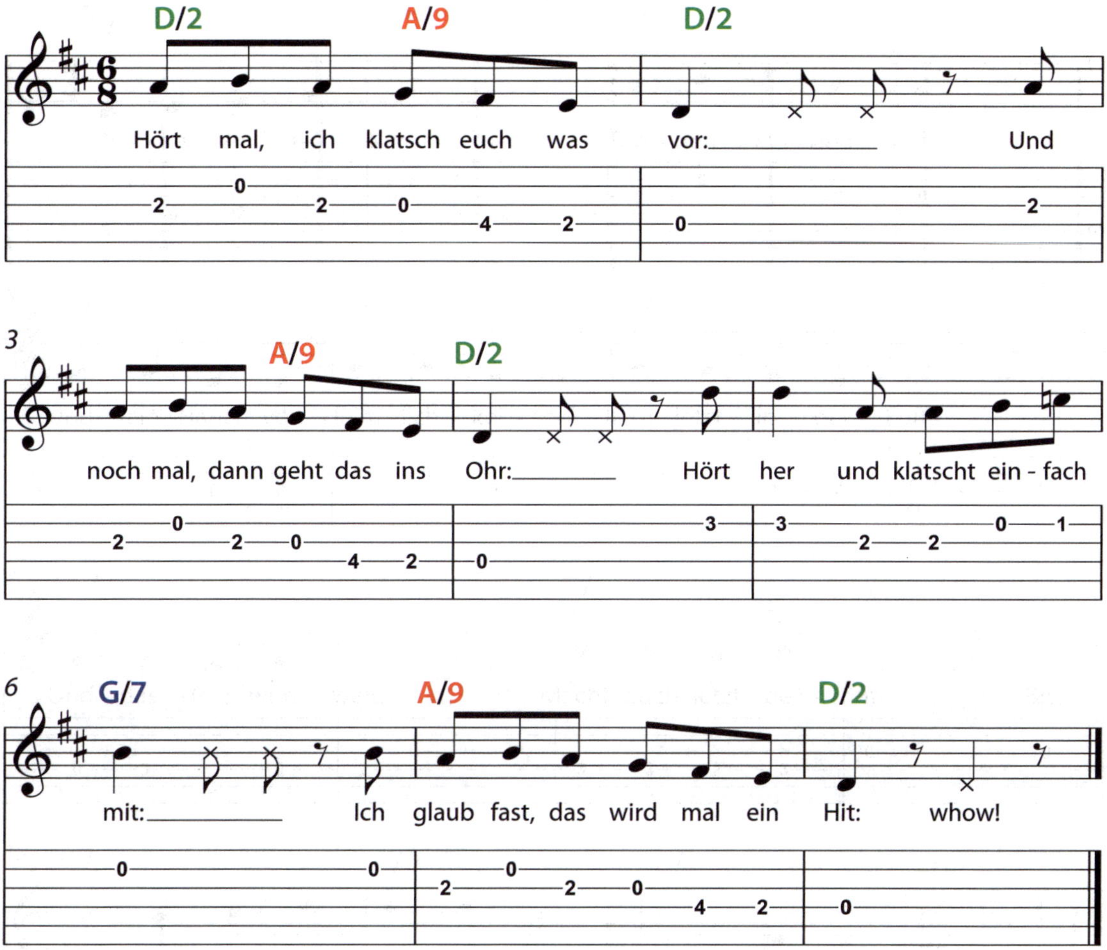

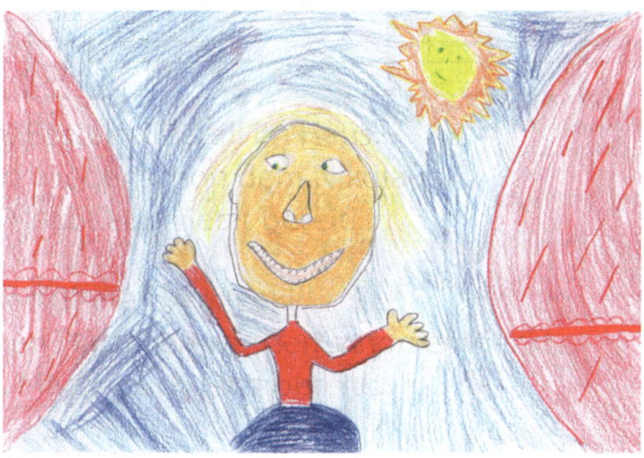

Text: W. Hering/B. Hering/B. Meyerholz, Musik: traditionell, © Trio Kunterbunt, Groß-Gerau

A-Moll

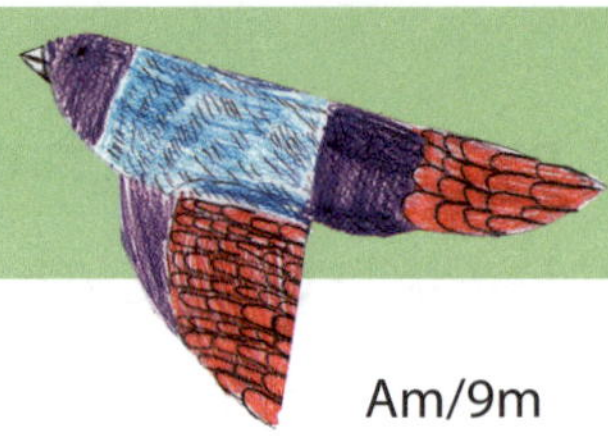

A-Moll

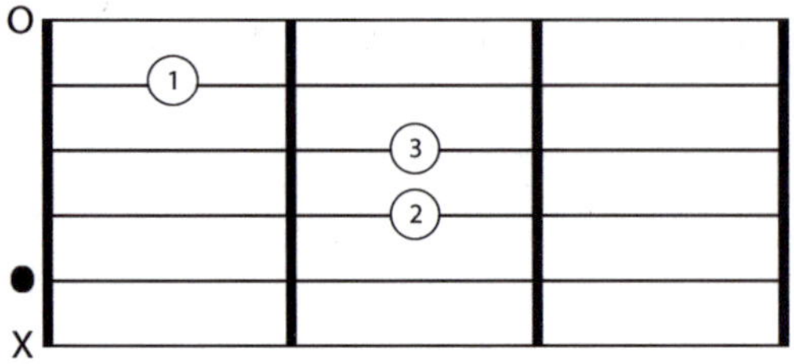

Am/9m 9. Bund

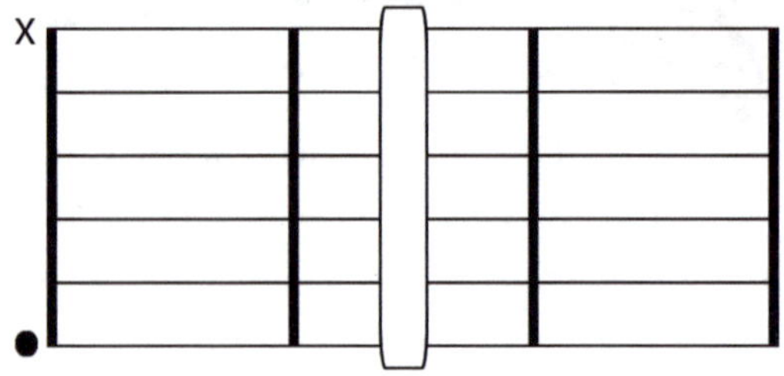

Mit A-Moll lernst Du einen weiteren Moll-Akkord. Wie alle Moll-Akkorde klingt auch dieser im Gegensatz zu Dur-Akkorden etwas traurig und melancholisch. Greife mit dem Zeigefinger im 1. Bund die H-Saite, mit dem Ringfinder den 2. Bund auf der G-Saite und mit dem Mittelfinger den 2. Bund auf der D-Saite. Die tiefe E-Saite wird nicht mit angeschlagen. Die A-Saite spielt hierden Bass-Ton.

Auf der C-Gitarre greifst Du im 9. Bund, schlägst die hohe E-Saite aber nicht mit an, da dieser Ton nicht zu einem Moll-Akkord gehört.

D-Moll

D-Moll

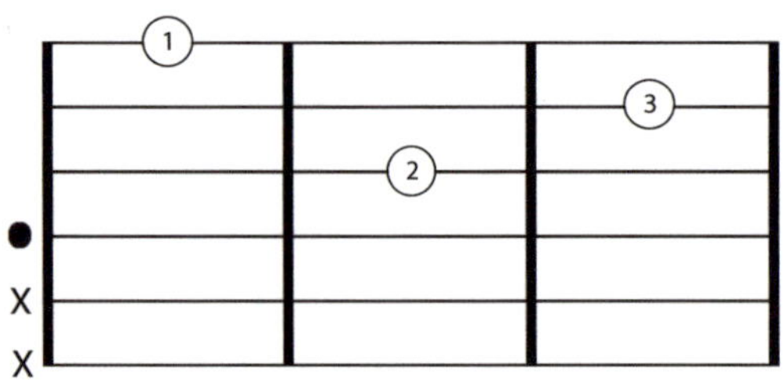

Dm/2m 2. Bund

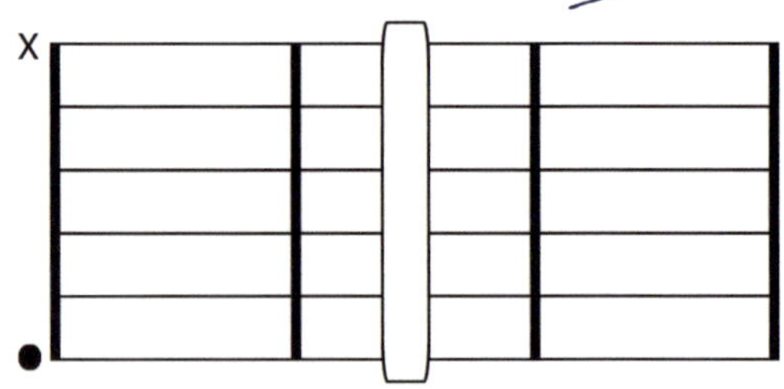

D-Moll ist ebenfalls ein melancholisch klingender Moll-Akkord. Greife mit dem Zeigefinger im 1. Bund die hohe E-Saite, mit dem Ringfinger den 3. Bund auf der H-Saite und mit dem Mittelfinger den 2. Bund auf der G-Saite. Die tiefe E-Saite und die A-Saite werden nicht angeschlagen. Die D-Saite spielt den Bass-Ton.

Sascha

a-Moll • Akkorde Am Dm E • C-Gitarre 9m9m49m 2m9m49m

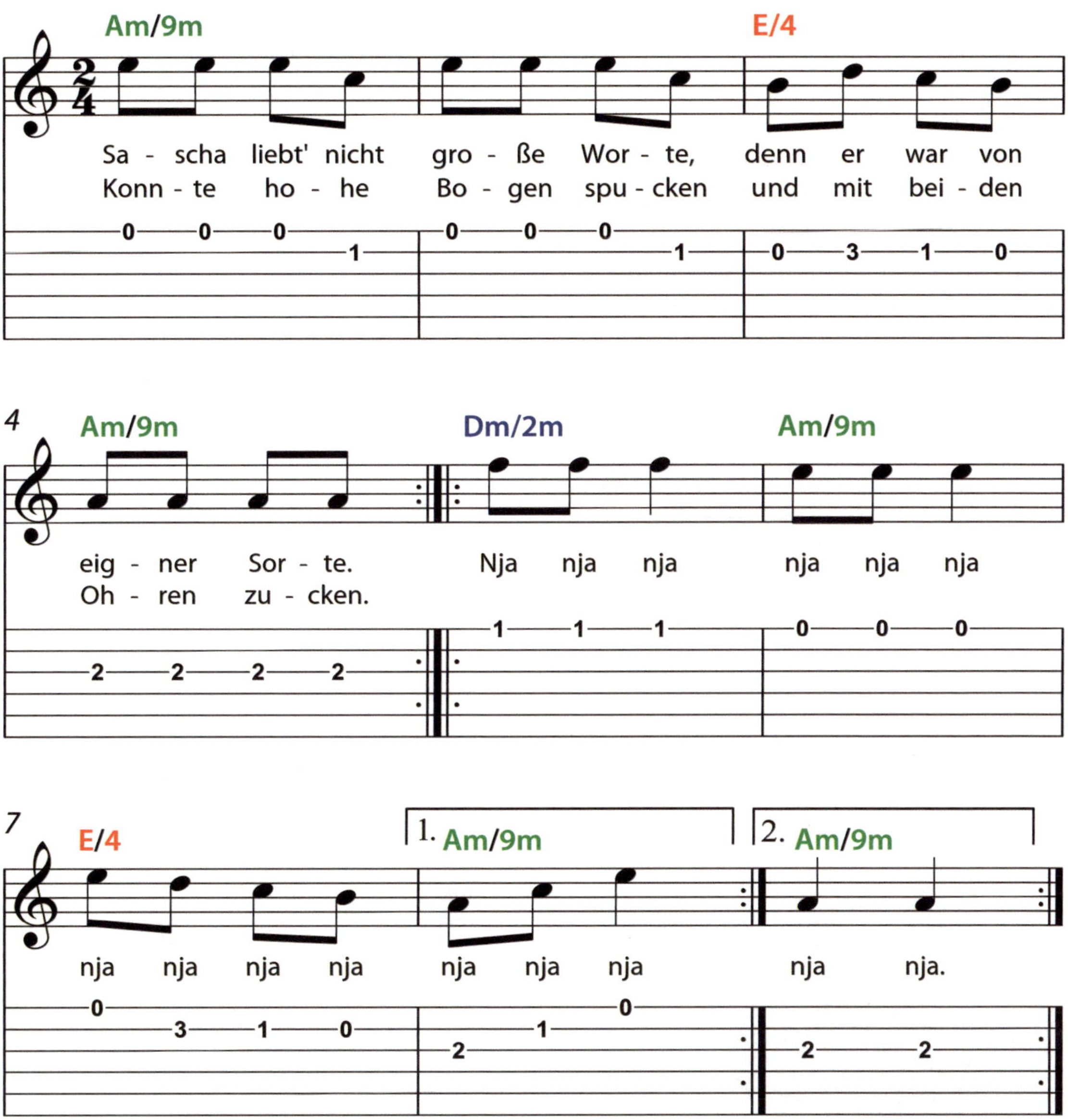

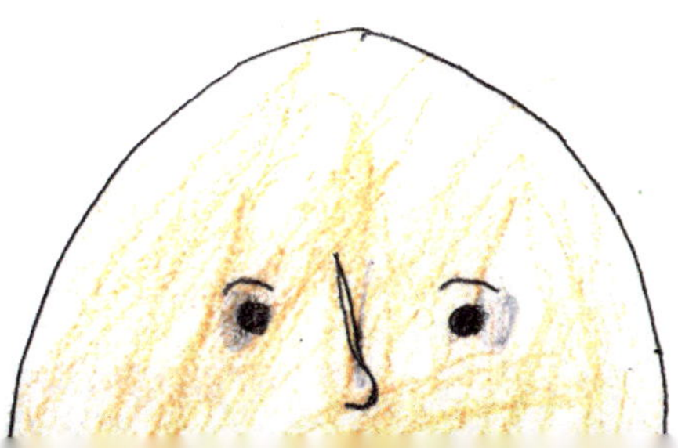

Lieder mit mehr als 3 Akkorden

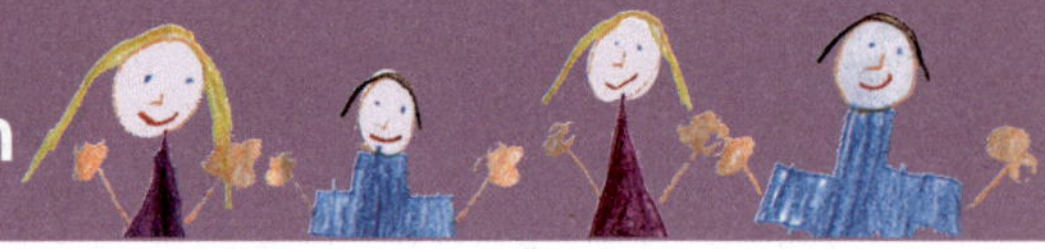

Bislang hast Du immer nur Lieder mit maximal drei Akkorden gespielt. Es gibt natürlich sehr viele Lieder, für die Du mehr als nur drei Akkorde benötigst. Es wird beispielsweise gerne der parallele Moll-Akkord benutzt. Im folgenden Abschnitt lernst Du einige solcher Lieder kennen. Du solltest den Wechsel der Akkorde natürlich schon recht sicher beherrschen, um mit den teilweise recht vielen und schnellen Akkordwechseln nicht durcheinander zu kommen.

Sollten die vielen Akkorde zu schwer für Dich sein, frage einfach Deinen Gitarrenlehrer, ob man an bestimmten Stellen einige Akkorde auch weglassen oder ersetzen kann.

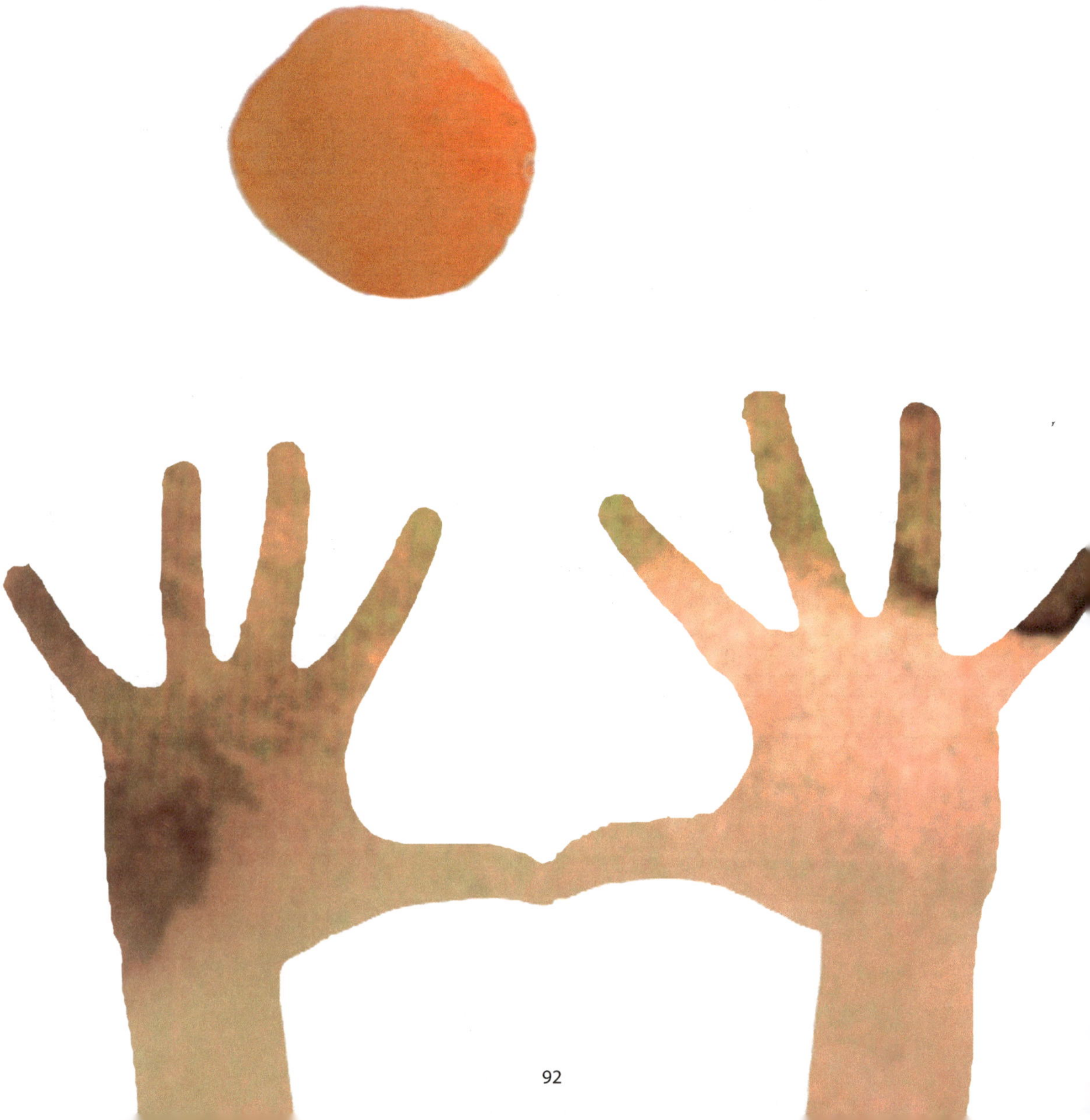

Alle Kinder lernen lesen

G-Dur • Akkorde G C D (H⁷Em) • C-Gitarre 7707 7727

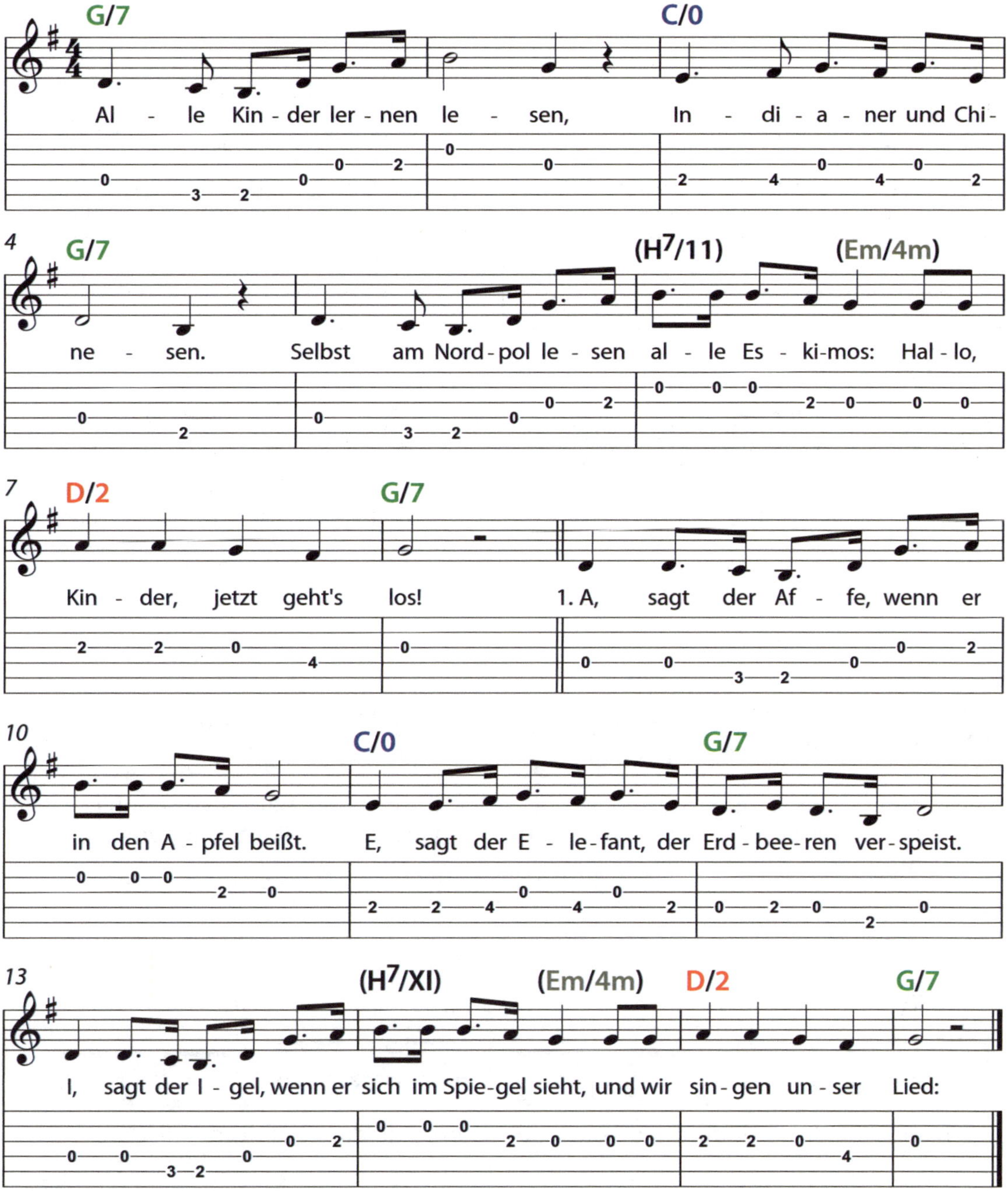

2. O, sagt am Ostersonntag jeder Osterhas',
O, sagt der Ochse, der die Ostereier fraß.
U, sagt der Uhu, wenn es dunkel wird im Wald,
und wir singen, dass es schallt: Alle Kinder...

3. Ei, sagt der Eisbär, der in seiner Höhle haust,
Au, sagt das Auto, wenn es um die Ecke saust.
Eu, sagt die Eule, heute sind die Mäuse scheu,
und wir singen noch mal neu: Alle Kinder...

Text: ©Wilhelm Topsch | Melodie: Glory, Halleluja überliefert

I Like the Flowers

C-Dur • Akkorde C Dm G Am • C-Gitarre 09m2m7 **(4x)**

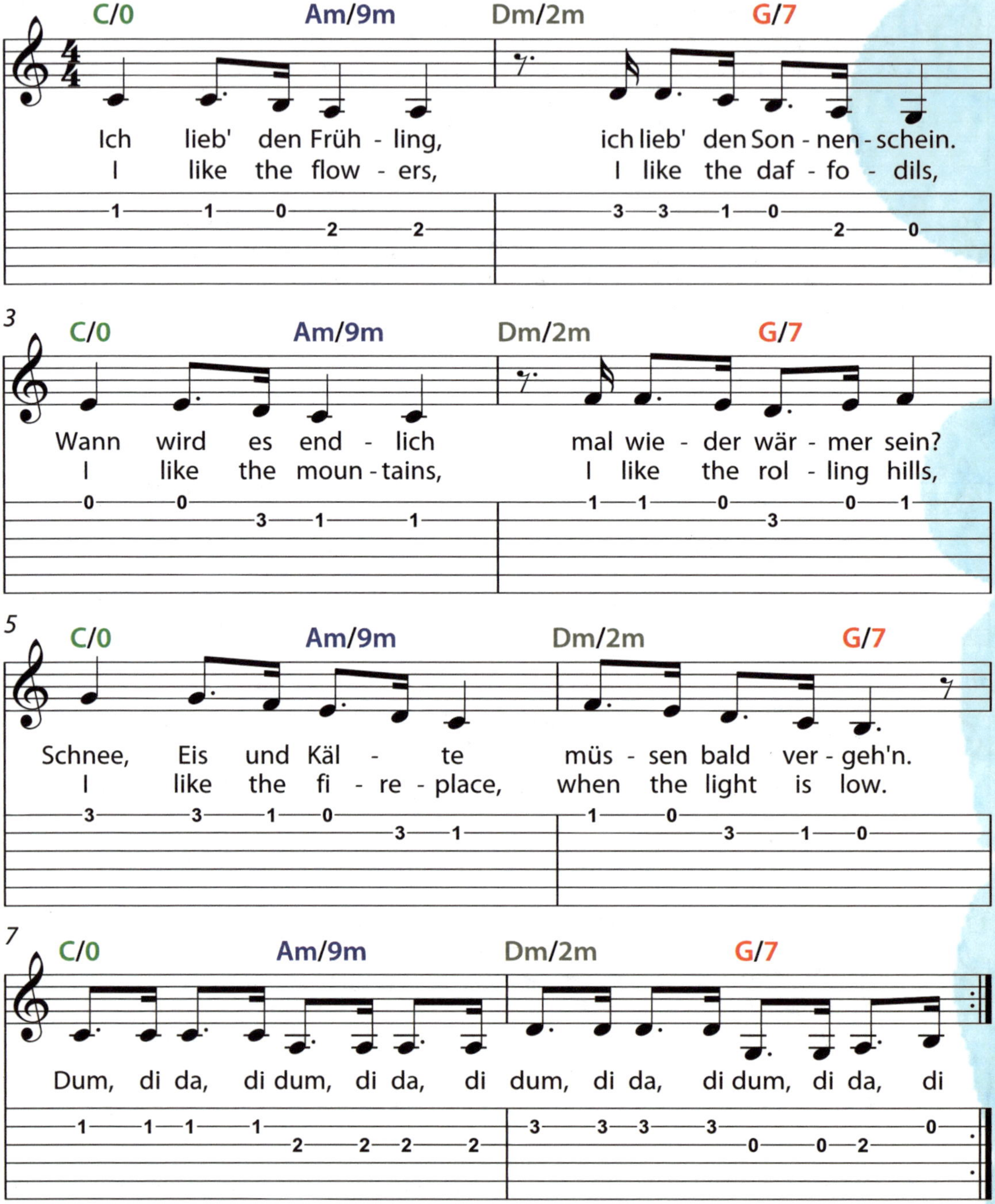

Wir werden immer größer

C-Dur • Akkorde C D F G Am • C-Gitarre 09m27 09m070 9m527 09m070

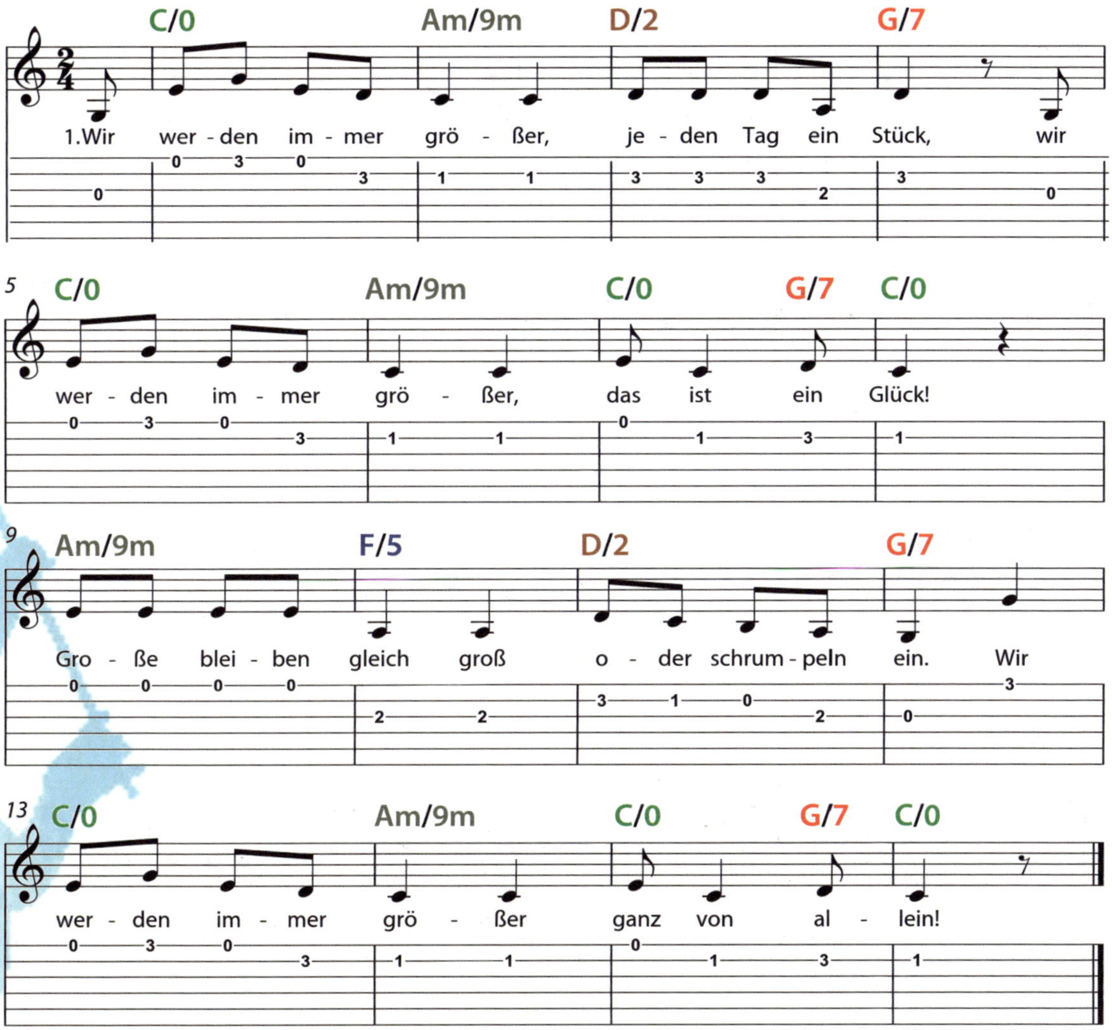

2. Wir werden immer größer,
das merkt jedes Schaf.
Wir werden immer größer -
sogar im Schlaf.
Ganz egal, ob's regnet,
donnert oder schneit:
Wir werden immer größer
und auch gescheit.

3. Wir werden immer größer,
darin sind wir stur.
Wir werden immer größer
in einer Tour.
Auch wenn man uns einsperrt
oder uns verdrischt:
Wir werden immer größer -
da hilft alles nicht.

Wenn ein schöner Tag beginnt

C-Dur • Akkorde C Dm G • C-Gitarre 02m70 (4x)

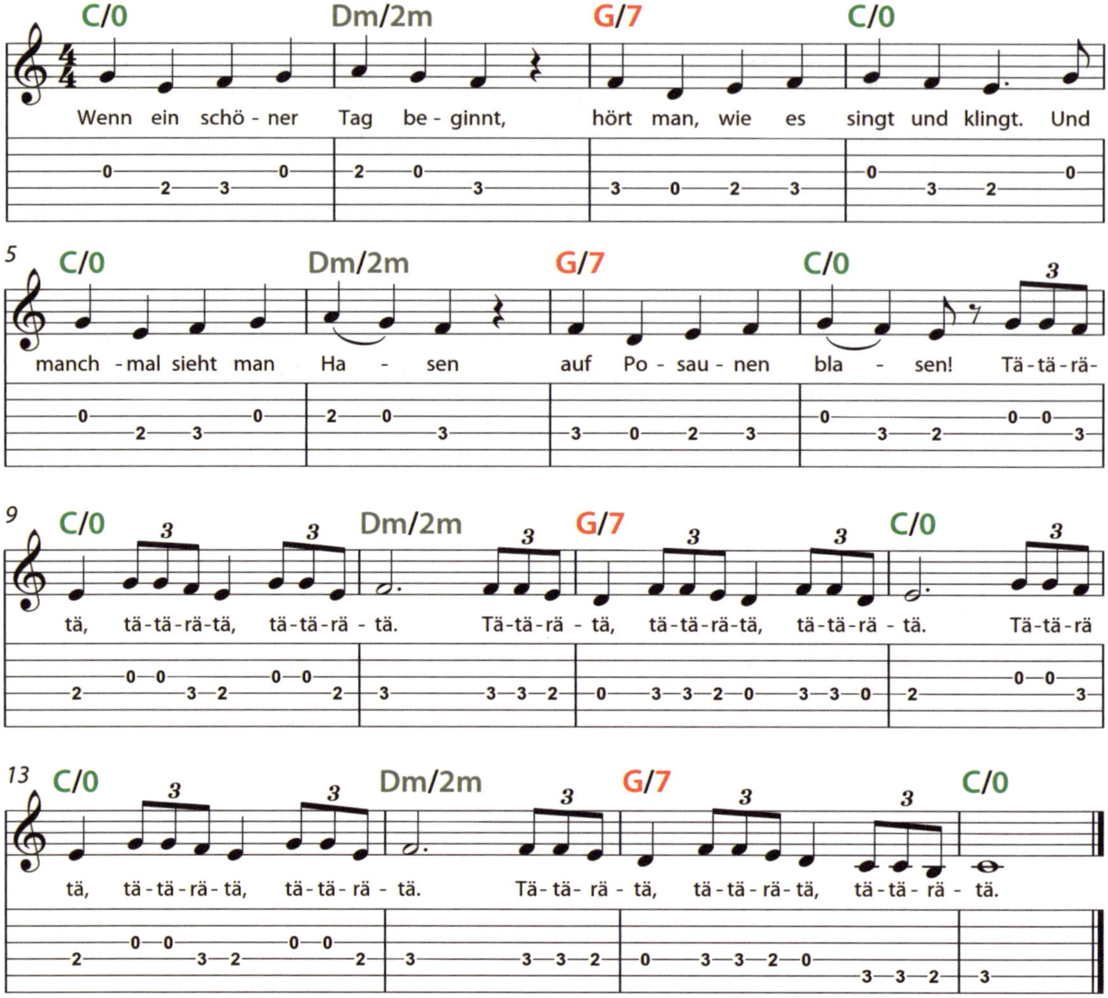

2. Wenn ein schöner Tag beginnt,
hört man, wie es singt und klingt.
Und oben auf den Zweigen
spiel'n die Vögel Geigen.
Fi-del-di-dei...

3. Wenn ein schöner Tag beginnt,
hört man wie es singt und klingt.
Am Tümpel hört man Kröten
auf den Flöten flöten.
Flö-tö-tö-tö...

4. Wenn ein schöner Tag beginnt,
hört man, wie es singt und klingt.
Die dunklen Töne, wie ein Bass,
spielt der Maulwurf unterm Gras.
Du-du-du-dum...

5. Wenn ein schöner Tag beginnt,
hört man wie es singt und klingt.
Drum lasst uns jetzt beginnen
mit dem frohen Singen.
La-la-la-la ...

Das Lied über mich

D-Dur • Akkorde D E Em G A (Hm) • C-Gitarre 2972 7249 2972 4m9211m4m9292

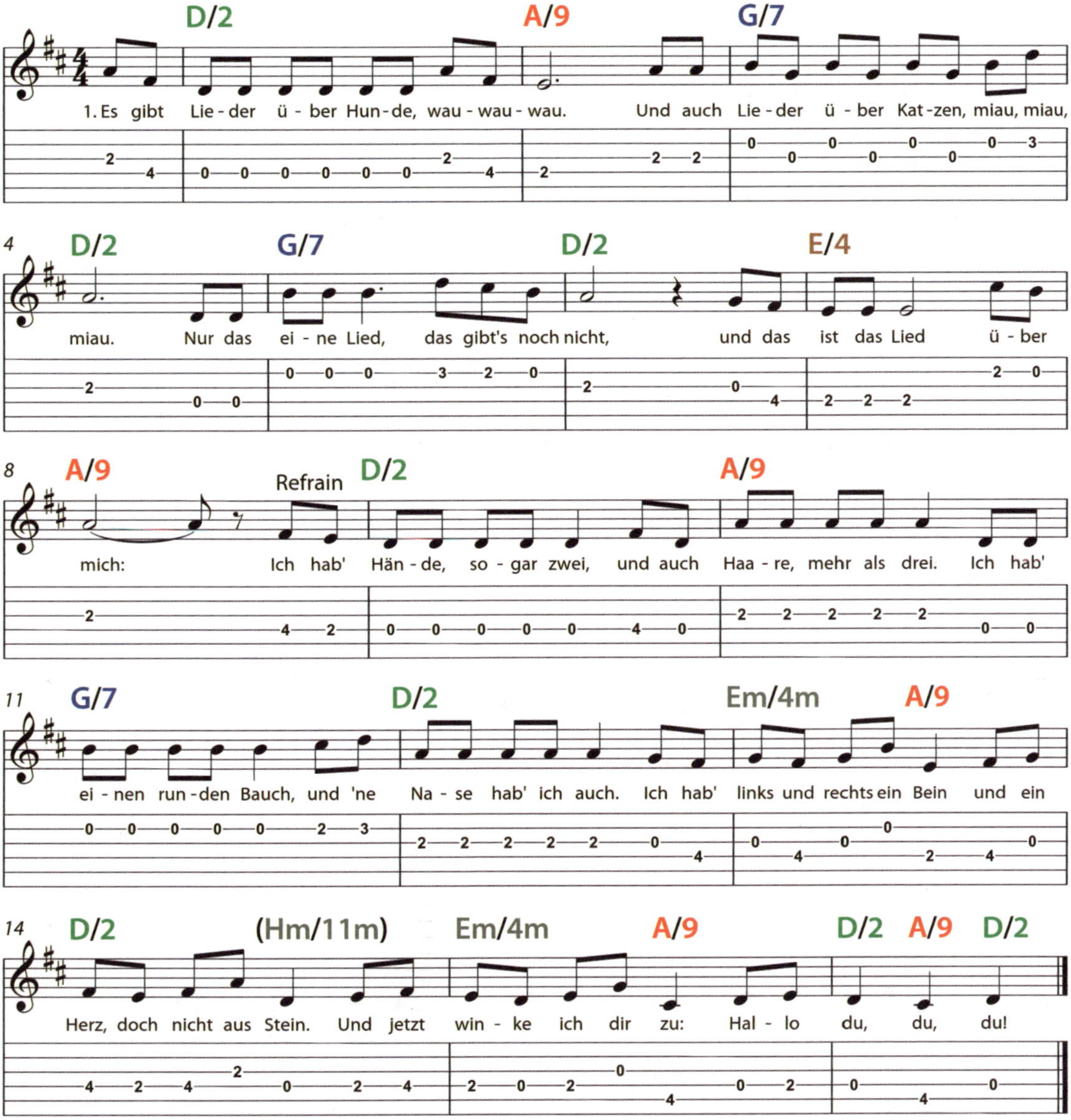

2. Es gibt Lieder über Autos, brum, brum, brum.
Und auch Lieder über Bienen, sum, sum, sum. Nur das eine...

3. Es gibt Lieder über's Lachen, ha, ha, ha.
Und auch Lieder über's Schimpfen, na, na, na. Nur das eine...

4. Es gibt Lieder über's Trinken, gluck, gluck, gluck.
Und auch Lieder über's Hühnchen, tuck, tuck, tuck. Nur das eine...

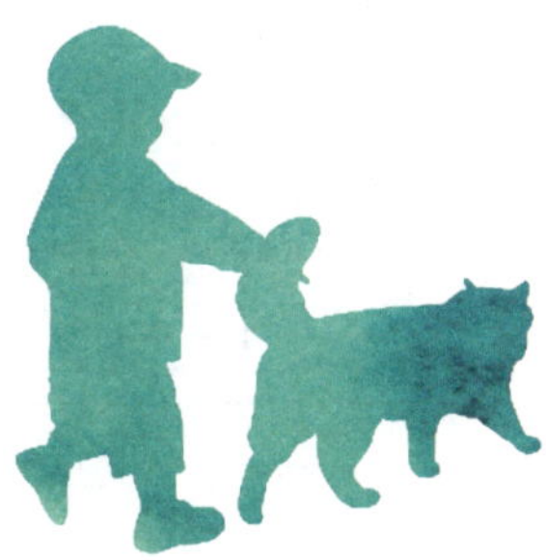

Text und Musik: Volker Rosin,

Greensleeves

d-Moll • Akkorde **Dm F A C** • C-Gitarre 2m02m9 2m02m92m 502m9 50 2m9 2m

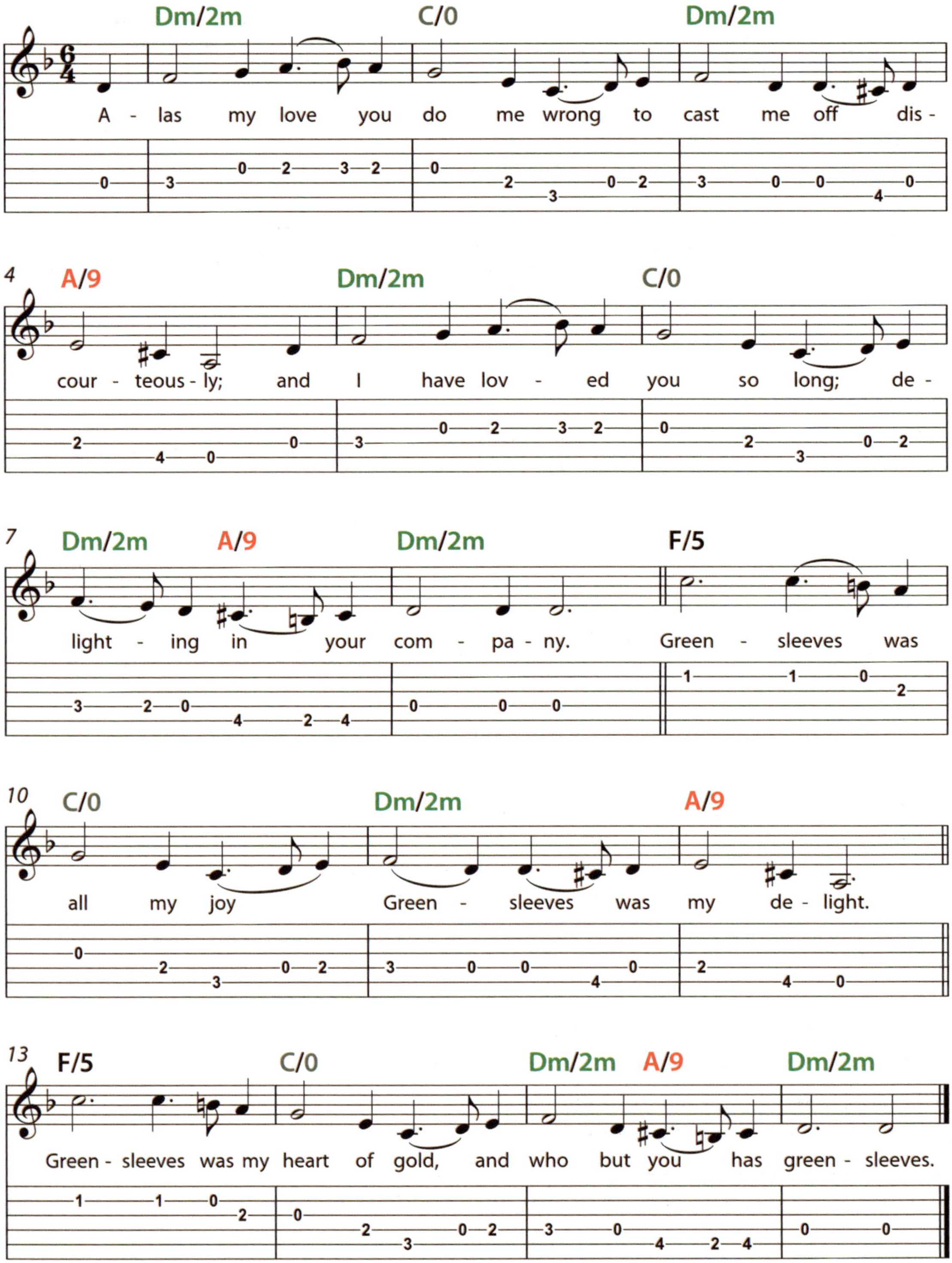

Lieder für Festlichkeiten

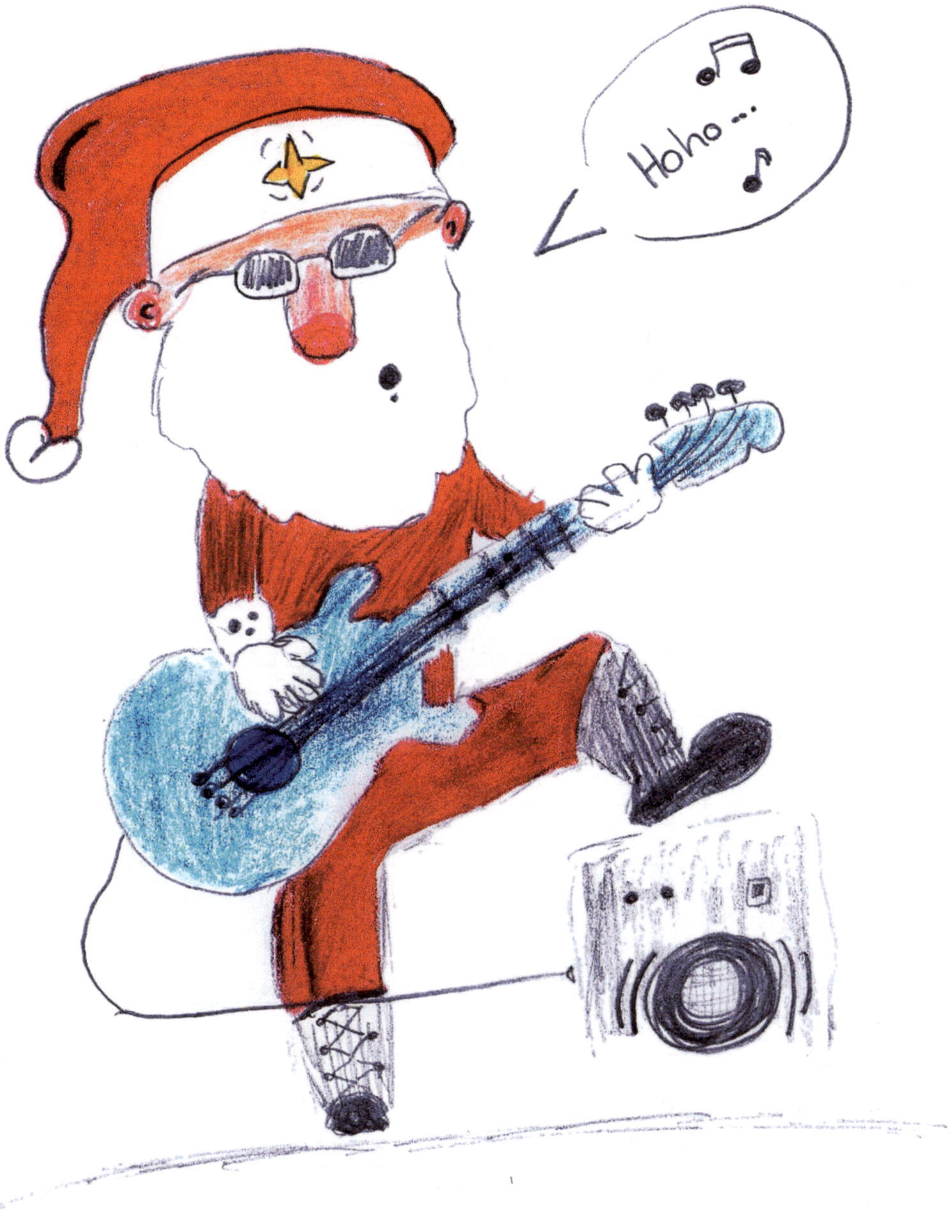

Happy Birthday

G-Dur • Akkorde G C D • C-Gitarre 7227 70727

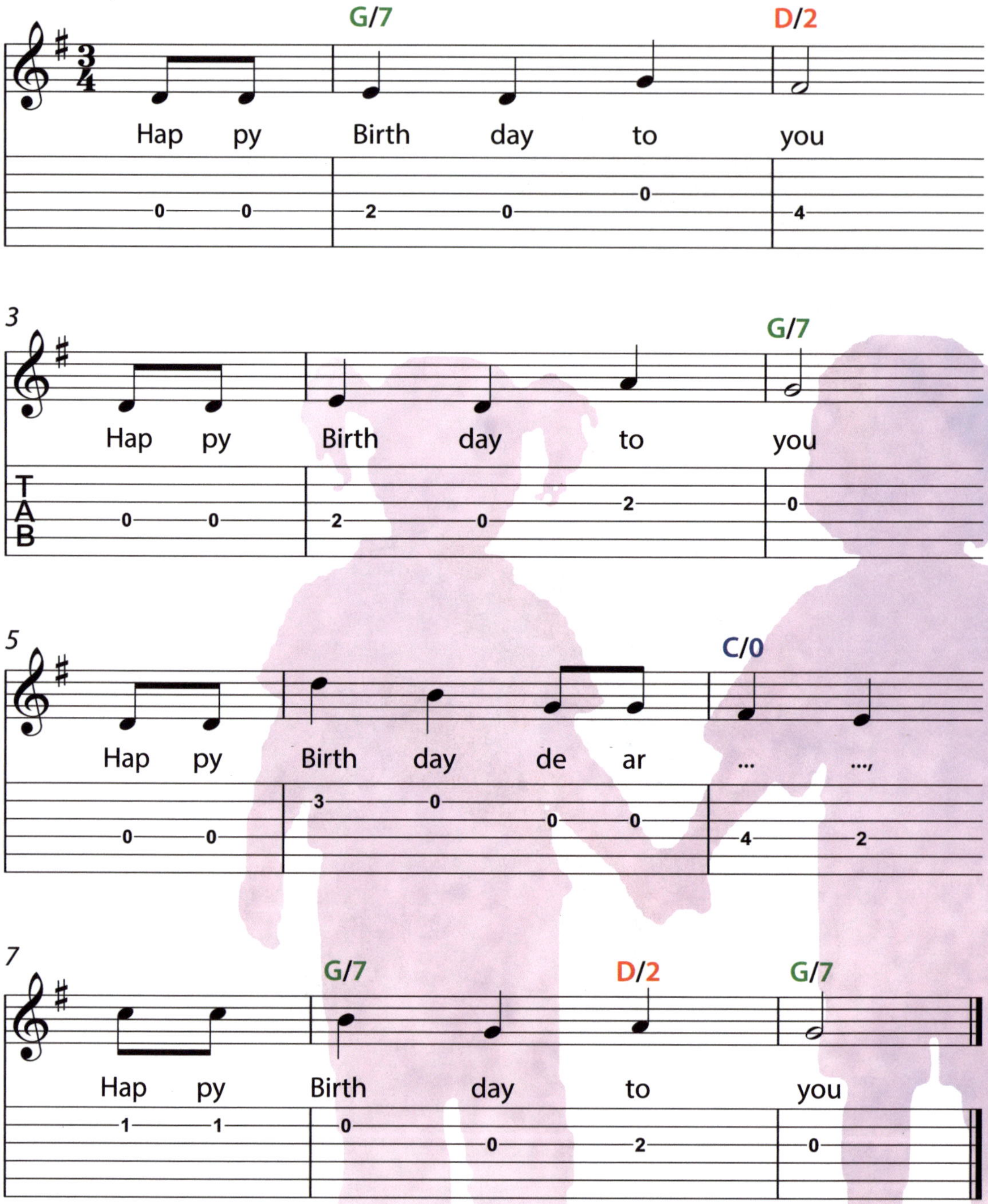

Sankt Martin

D-Dur • Akkorde D G A • C-Gitarre $22^{27}2\ 92\ 292^{29}2$

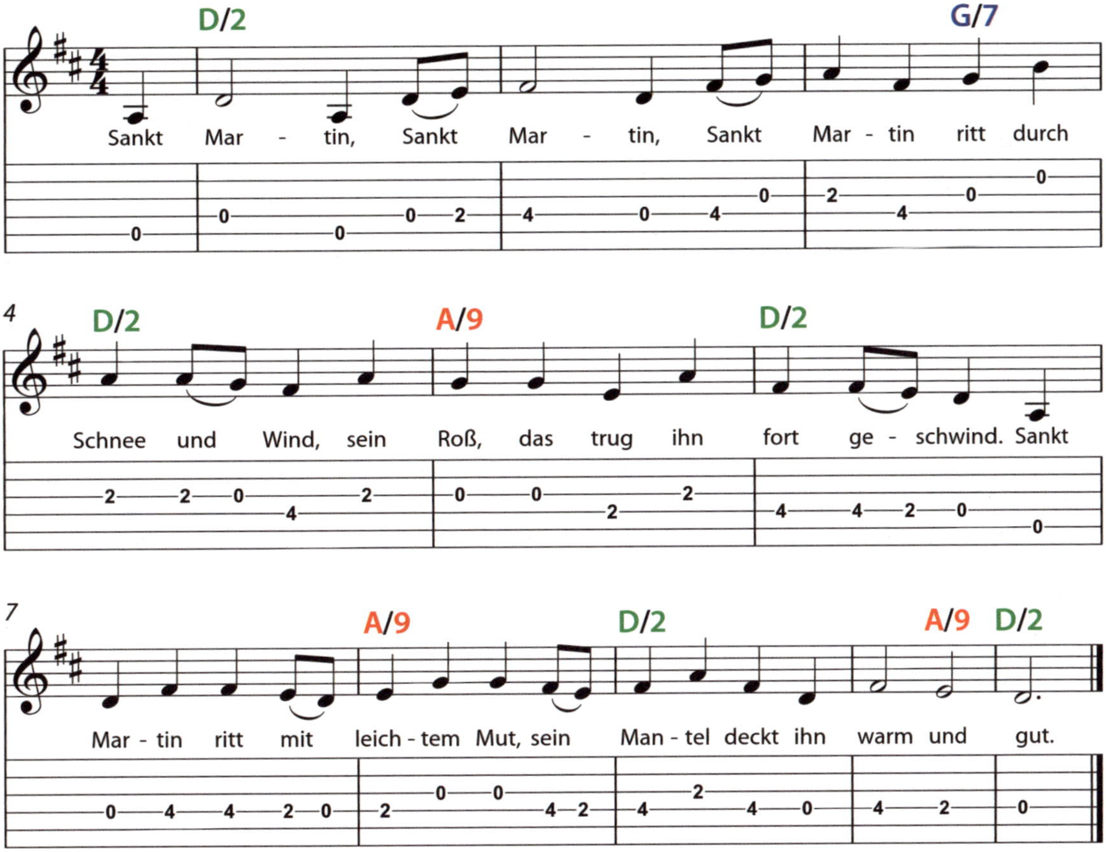

2. Sankt Martin, Sankt Martin,
im Schnee da saß ein armer Mann,
hat Kleider nicht, hat Lumpen an.
„O helft mir doch in meiner Not,
sonst ist der bitt're Frost mein Tod!"

3. Sankt Martin, Sankt Martin,
Sankt Martin zog die Zügel an,
sein Ross stand still beim armen Mann,
Sankt Martin mit dem Schwerte teilt'
den warmen Mantel unverweilt.

4. Sankt Martin, Sankt Martin,
Sankt Martin gab den Halben still;
der Bettler rasch ihm danken will.
Sankt Martin aber ritt in Eil'
hinweg mit seinem Mantelteil.

Ich geh mit meiner Laterne

C-Dur • Akkorde C G • C-Gitarre 0070

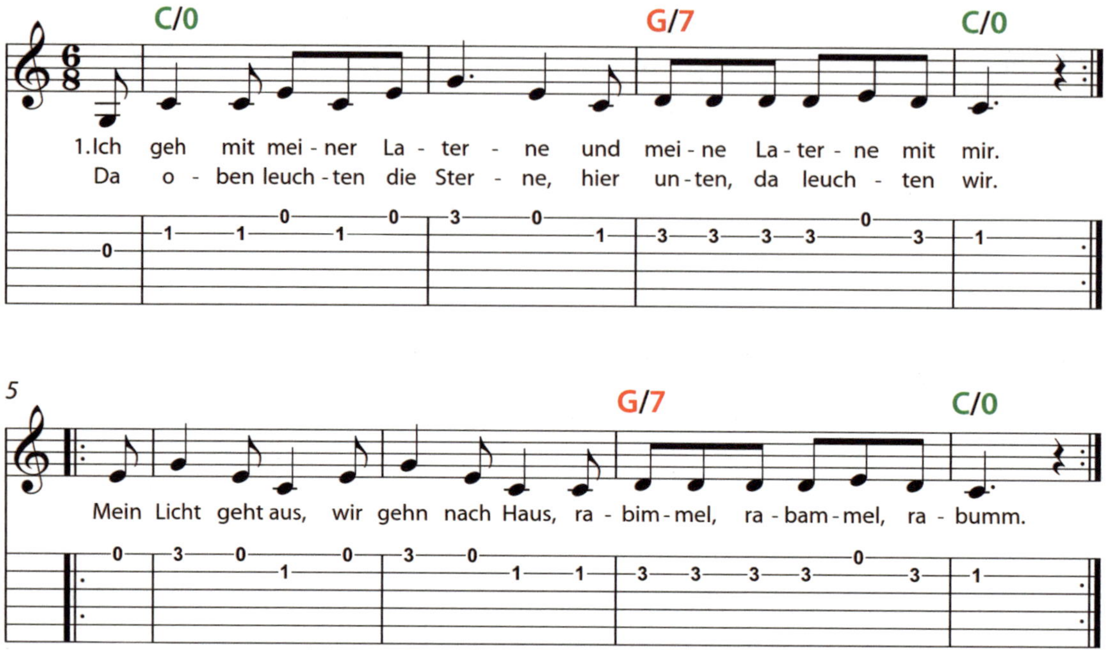

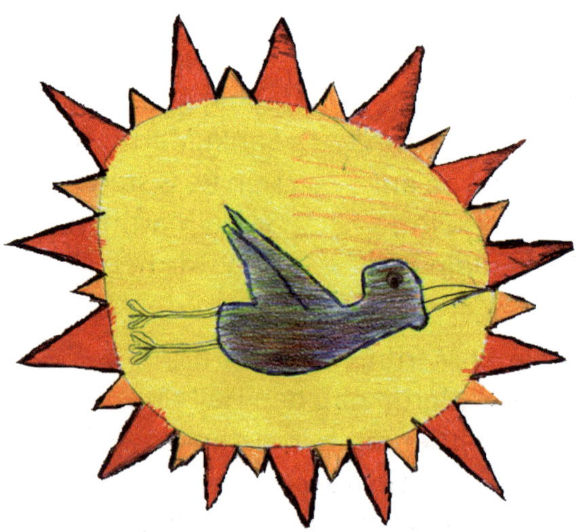

Laterne, Laterne

D-Dur • Akkorde D G • C-Gitarre $22^{27}2$

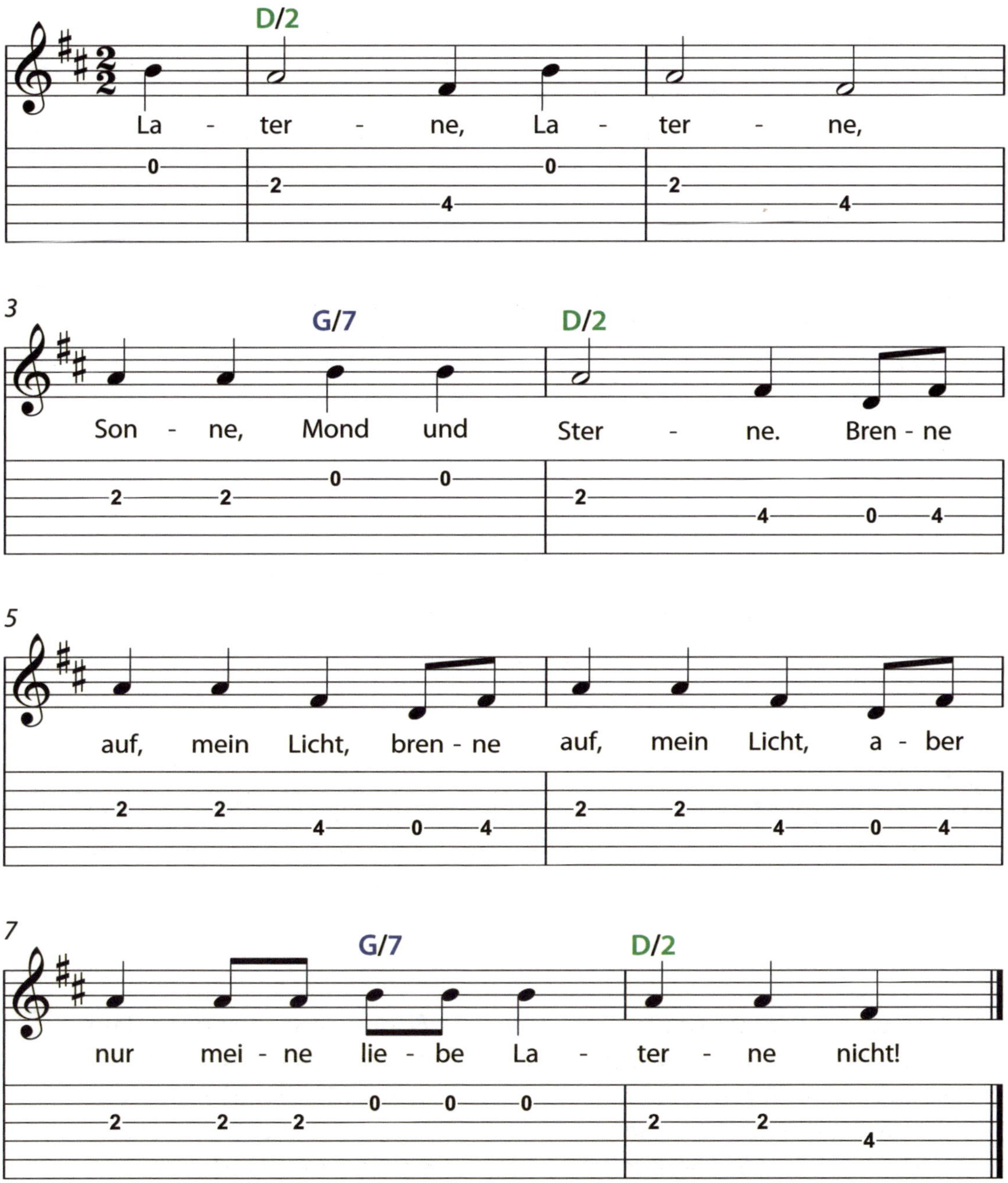

Abends, wenn es dunkel wird

D-Dur • Akkorde D G A • C-Gitarre 292292 792292 2929 22292

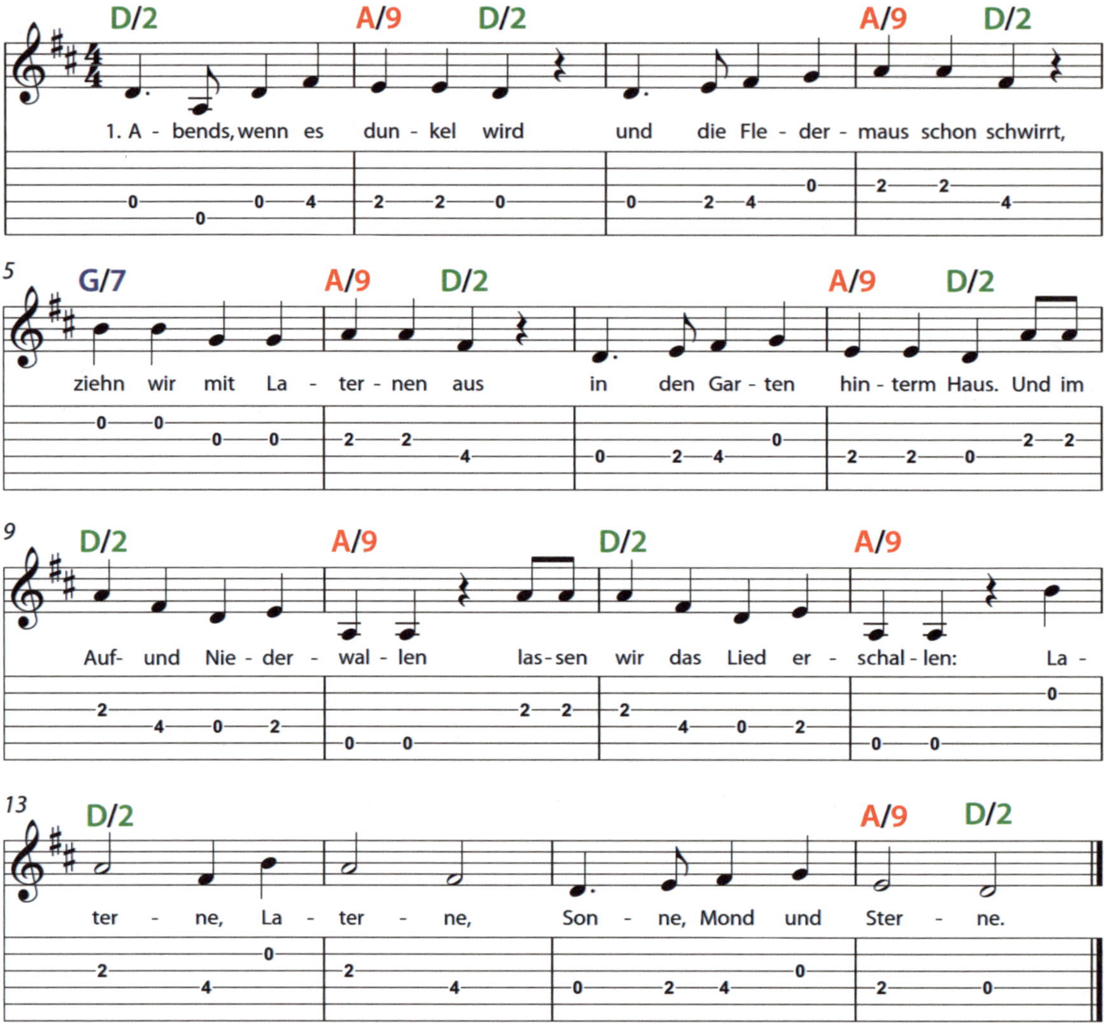

2. Plötzlich aus dem Wolkentor
kommt der gute Mond hervor,
wandelt seine Himmelsbahn
wie ein Haupt-Laternenmann.
Leuchtet bei dem Sterngefunkel
lieblich aus dem blauen Dunkel:
Laterne, Laterne,
Sonne, Mond und Sterne.

3. Ei, nun gehen wir nach Haus,
blasen die Laternen aus,
lassen Mond und Sternelein
leuchten in der Nacht allein,
bis die Sonne wird erwachen,
alle Lampen auszumachen.
Laterne, Laterne,
Sonne, Mond und Sterne.

Dicke rote Kerzen

C-Dur • Akkorde C F G • C-Gitarre 0050 7070 5070

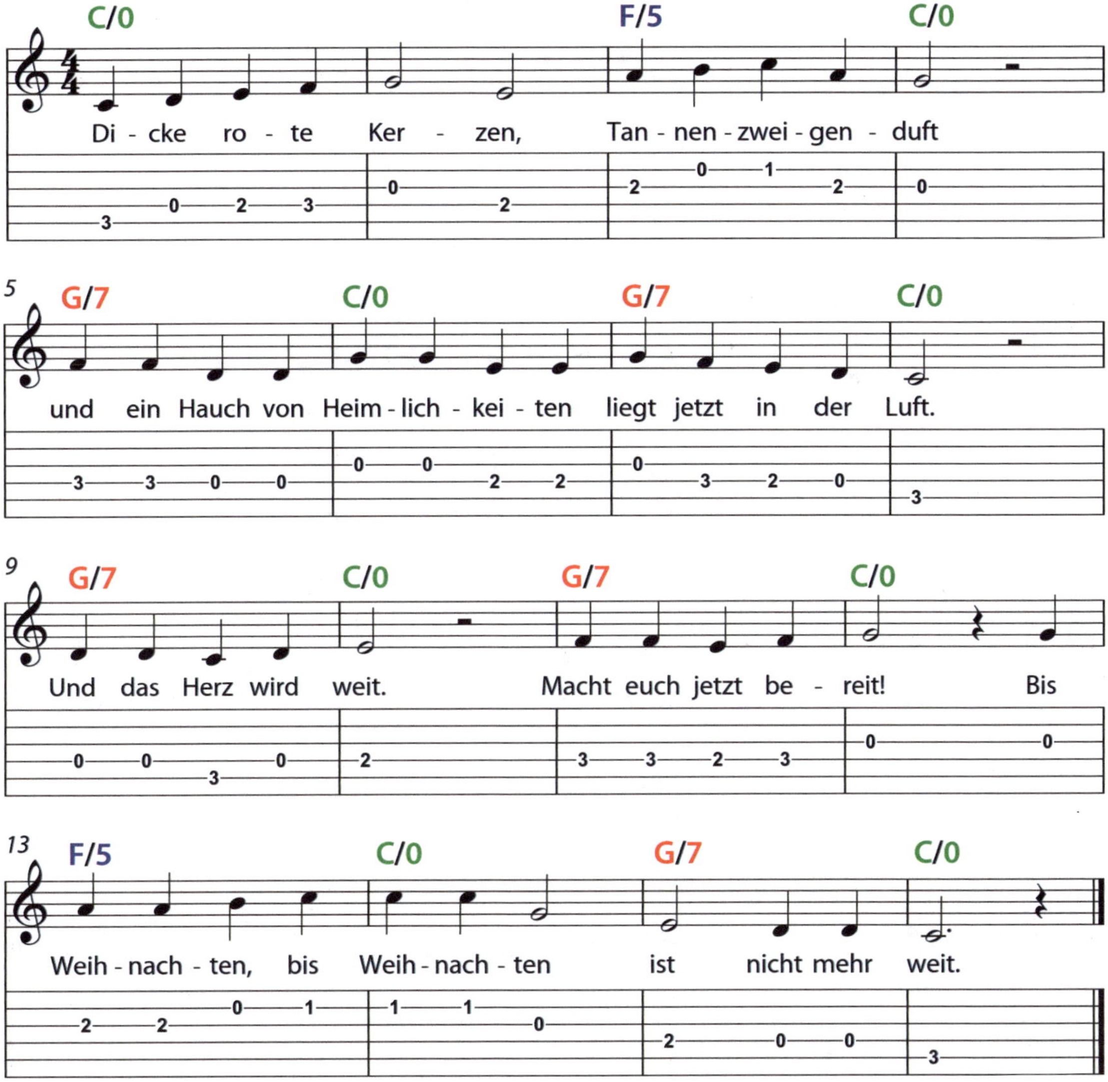

2. Schneidern, Hämmern, Basteln überall im Haus.
   Man begegnet hin und wieder schon dem Nikolaus.
   Ja, ihr wisst Bescheid! Macht euch jetzt bereit!...

3. Lieb verpackte Päckchen überall versteckt
   und die frisch gebacknen Plätzchen wurden schon entdeckt.
   Heute hat's geschneit. Macht euch jetzt bereit!...

4. Menschen finden wieder füreinander Zeit.
   Und es klingen alte Lieder durch die Dunkelheit.
   Bald ist es so weit! Macht euch jetzt bereit!...

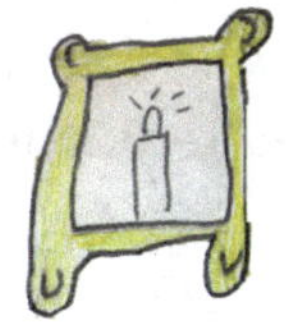

Morgen kommt der Weihnachtsmann

D-Dur • Akkorde D G A • C-Gitarre 2272 9292 2929 2272 9292

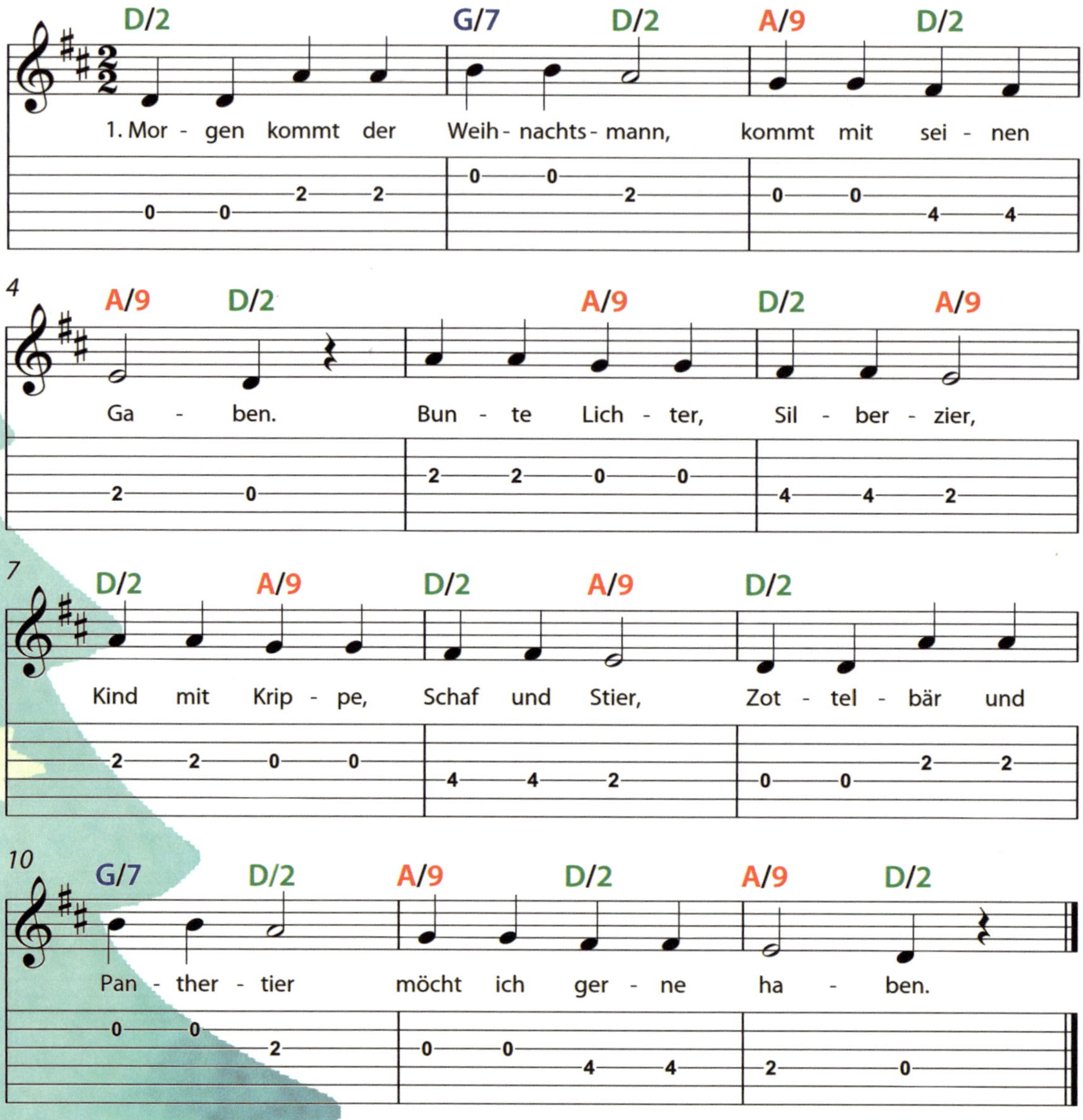

2. Bring uns, lieber Weihnachtsmann, bring auch morgen, bringe
eine schöne Eisenbahn, Bauernhof mit Huhn und Hahn,
einen Pfefferkuchenmann, lauter schöne Dinge.

3. Doch du weißt ja unsern Wunsch, kennst ja unsre Herzen.
Kinder, Vater und Mama, auch sogar der Großpapa,
alle, alle sind wir da, warten dein mit Schmerzen.

Ihr Kinderlein kommet

D-Dur • Akkorde D G A • C-Gitarre 2292 9927 2292

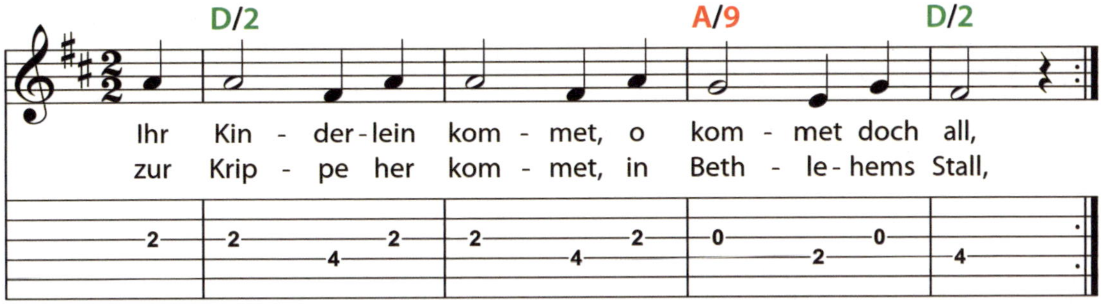

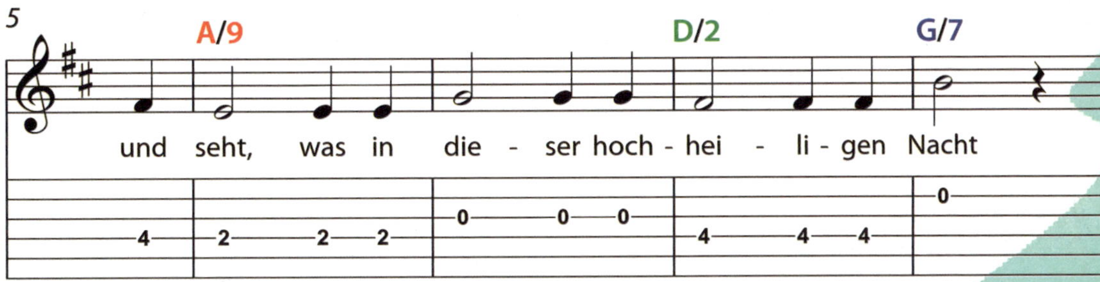

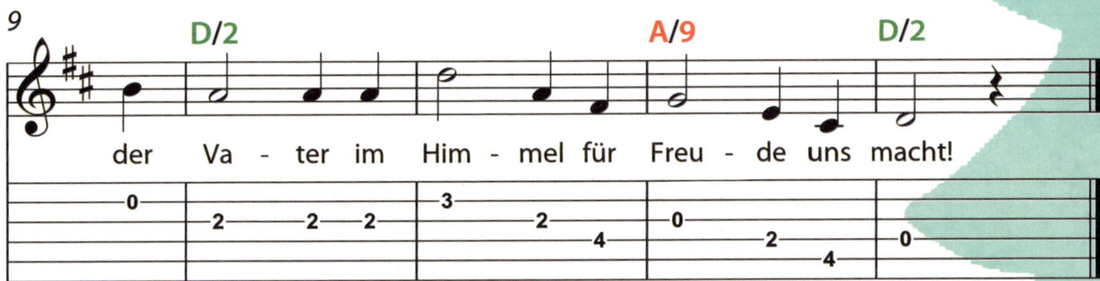

2. O seht in der Krippe im nächtlichen Stall, seht hier bei des Lichtleins hellglänzendem Strahl,
in reinlichen Windeln das himmlische Kind, viel schöner und holder, als Engel es sind.

3. Da liegt es, das Kindlein, auf Heu und auf Stroh, Maria und Joseph betrachten es froh,
die redlichen Hirten knien betend davor, hoch oben schwebt jubelnd der Engelein Chor.

4. O beugt wie die Hirten anbetend die Knie, erhebet die Hände und danket wie sie;
stimmt freudig, ihr Kinder, wer wollt sich nicht freun, stimmt freudig zum Jubel der Engel mit ein.

5. O betet: Du liebes, du göttliches Kind, was leidest du alles für unsere Sünd!
Ach hier in der Krippe schon Armut und Not, am Kreuze dort gar noch den bitteren Tod.

6. So nimm unsre Herzen zum Opfer denn hin; wir geben sie gerne mit fröhlichem Sinn.
Ach mache sie heilig und selig wie deins, und mach sie auf ewig mit deinem nur eins.

Fröhliche Weihnacht überall

D-Dur • Akkorde D G A • C-Gitarre 222^{92} 92^{92}9 222^{92} 9277 92^{2}9^{2}2

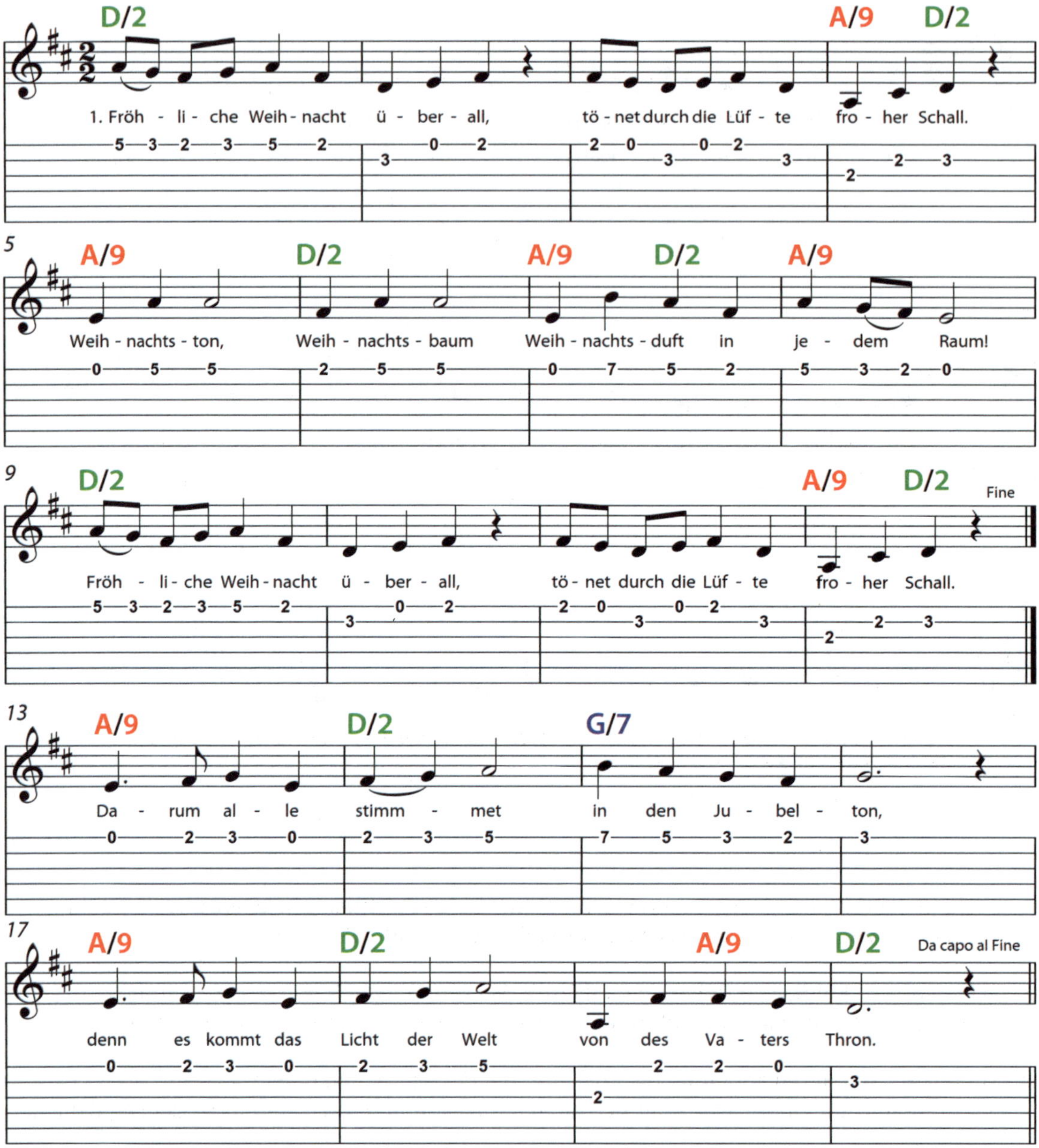

2. Fröhliche Weihnacht...
Licht auf dunklem Wege,
unser Licht bist du,
denn du führst, die dir vertrau'n,
ein zu sel'ger Ruh'.

3. Fröhliche Weihnacht ...
Was wir ander'n taten,
sei getan für dich,
dass bekennen jeder muss,
Christkind kam für mich.

Lasst uns froh und munter sein

C-Dur • Akkorde C G • C-Gitarre **00 77 00 0⁷⁰0⁷⁰**

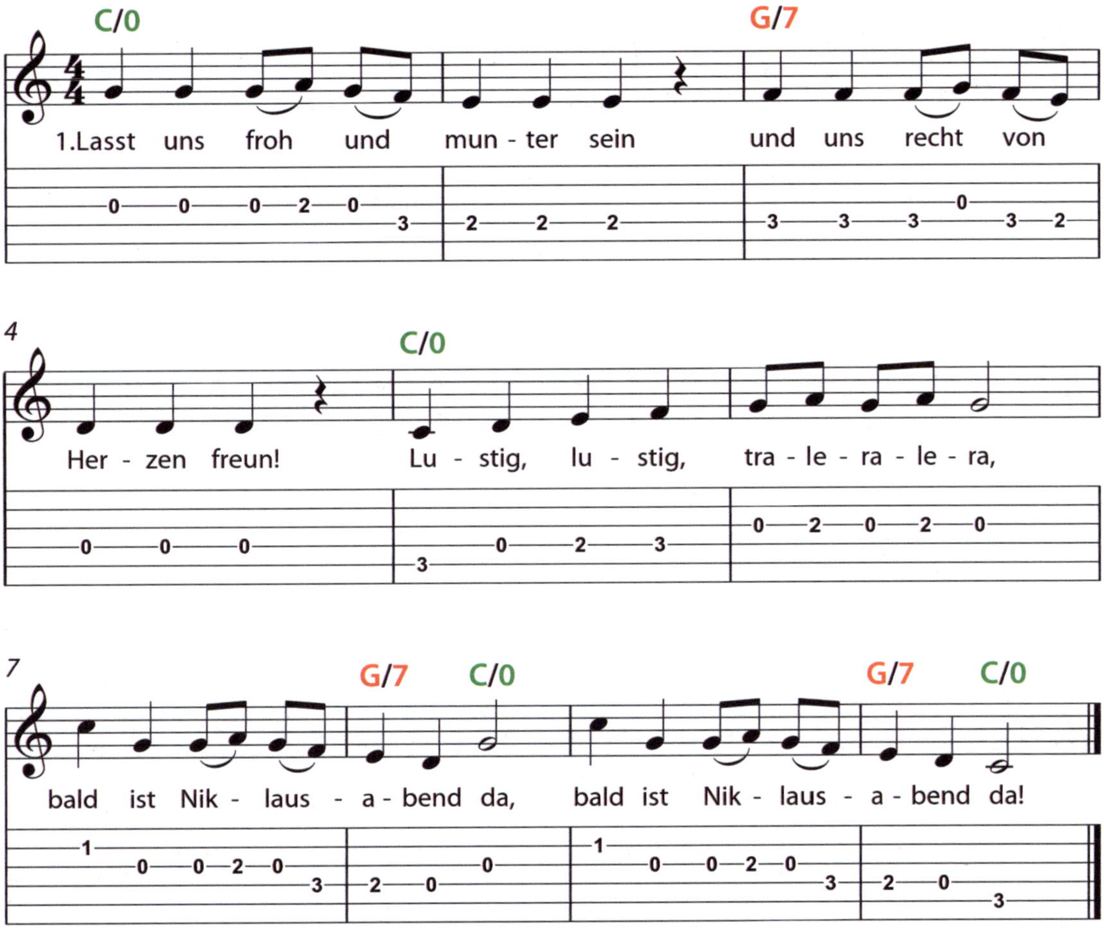

2. Dann stell ich den Teller auf,
   Nik'laus legt gewiss was drauf. Lustig...

3. Wenn ich schlaf, dann träume ich,
   jetzt bringt Nik'laus was für mich. Lustig...

4. Wenn ich aufgestanden bin,
   lauf ich schnell zum Teller hin. Lustig...

5. Nik'laus ist ein guter Mann,
   dem man nicht genug danken kann. Lustig...

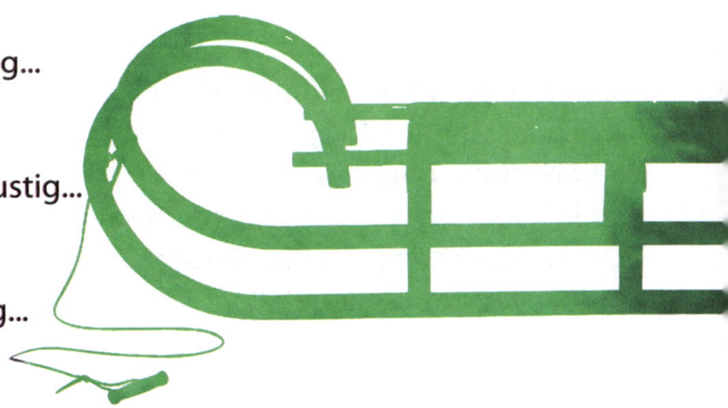

O Tannenbaum

A-Dur • Akkorde A E • C-Gitarre 9949 9449 9949

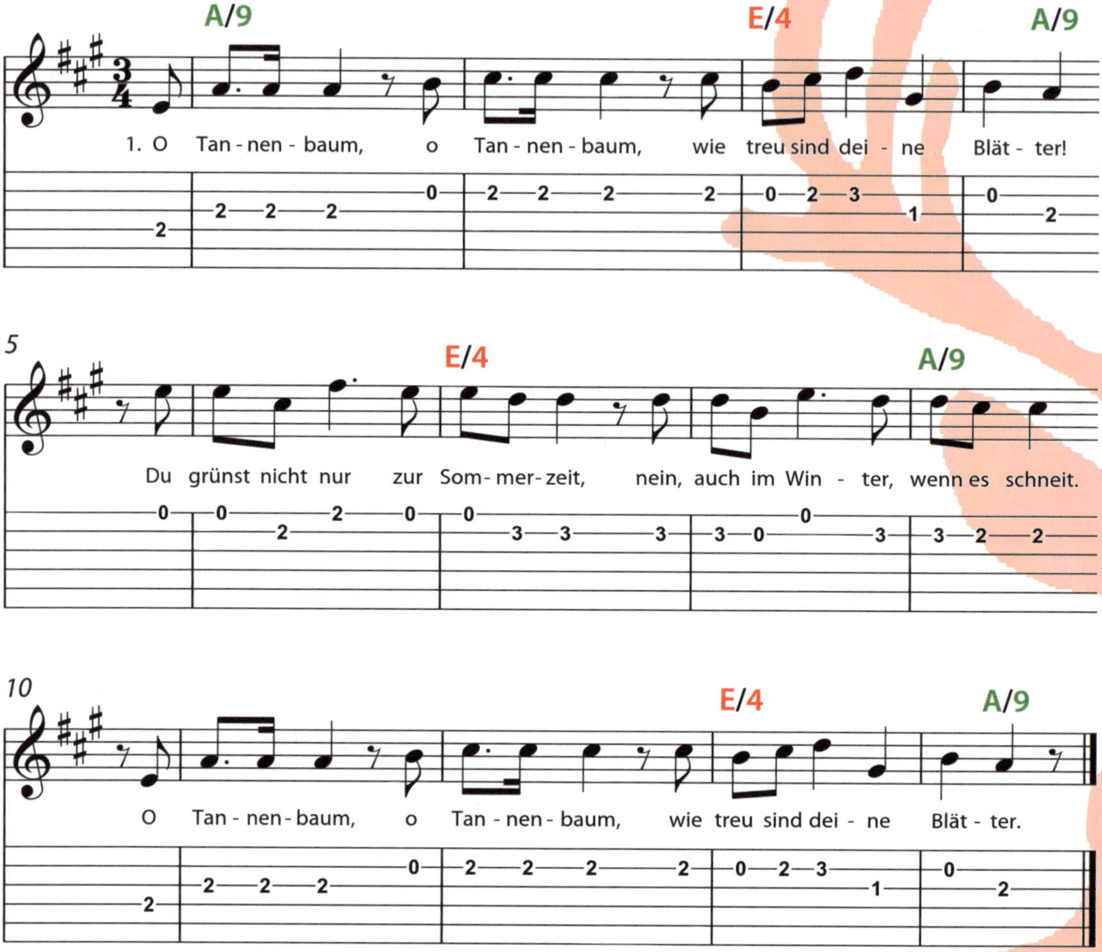

2. O Tannenbaum, o Tannenbaum,
du kannst mir sehr gefallen.
Wie oft hat doch zur Winterzeit
ein Baum von dir mich hoch erfreut.
O Tannenbaum, o Tannenbaum,
du kannst mir sehr gefallen.

3. O Tannenbaum, o Tannenbaum,
dein Kleid kann mich was lehren:
Die Hoffnung und Beständigkeit
gibt Kraft und Trost zu jeder Zeit.
O Tannenbaum, o Tannenbaum,
dein Kleid kann mich was lehren.

Stille Nacht, heilige Nacht

C-Dur • Akkorde C F G • C-Gitarre 0070 5050 70⁰⁷0

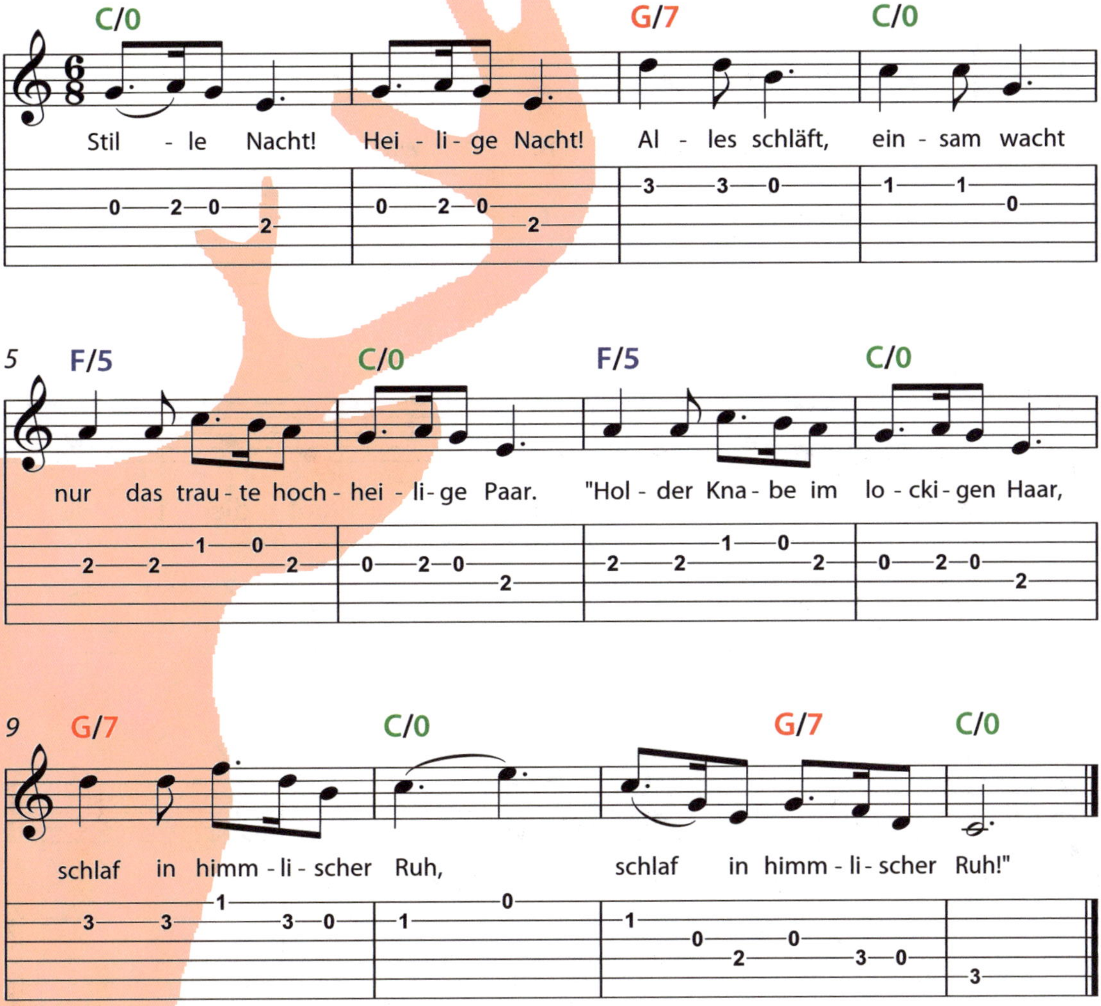

2. Stille Nacht! Heilige Nacht! Gottes Sohn, o wie lacht
   Lieb aus deinem göttlichen Mund, da uns schlägt die rettende Stund,
   Christ in deiner Geburt, Christ in deiner Geburt.

3. Stille Nacht! Heilige Nacht! Hirten erst kundgemacht.
   Durch der Engel Halleluja tönt es laut von fern und nah:
   „Christ, der Retter ist da! Christ, der Retter ist da!“

Alle Jahre wieder

D-Dur • Akkorde D G A • C-Gitarre 2²⁹ 2⁷9 27²⁹2

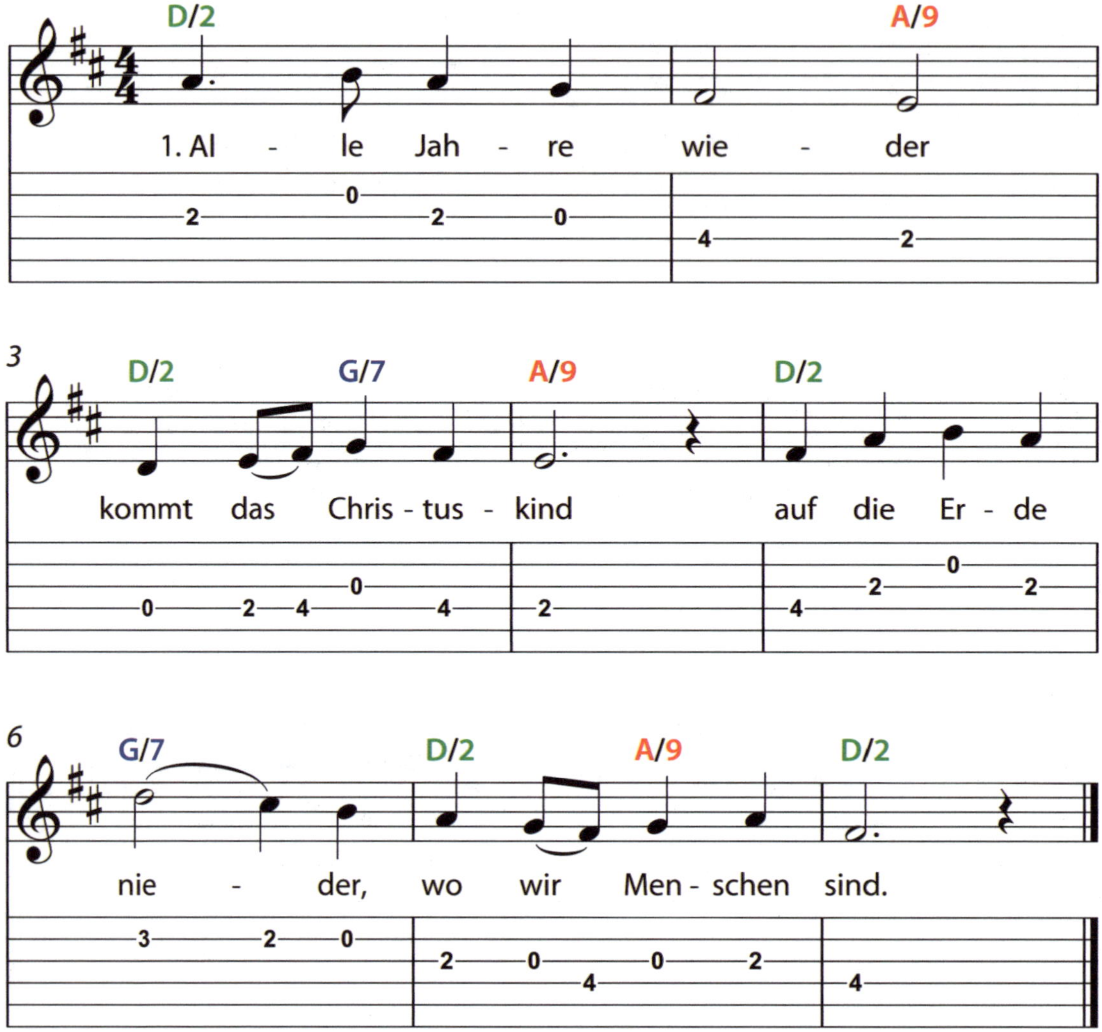

2. Kehrt mit seinem Segen ein in jedes Haus,
geht auf allen Wegen mit uns ein und aus.

3. Steht auch mir zur Seite, still und unerkannt,
dass es treu mich leite an der lieben Hand.

Kommet, ihr Hirten

C-Dur • Akkorde C F G • C-Gitarre 005 005 007 00 000 007 007 00

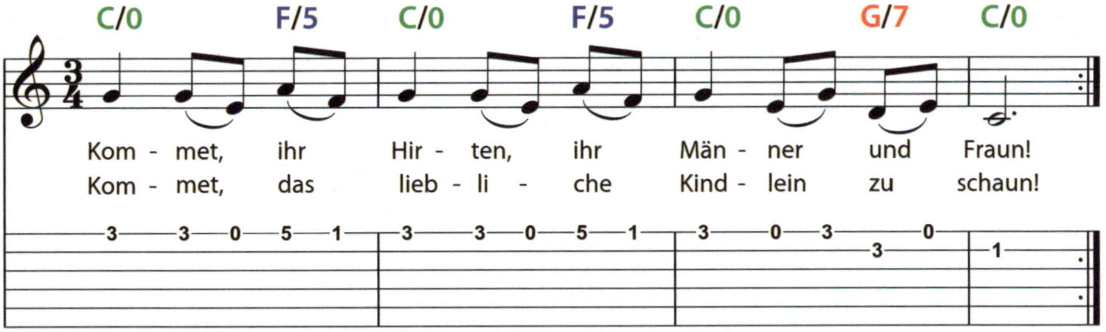

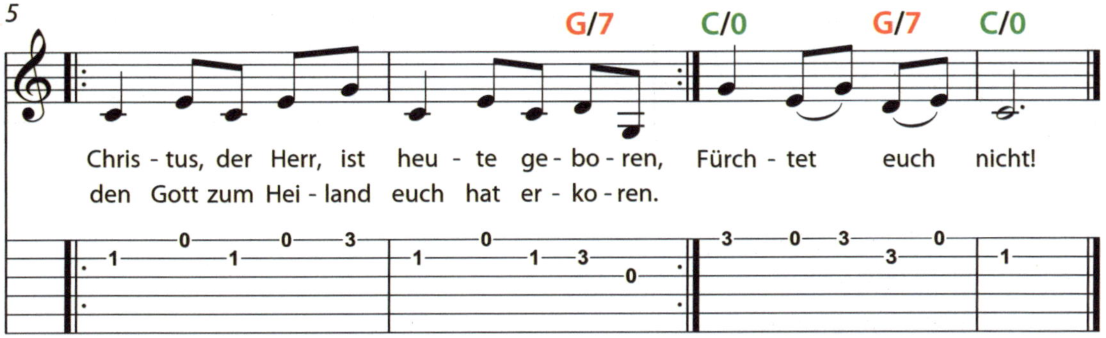

2. Lasset uns sehen in Bethlehems Stall,
was uns verheißen der himmlische Schall;
was wir dort finden, lasset uns künden,
lasset uns preisen in frommen Weisen. Halleluja!

3. Wahrlich, die Engel verkündigen heut
Bethlehems Hirtenvolk gar große Freud:
Nun soll es werden Friede auf Erden,
den Menschen allen ein Wohlgefallen. Ehre sei Gott!

Schneeflöckchen

D-Dur • Akkorde **D G A** • C-Gitarre **2992 2792**

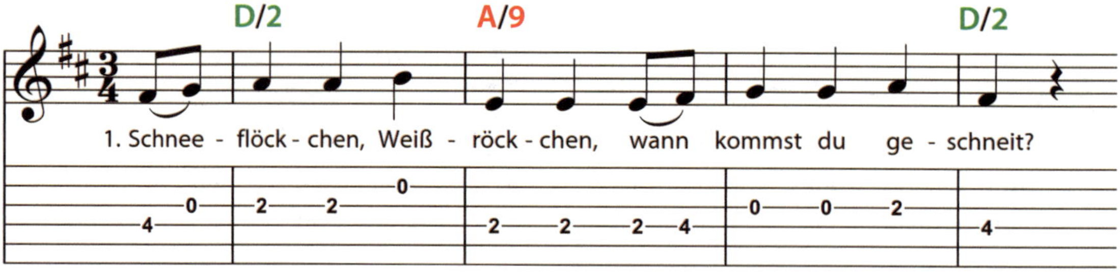

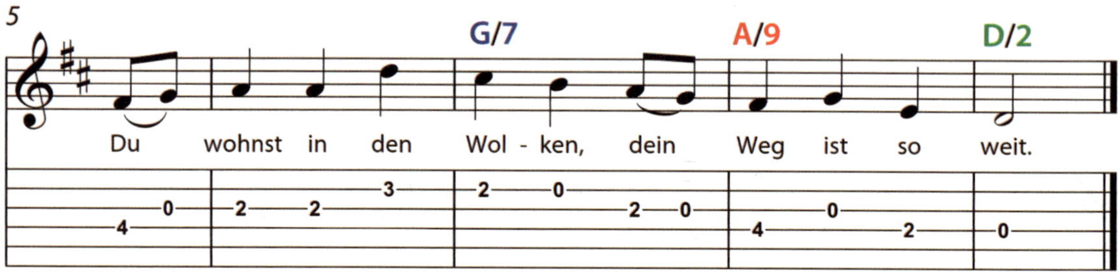

2. Komm setz dich ans Fenster,
du lieblicher Stern,
malst Blätter und Blumen,
wir haben dich gern!

3. Schneeflöckchen, du deckst uns
die Blümelein zu,
dann schlafen sie sicher
in himmlischer Ruh'.

4. Schneeflöckchen, Weißröckchen,
komm zu uns ins Tal.
Dann bau'n wir den Schneemann
und werfen den Ball.

O du fröhliche

D-Dur • Akkorde D E G A • C-Gitarre 272272 24949 9922 2792

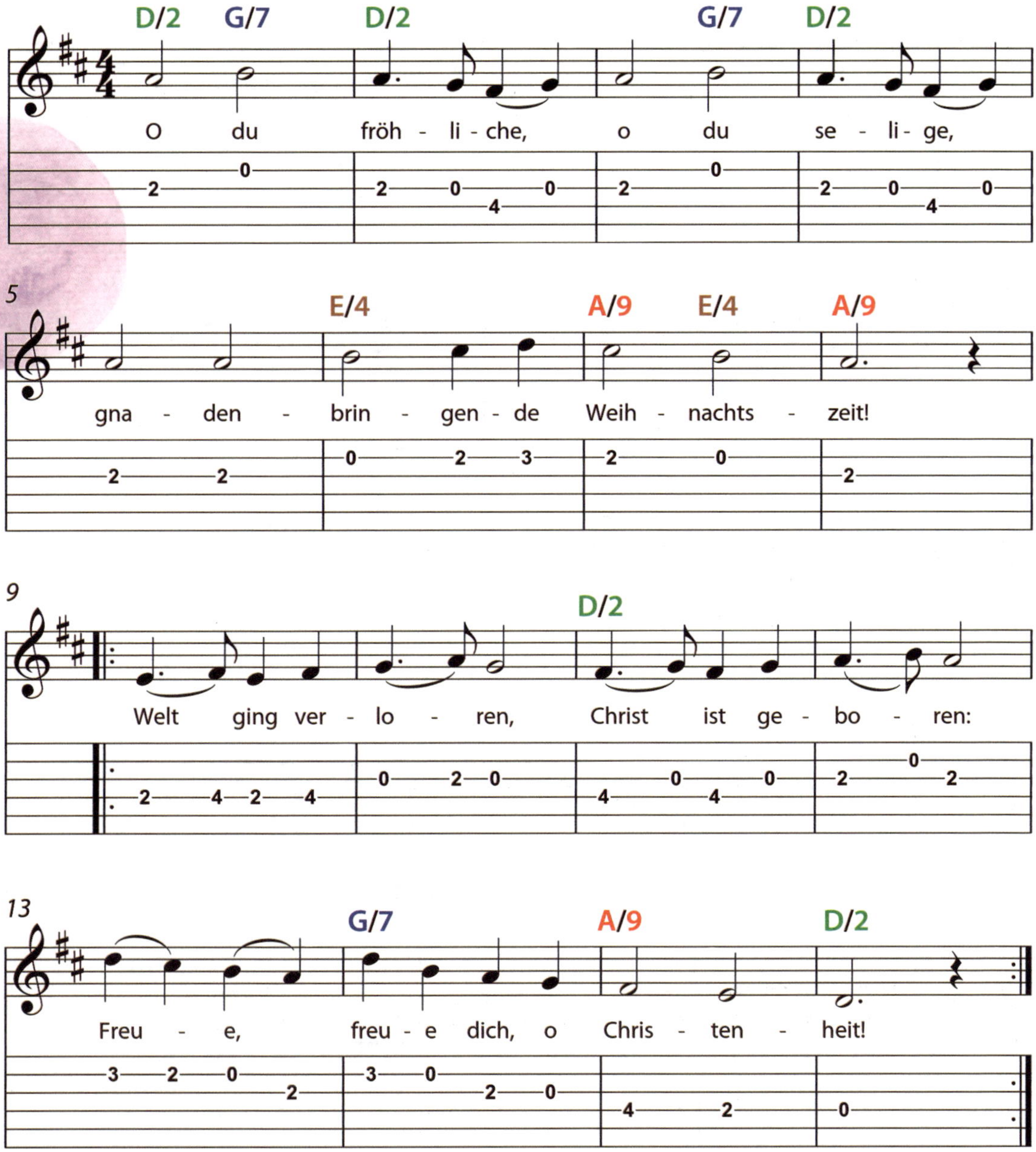

2. O du fröhliche ...
Christ ist erschienen, uns zu versühnen...

3. O du fröhliche ...
Himmlische Heere jauchzen dir Ehre...

Jingle Bells

E-Dur • Akkorde E A H • C-Gitarre 4449 9 11 114 4444 94 11 11 4444 94 11 4

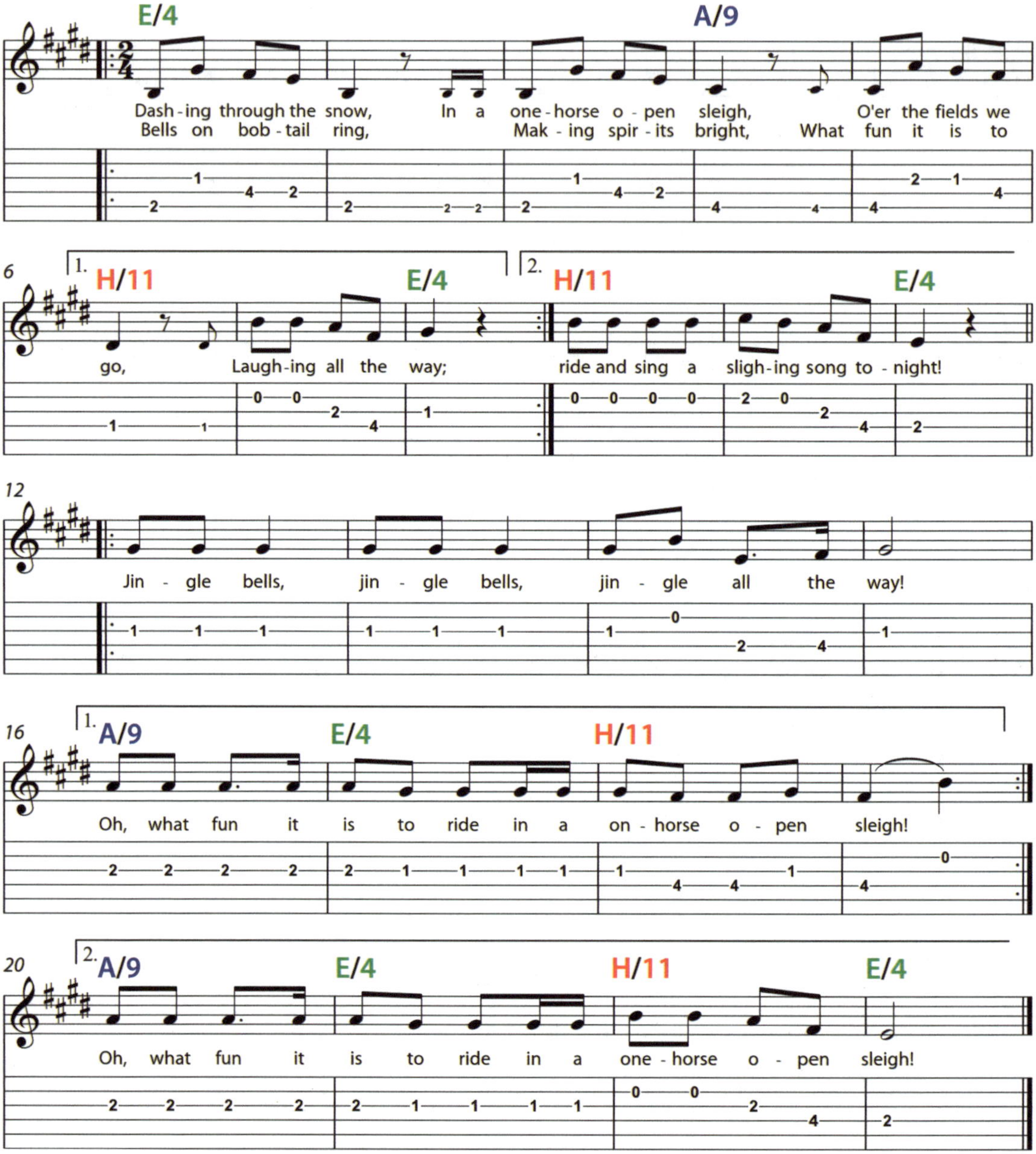

2. Now the ground is white, go it while you're young;
   Take the girls tonight, and sing this sleighing song.
   Just get a bobtailed bay, two-forty for his speed,
   Then hitch him to an open sleigh, and crack! You'll take the lead. Jingle bells...

3. Day or two ago I thought I'd take a ride
   and soon Miss Fanny Bright was seated by my side;
   The horse was lean an lank, misfortune seemed his lot,
   He got into a drifted bank, and we, we got upsot. Jingle bells...

We Wish You a Merry Christmas

G-Dur • Akkorde G A C D Em • C-Gitarre 7092 74m^{02}7

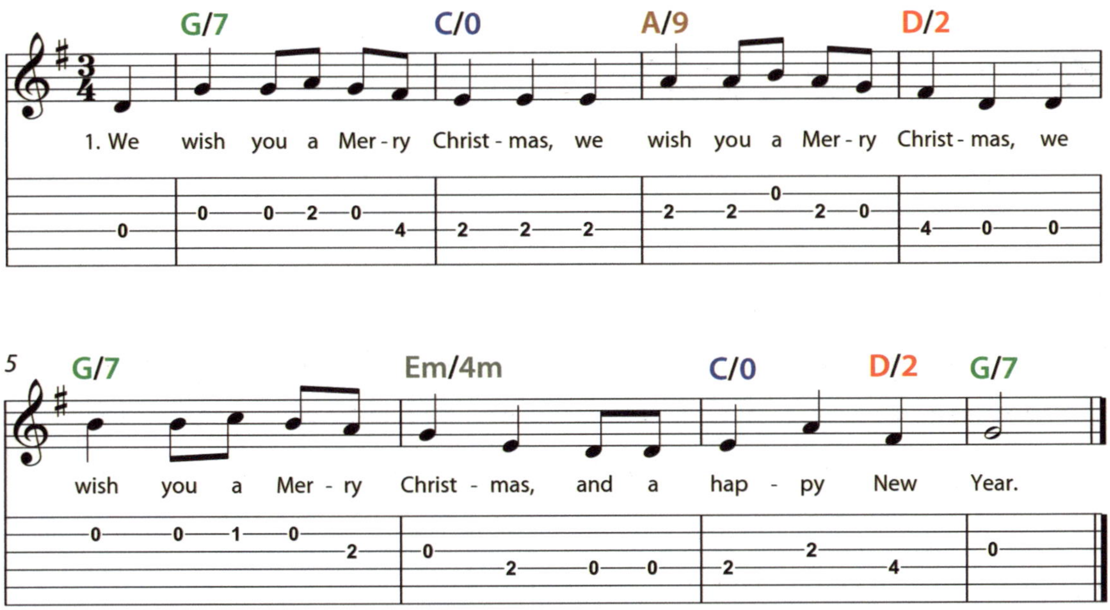

2. Oh, bring us a figgy pudding,
oh, bring us a figgy pudding,
oh, bring us a figgy pudding,
and a cup of good cheer.

3. We won't go until we get some,
we won't go until we get some,
we won't go until we get some,
so bring some out here.

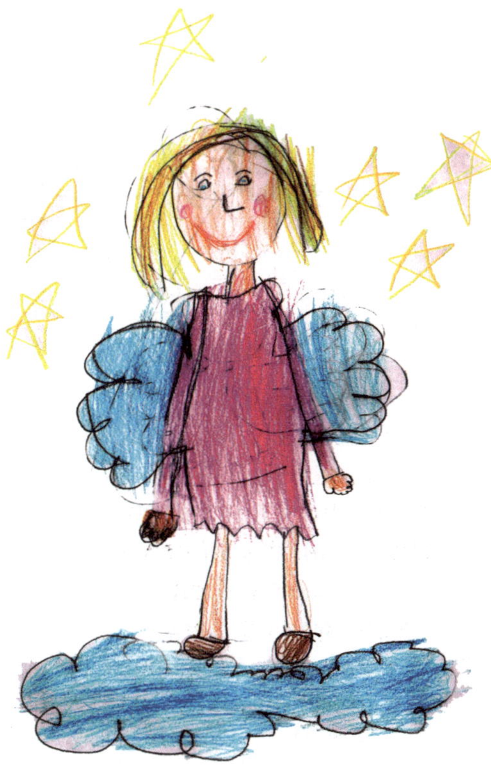

Kling, Glöckchen, klingelingeling

G-Dur • Akkorde G A D Em • C-Gitarre 7727 27227 924m92 7727

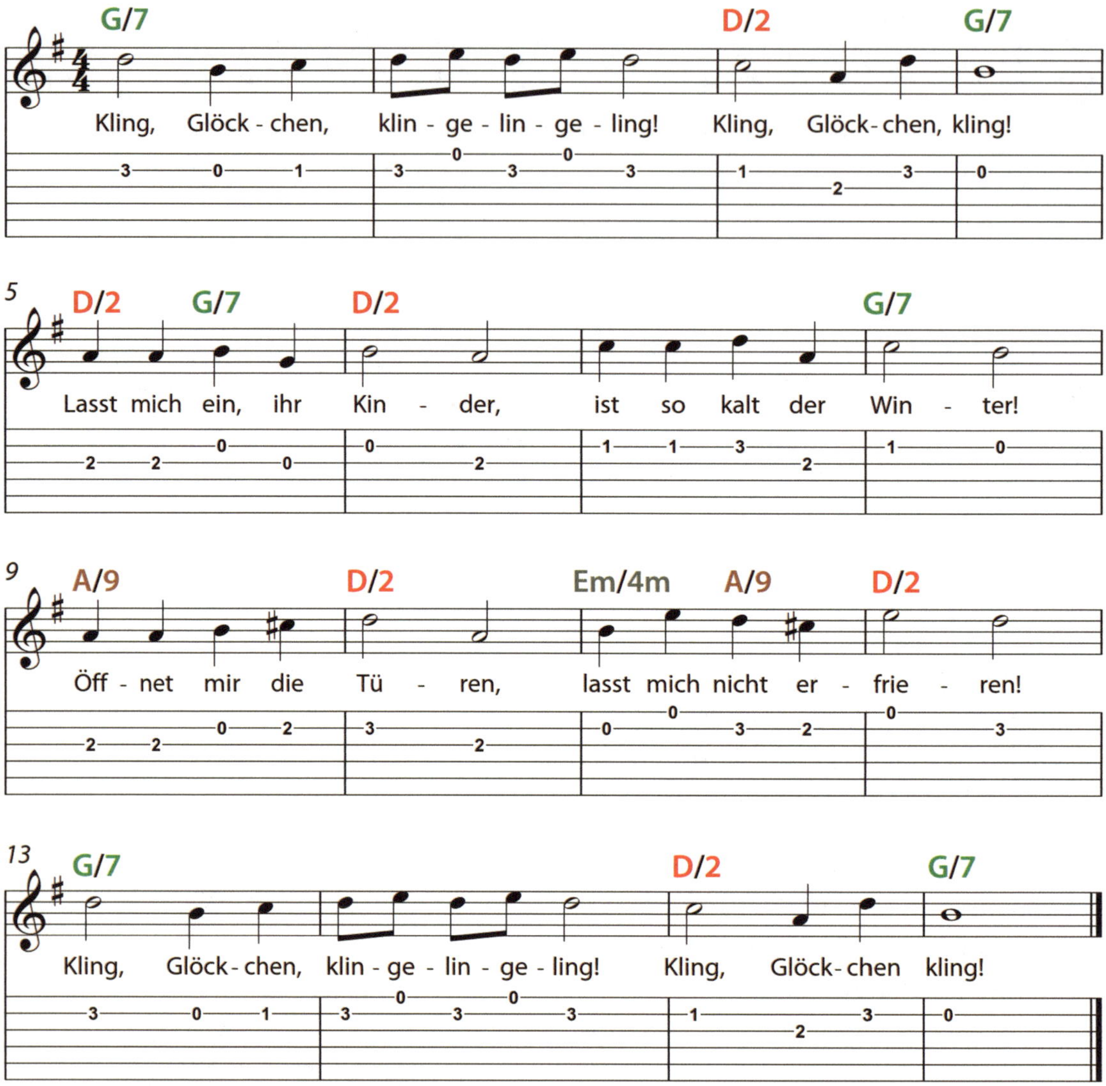

2. Kling, Glöckchen, klingelingeling!
Kling, Glöckchen, kling!
Mädchen, hört, und Bübchen,
macht mir auf das Stübchen!
Bring euch viele Gaben,
sollt euch dran erlaben!
Kling, Glöckchen, klingelingeling!
Kling, Glöckchen, kling!

3. Kling, Glöckchen, klingelingeling!
Kling, Glöckchen, kling!
Hell erglühn die Kerzen,
öffnet mir die Herzen!
Will drin wohnen fröhlich,
frommes Kind, wie selig.
Kling, Glöckchen, klingelingeling!
Kling, Glöckchen, kling!

Leise rieselt der Schnee

G-Dur • Akkorde G Am H^7 C D Em • C-Gitarre 72707 9m114m 9m27

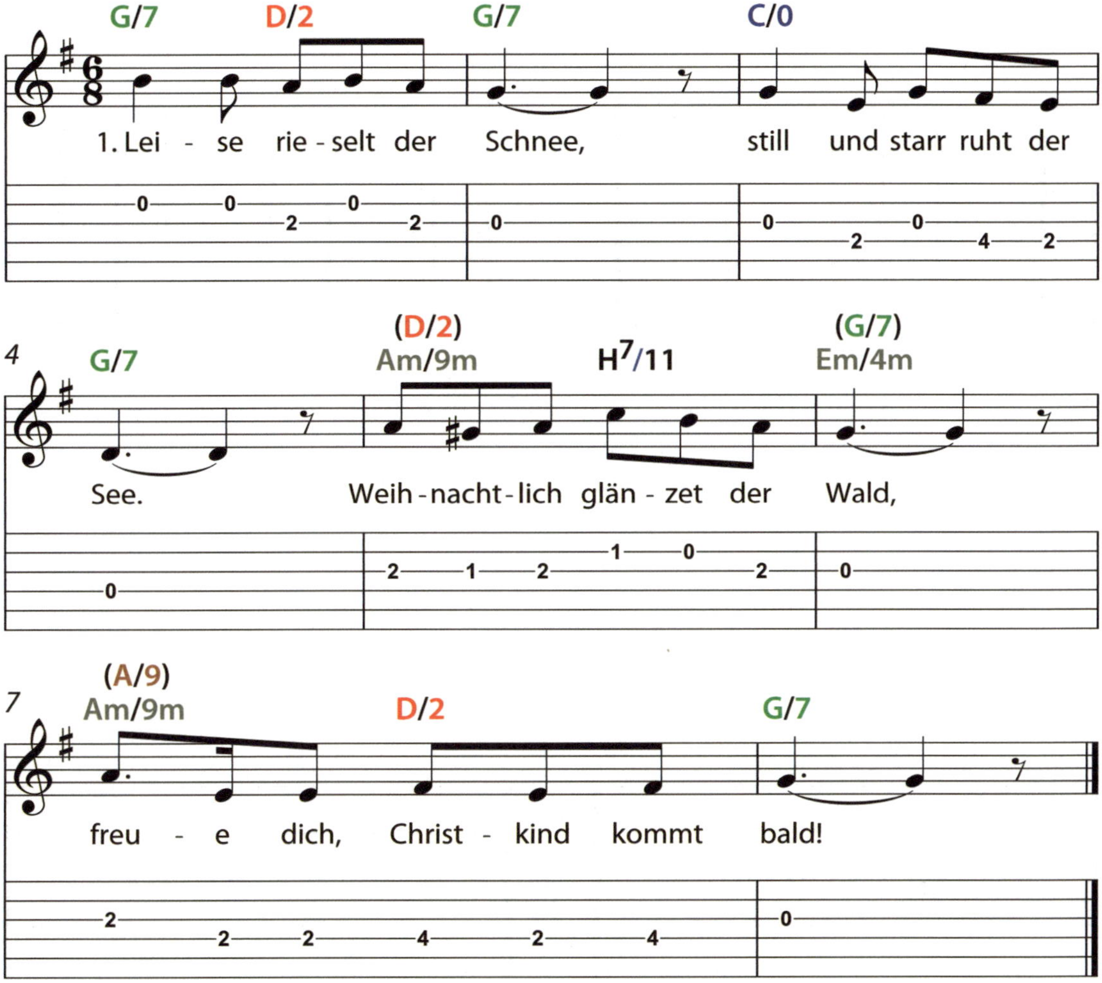

2. In den Herzen ist‘s warm,
still schweigt Kummer und Harm.
Sorge des Lebens verhallt,
freue dich, Christkind kommt bald!

3. Bald ist heilige Nacht,
Chor der Engel erwacht.
Hört nur, wie lieblich es schallt,
freue dich, ‘s Christkind kommt bald!

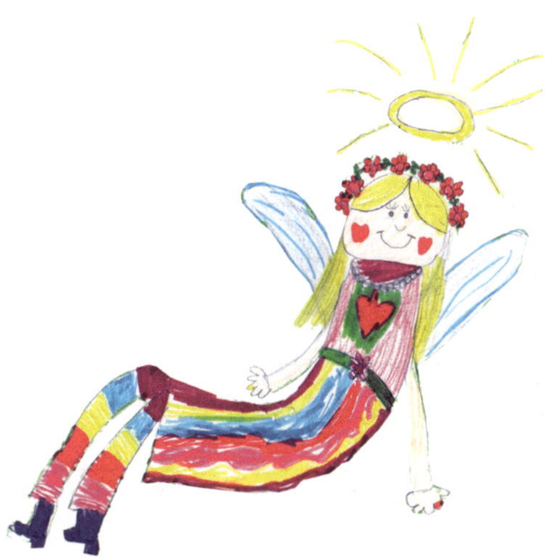

Rhythmus

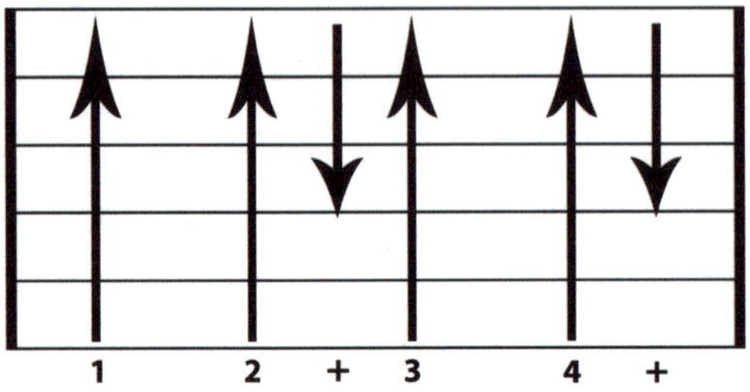

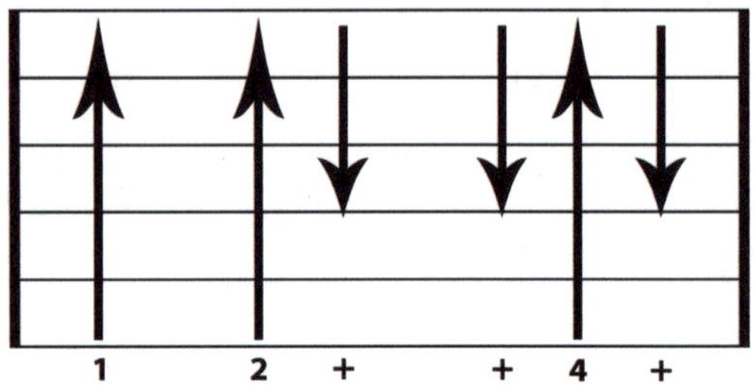

Hier siehst Du noch zwei weitere Rhythmusfiguren für den 4/4-Takt. Bevor Du sie spielst, klatsche den Rhythmus, um ihn zu verstehen. Probiere bei verschiedenen Liedern aus, ob er passt (z. B. Der Cowboy Jim aus Texas, Die Affen rasen durch den Wald oder Bi-Ba-Butzemann).

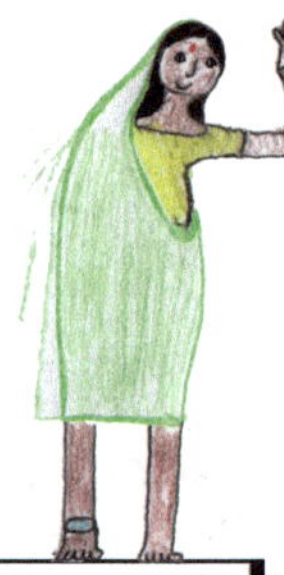

Hier kannst Du eigene Rhythmusfiguren eintragen

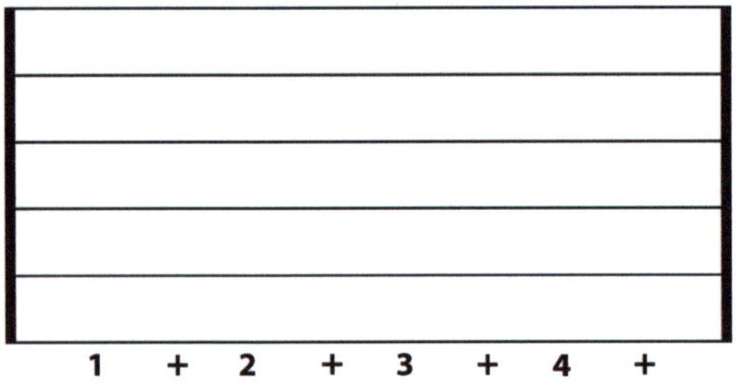

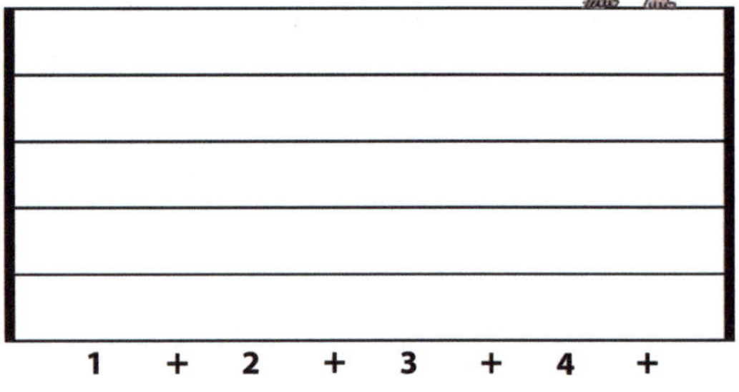

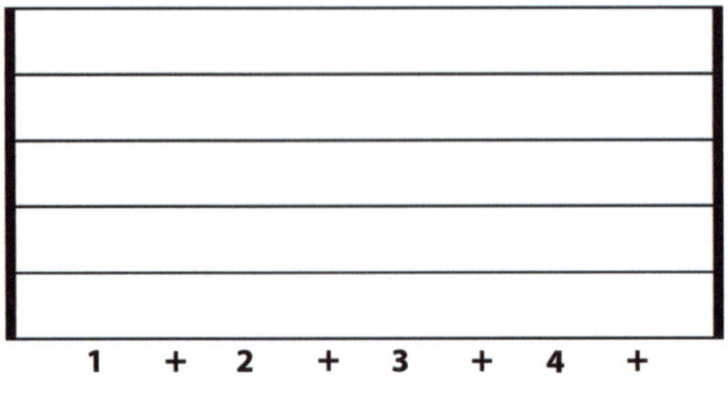

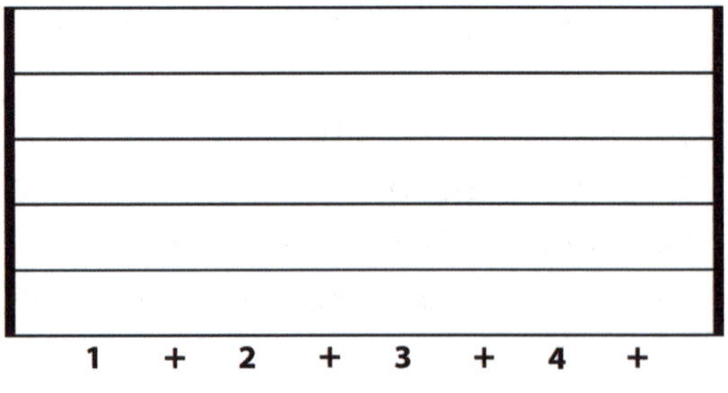

Akkord-Übersicht

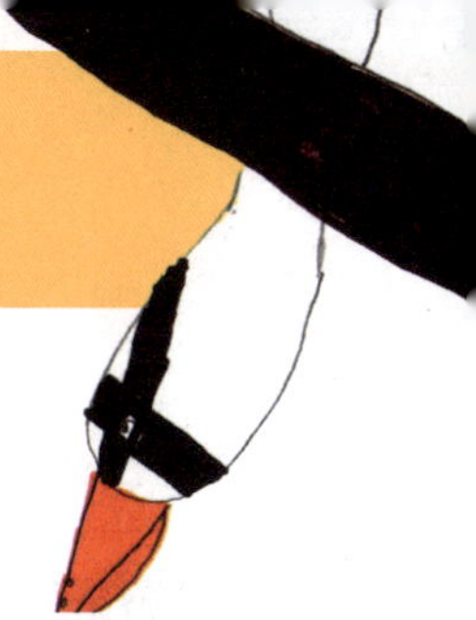

A-Dur

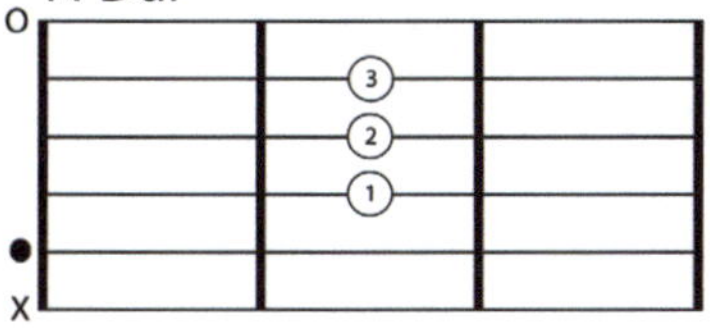

A-Moll

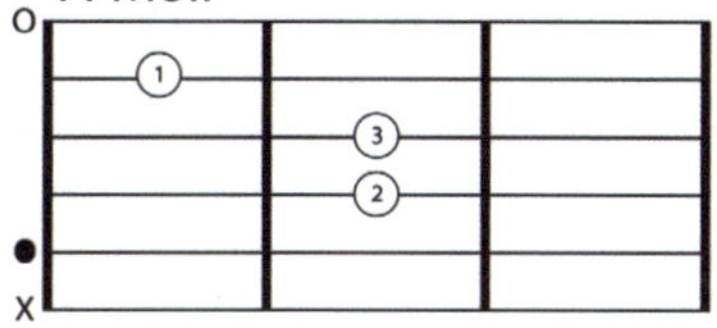

C-Dur

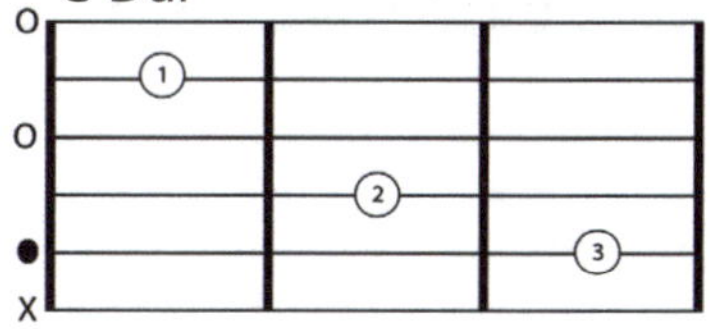

C-Dur (einfach)

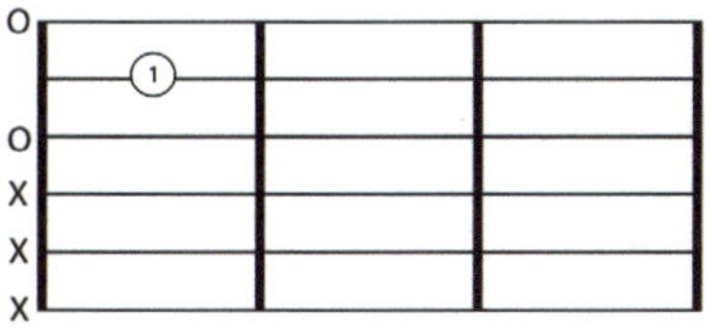

D-Dur

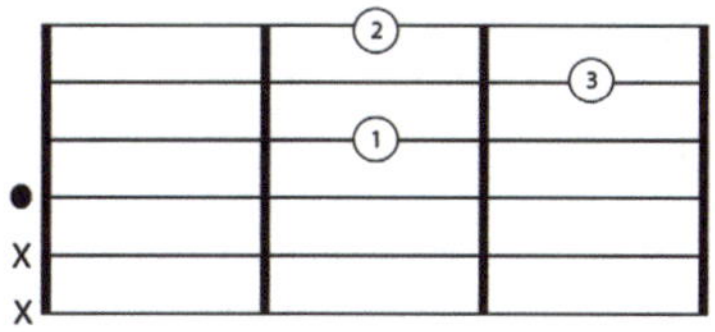

D-Moll

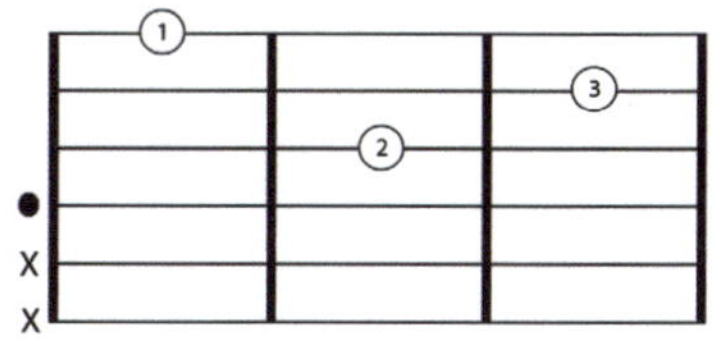

E-Dur

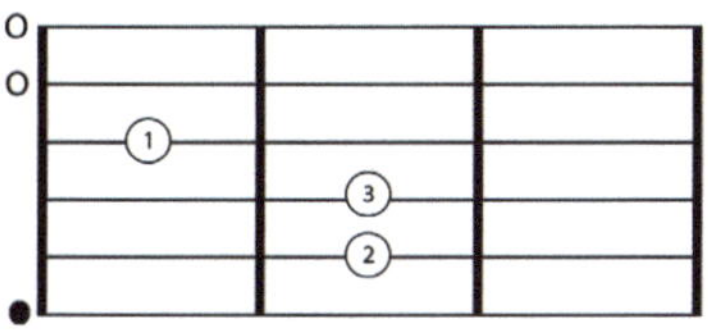

E-Moll

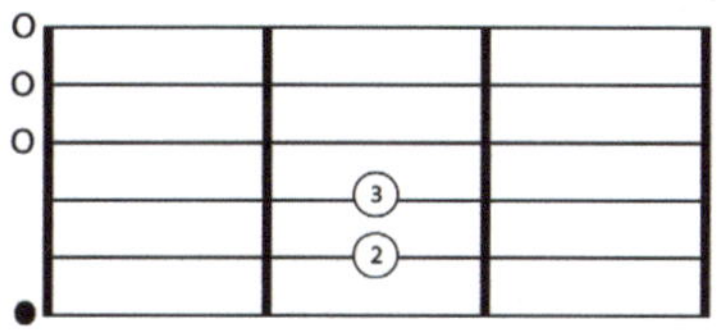

F-Dur (einfach I)

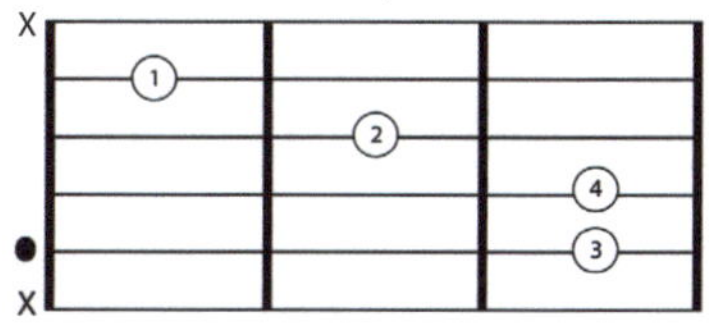

F-Dur (einfach II)

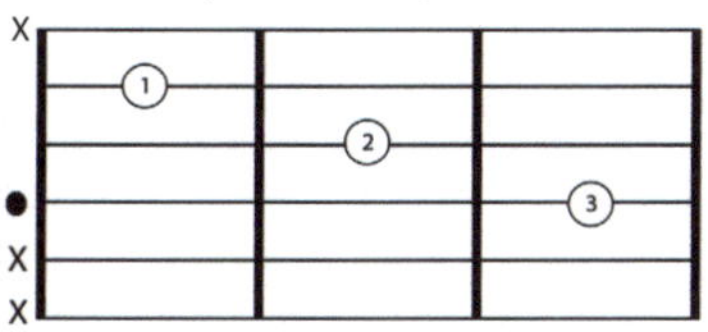

F-Dur

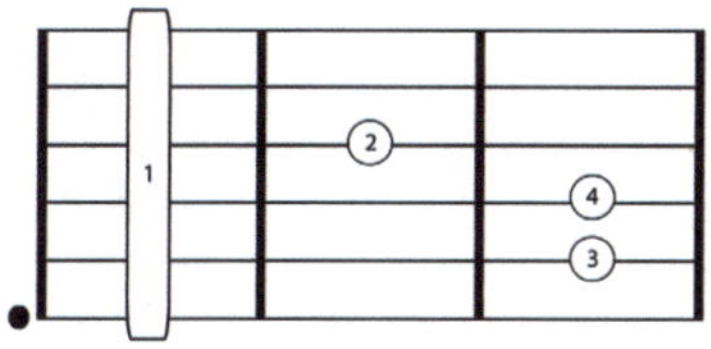

G-Dur

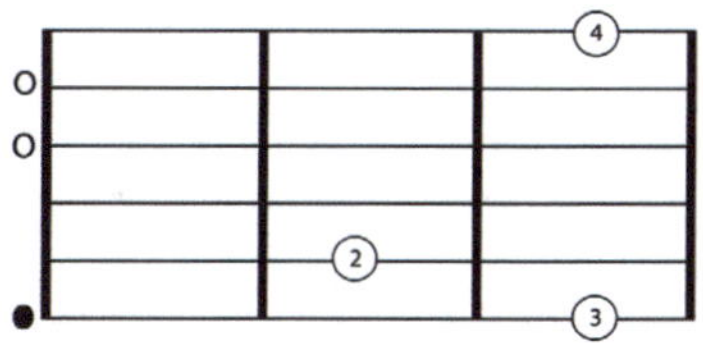

G-Dur (einfach)

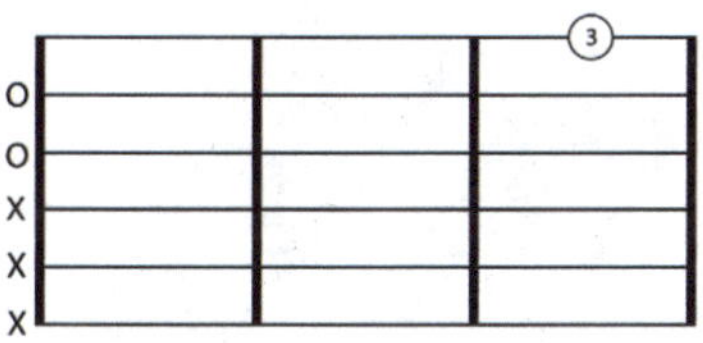

H^7

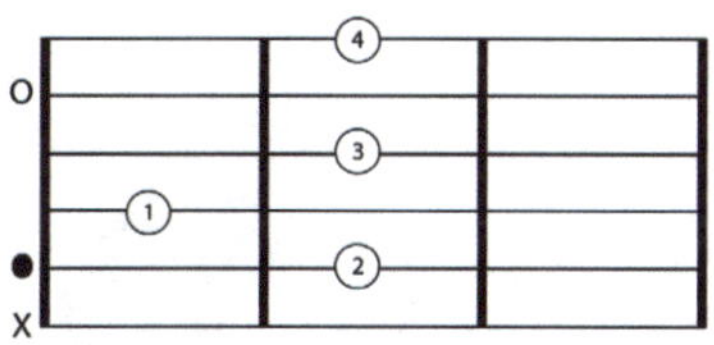

Eigene Akkorde

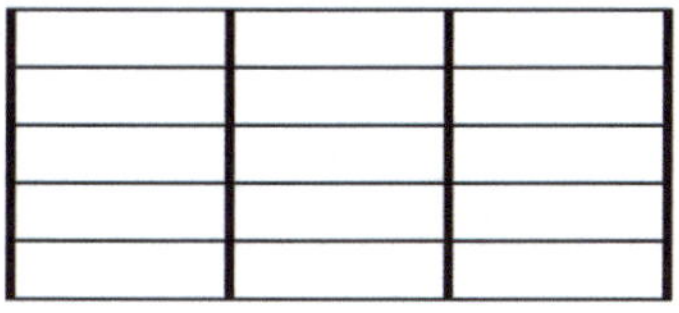

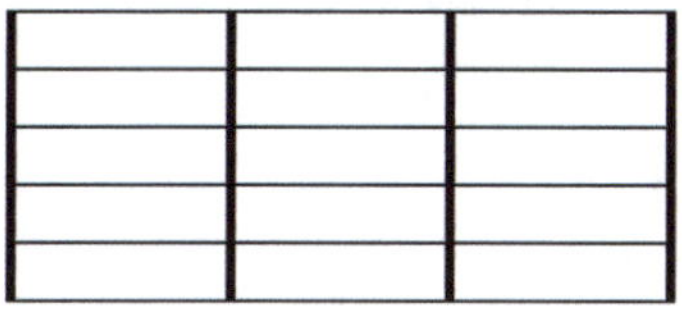

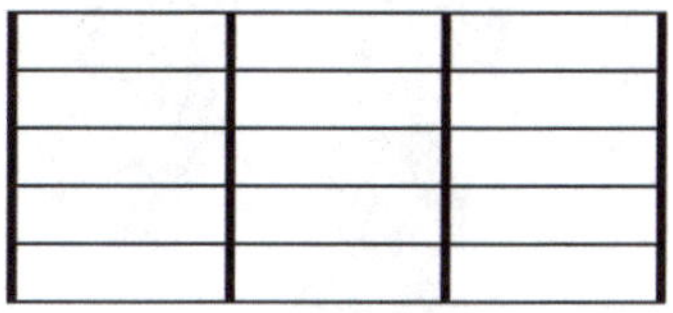

Tonarten & Transponierübersicht

Tonarten

Tonika	Dominante	Subdominante
C/0	G/7	F/5
D/2	A/9	G/7
E/4	H/11	A/9
F/5	C/0	B/10
G/7	D/2	C/0
A/9	E/4	D/2

Klaviatur

C	*C#*	D	*D#*	E	F	*F#*	G	*G#*	A	*A#*	H

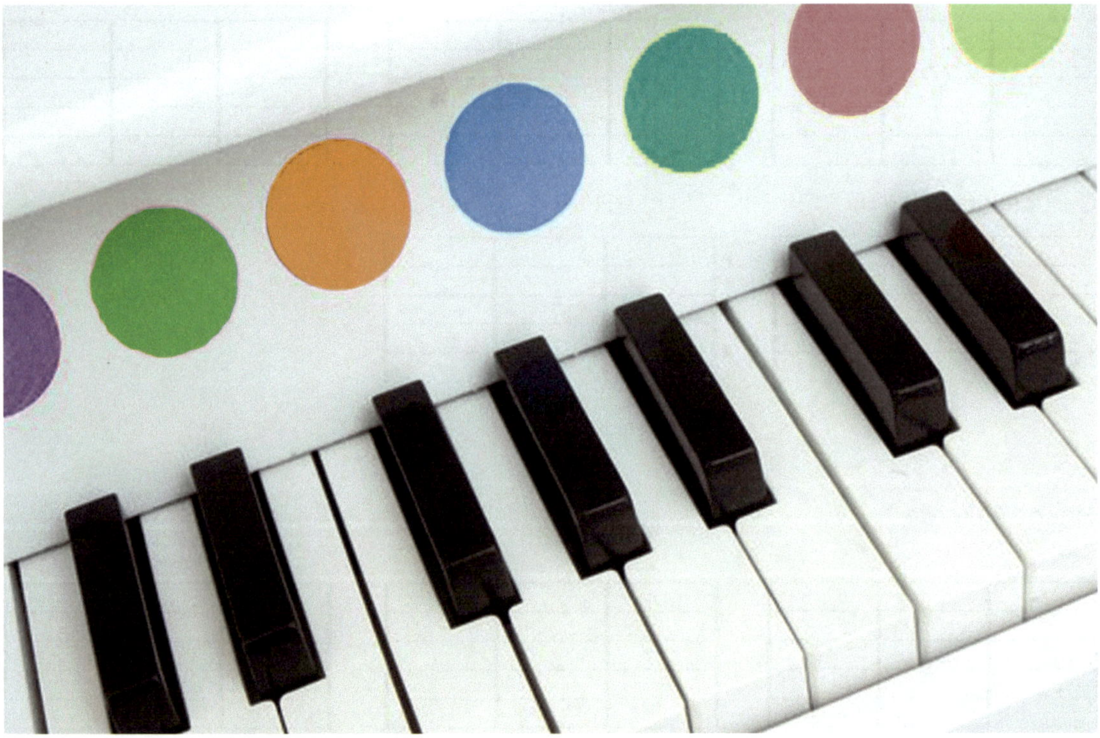

Akkorde für die C-Gitarre

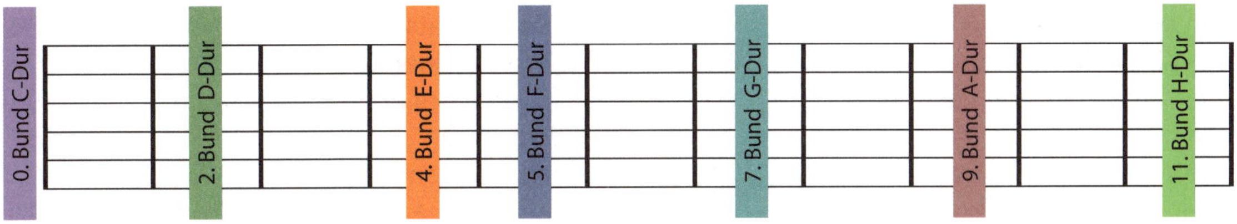

Standard-Stimmung (E-A-D-G-H-E)

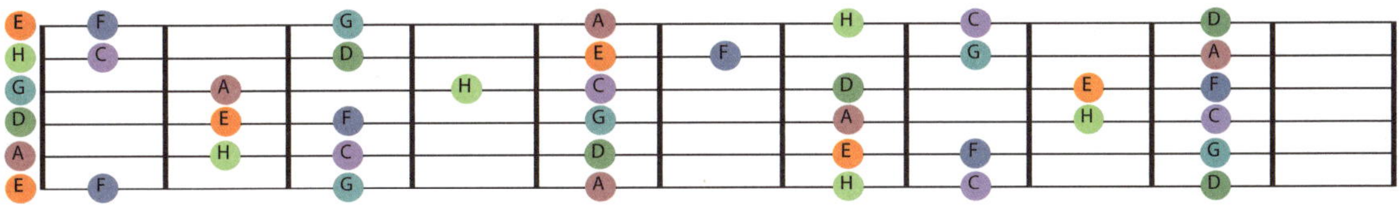

C-Stimmung(C-G-C-G-C-E)

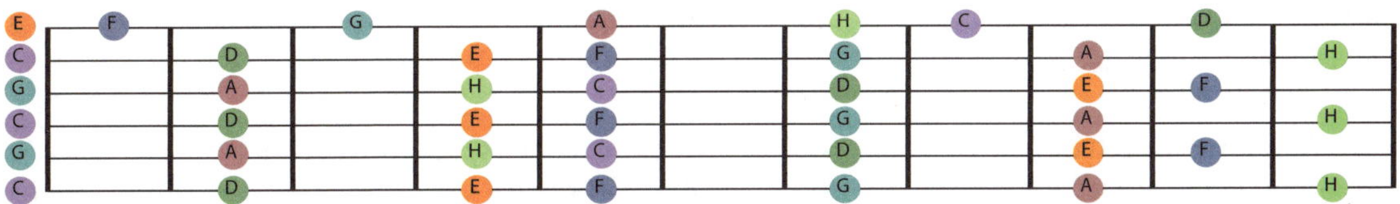

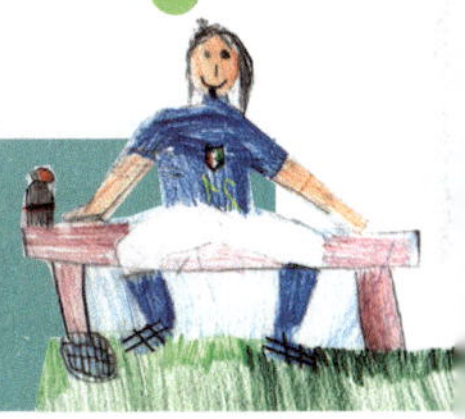

Quintenzirkel

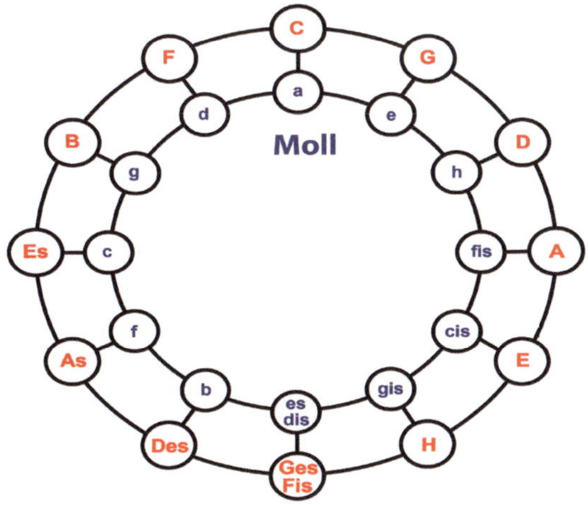

Liederverzeichnis

ABC, die Katze lief im Schnee 68
Abends, wenn es dunkel wird 104
Alle Jahre wieder 112
Alle Kinder lernen lesen 93
Alle Leut geh'n jetzt nach Haus 82
Alle meine Entchen 52
Alle Vögel sind schon da 69
Anne Kaffeekanne 32
Aram sam sam 21
Atte katte nuwa 87
Auf der Mauer, auf der Lauer 37
Auf einem Baum ein Kuckuck saß 25
Babula-Tanz 30
Backe, backe Kuchen 66
Bruder Jakob 16
Das Lied über mich 97
Das Wandern 72
Der Cowboy Jim aus Texas 44
Der Herbst ist da 70
Der Kuckuck und der Esel 22
Der Mond ist aufgegangen 62
Dicke rote Kerzen 105
Die Affen rasen durch den Wald 40
Die Gedanken sind frei 55
Die Vogelhochzeit 43
Drei Chinesen mit dem Kontrabass 36
Durch die Straßen 20
Ein Männlein steht im Walde 50
Es klappert die Mühle 84
Es tanzt ein Bi-Ba-Butzemann 29
Es war eine Mutter 26
Fröhliche Weihnacht überall 108
Froh zu sein, bedarf es wenig 76
Frosch und Maus 18
Fuchs, du hast die Gans gestohlen 39
Go, Tell It On the Mountain 54
Greensleeves 98
Große Uhren 17
Happy Birthday 100
Hänschen klein 33
Hänsel und Gretel 23
Häschen in der Grube 51
Hejo, spann den Wagen an 58
Hoch soll er leben 47
Hoppe hoppe Reiter 63
Hopp, hopp, hopp 27
Hört mal, ich klatsch euch etwas vor 89
Ich geh mit meiner Laterne 102
Ich lieb den Frühling 94
If You're Happy 67
Ihr Kinderlein kommet 107
In meinem kleinen Apfel 41
Jingle Bells 116
Kling Glöckchen 118
Kommet, ihr Hirten 113
Kommt ein Vogel geflogen 81
Komm, wir spielen heut Theater 31
Kräht der Hahn 77
Kuckuck, Kuckuck 80
La cucaracha 73
Lasst uns froh und munter sein 109
Laterne, Laterne 103
Leise rieselt der Schnee 119
Meine Oma fährt im Hühnerstall Motorrad 78
Mein Hut, der hat drei Ecken 83
Morgen kommt der Weihnachtsmann 106
My Bonnie Lies Over the Ocean 86
Oh du fröhliche 115
Oh, du lieber Augustin 85
Oh, when the saints 53
Old MacDonald Had a Farm 75
O Tannenbaum 110
Pitsch, Patsch, Pinguin 88
Sankt Martin 101
Sascha 91
Schneeflöckchen 114
Stille Nacht, heilige Nacht 111
Summ, summ, summ 45
Sur le pont d'Avignon 48
Tante aus Marokko 38
Was müsssen das für Bäume sein 34
Wenn ein schöner Tag beginnt 96
Wer will fleißige Handwerker sehen 46
We wish you a merry christmas 117
What Shall We Do 59
Wir werden immer größer 95

8 Songs mit Tabulatur für die C-Gitarre

Alle Lieder in diesem Buch sind mit Noten, Akkorden und der Tabulatur versehen. Die Tabulatur eignet sich jedoch nur für die Standard-Stimmung (E-A-D-G-H-E). In der offenen C-Stimmung kannst du diese Tabs nicht abspielen.

Im folgenden findest Du jedoch noch einmal eine Auswahl an Songs, die mit der C-Tabulatur versehen sind. Gitarristen, die in der C-Stimmung spielen, können hier die Melodien in Ihrer Saitenstimmung abspielen.

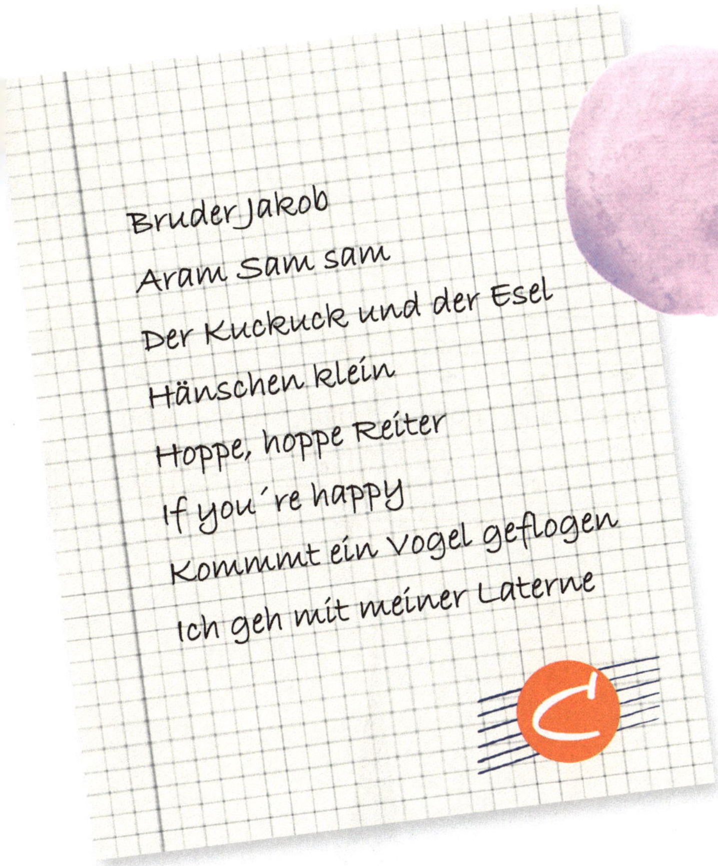

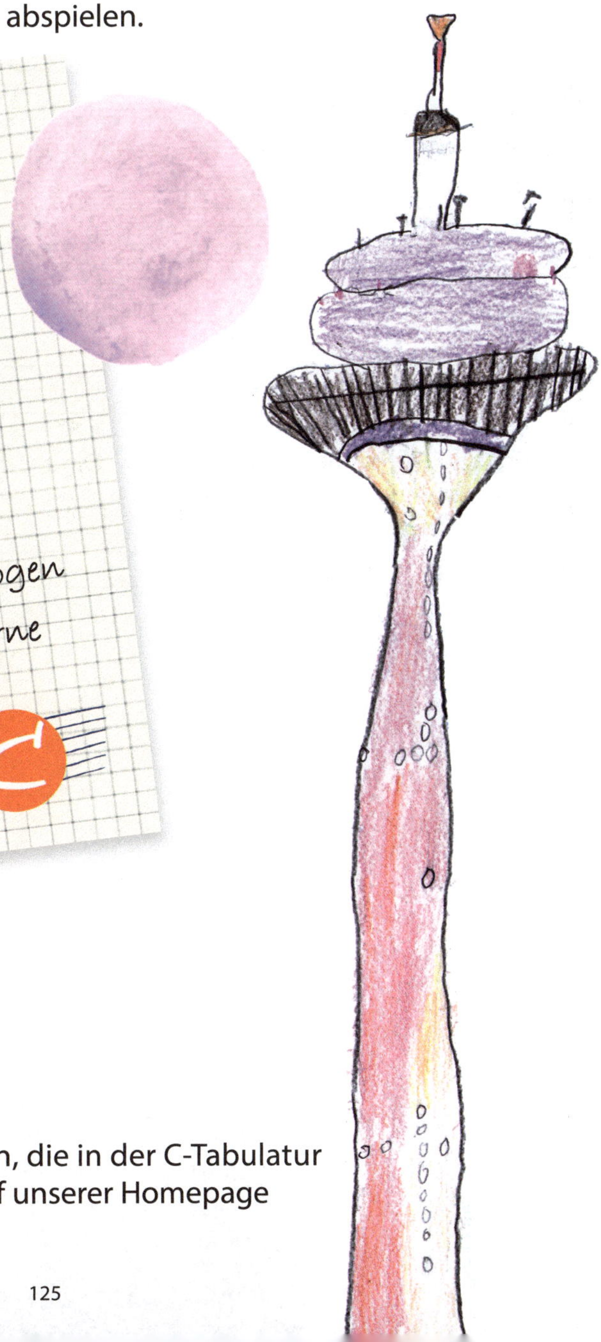

Hast du Interesse an weiteren Liedern, die in der C-Tabulatur notiert sind? Kein Problem – schau auf unserer Homepage www.gitarre-leicht-lernen.de.

Bruder Jakob

C-Dur Akkorde C

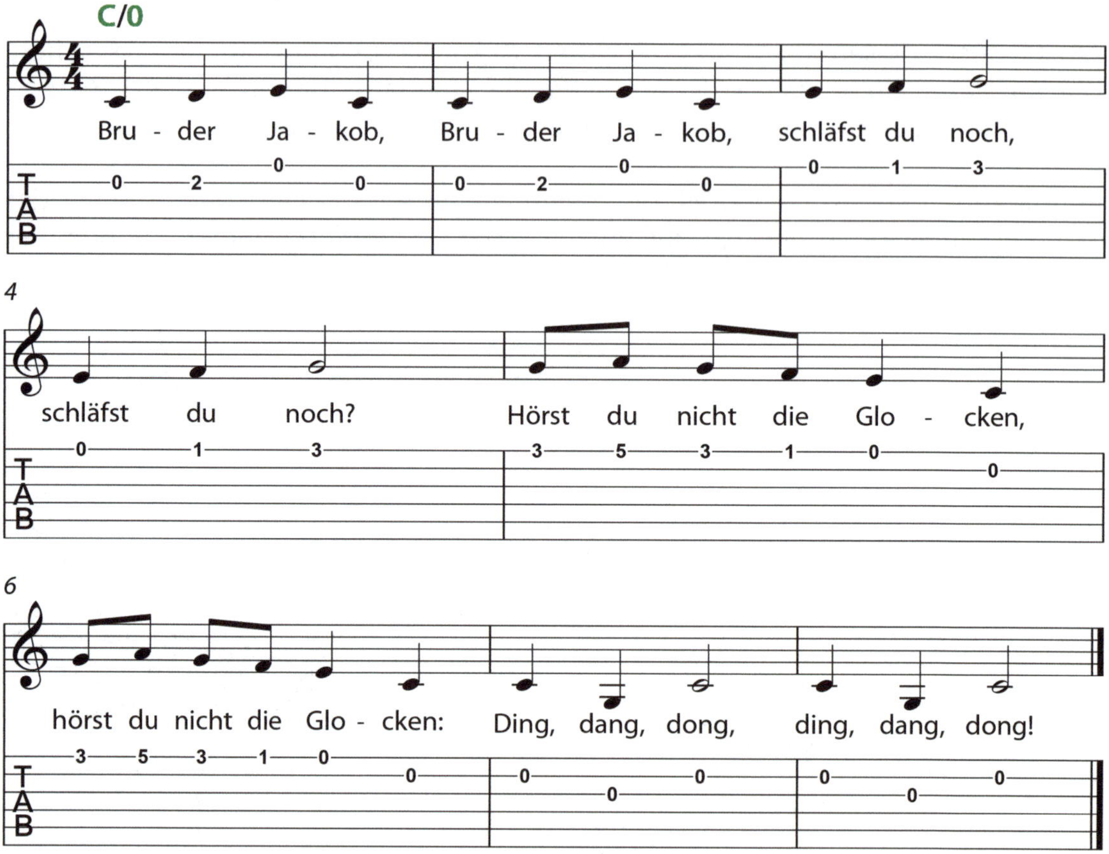

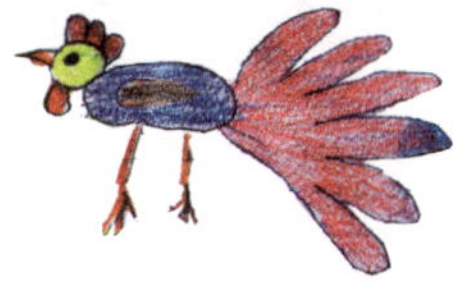

Aram sam sam

C-Dur Akkorde C G

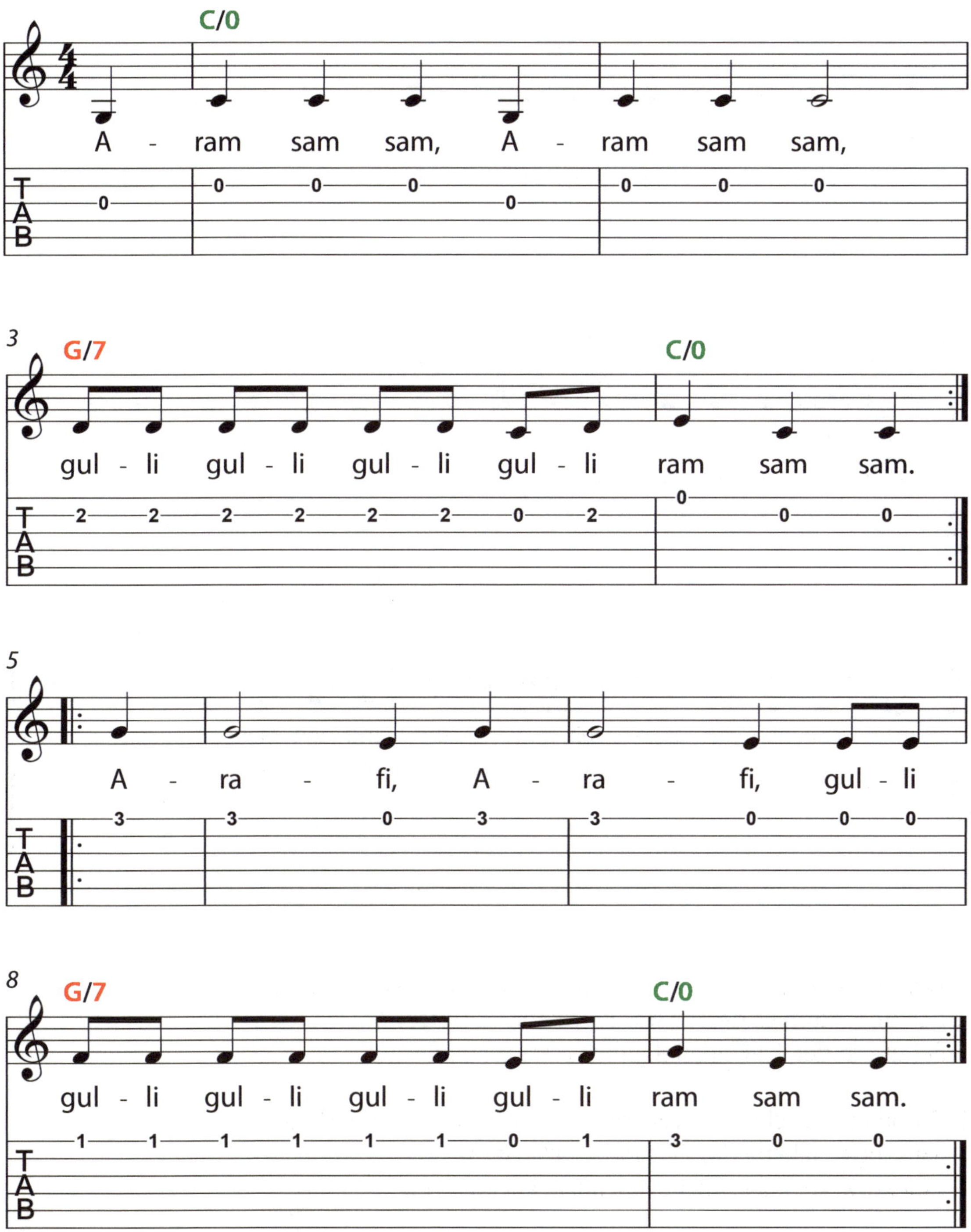

Der Kuckuck und der Esel

C-Dur Akkorde C G

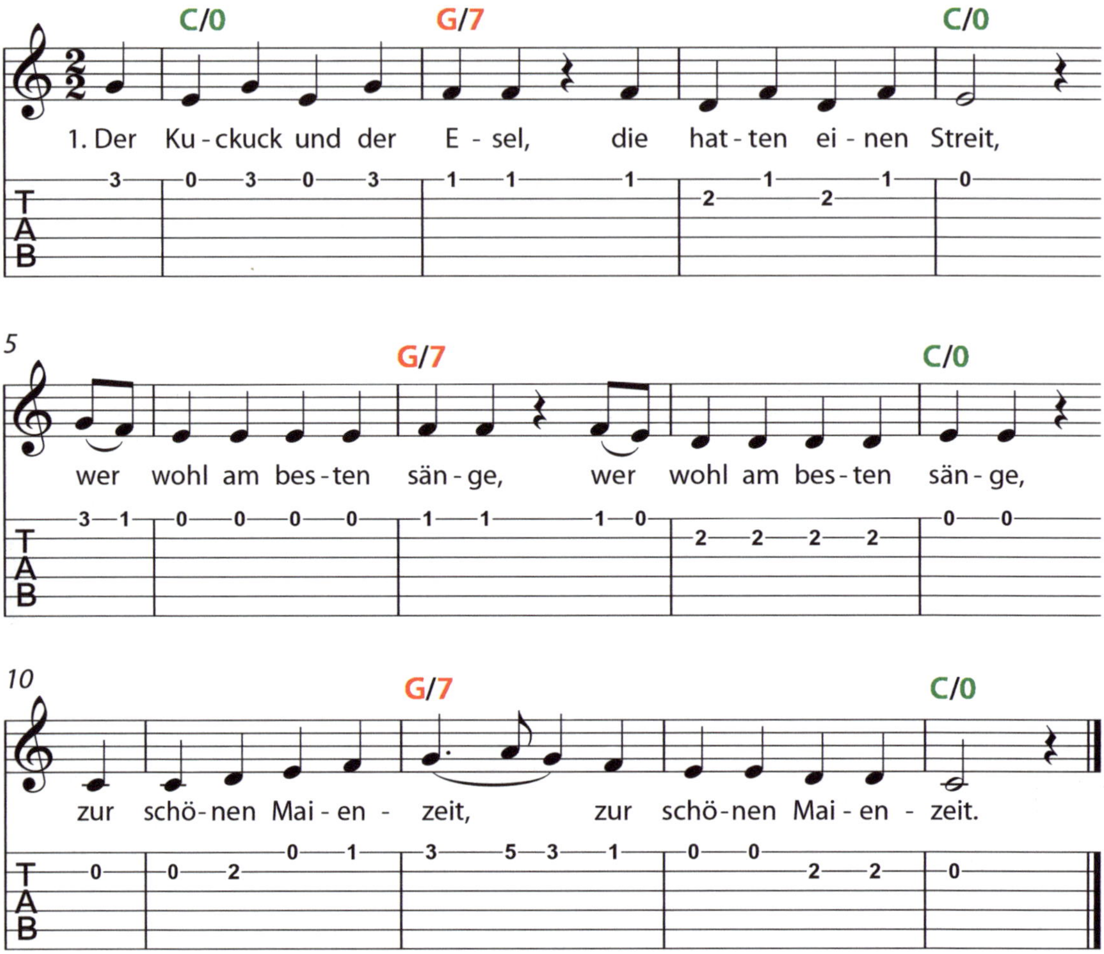

2. Der Kuckuck sprach: „Das kann ich!“ und hub gleich an zu schrein.
„Ich aber kann es besser, ich aber kann es besser!“,
fiel gleich der Esel ein, fiel gleich der Esel ein.

3. Das klang so schön und lieblich, so schön von fern und nah.
Sie sangen alle beide, sie sangen alle beide:
„Kuckuck, kuckuck, i-a, i-a, kuckuck, kuckuck, i-a!“

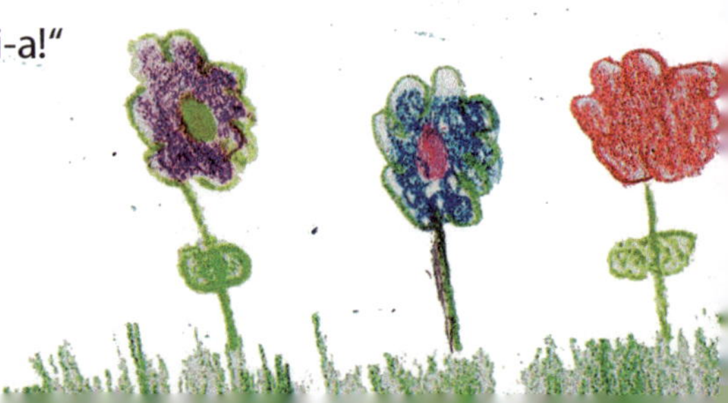

Hänschen klein

D-Dur Akkorde D A

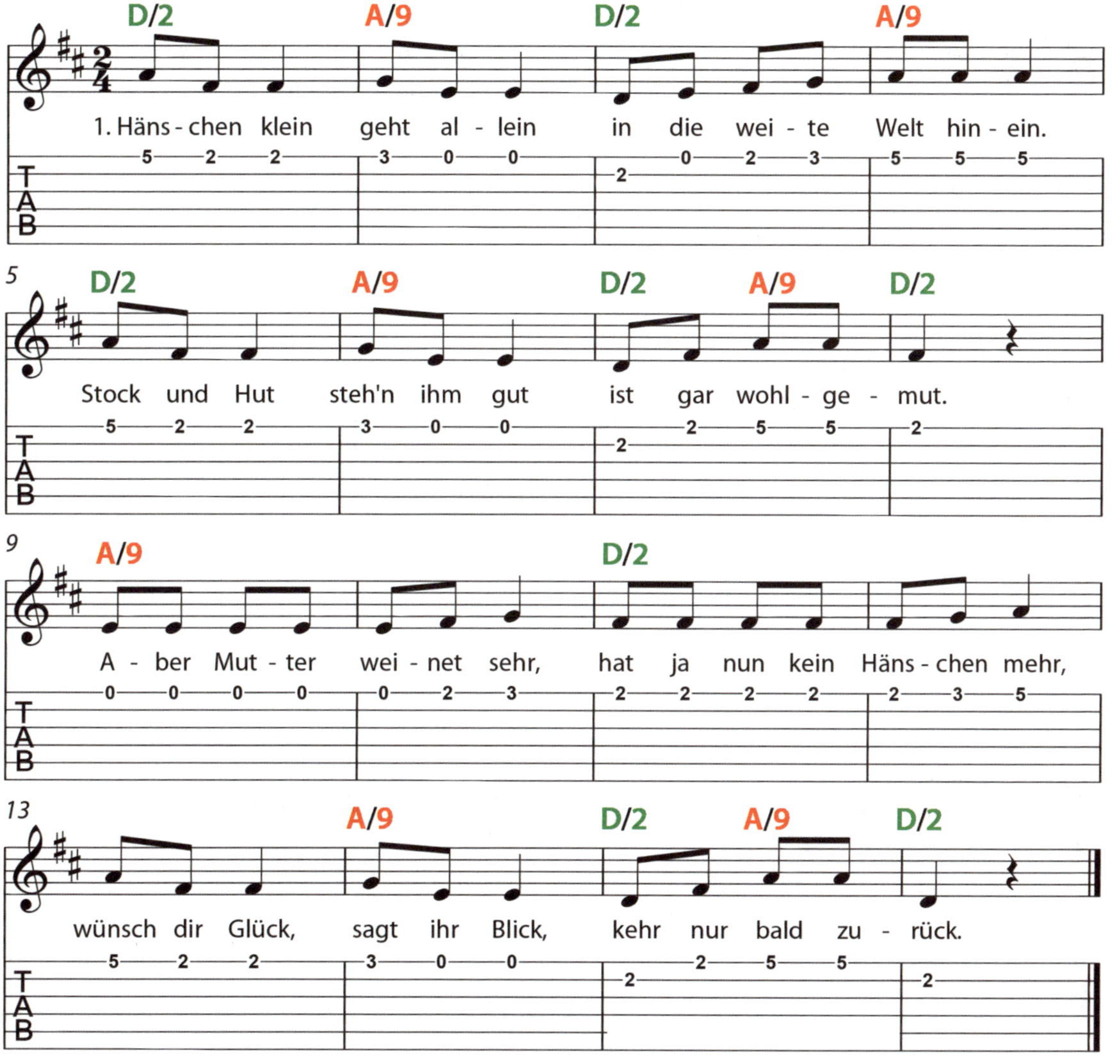

2. Sieben Jahr, trüb und klar,
Hänschen in der Fremde war.
Da besinnt sich das Kind,
eilet heim geschwind.

3. Doch nun ist's kein Hänschen mehr,
nein, ein grosser Hans ist er.
Stirn und Hand braun gebrannt,
wird er wohl erkannt?

4. Ein, zwei, drei gehen vorbei,
wissen nicht, wer das wohl sei.
Schwester spricht: Welch Gesicht,
erkennt den Bruder nicht.

5. Kommt daher die Mutter sein,
schaut ihm kaum ins Aug hinein,
ruft sie schon: Hans, mein Sohn,
grüss dich Gott, mein Sohn.

Hoppe, hoppe Reiter

G-Dur Akkorde G C D

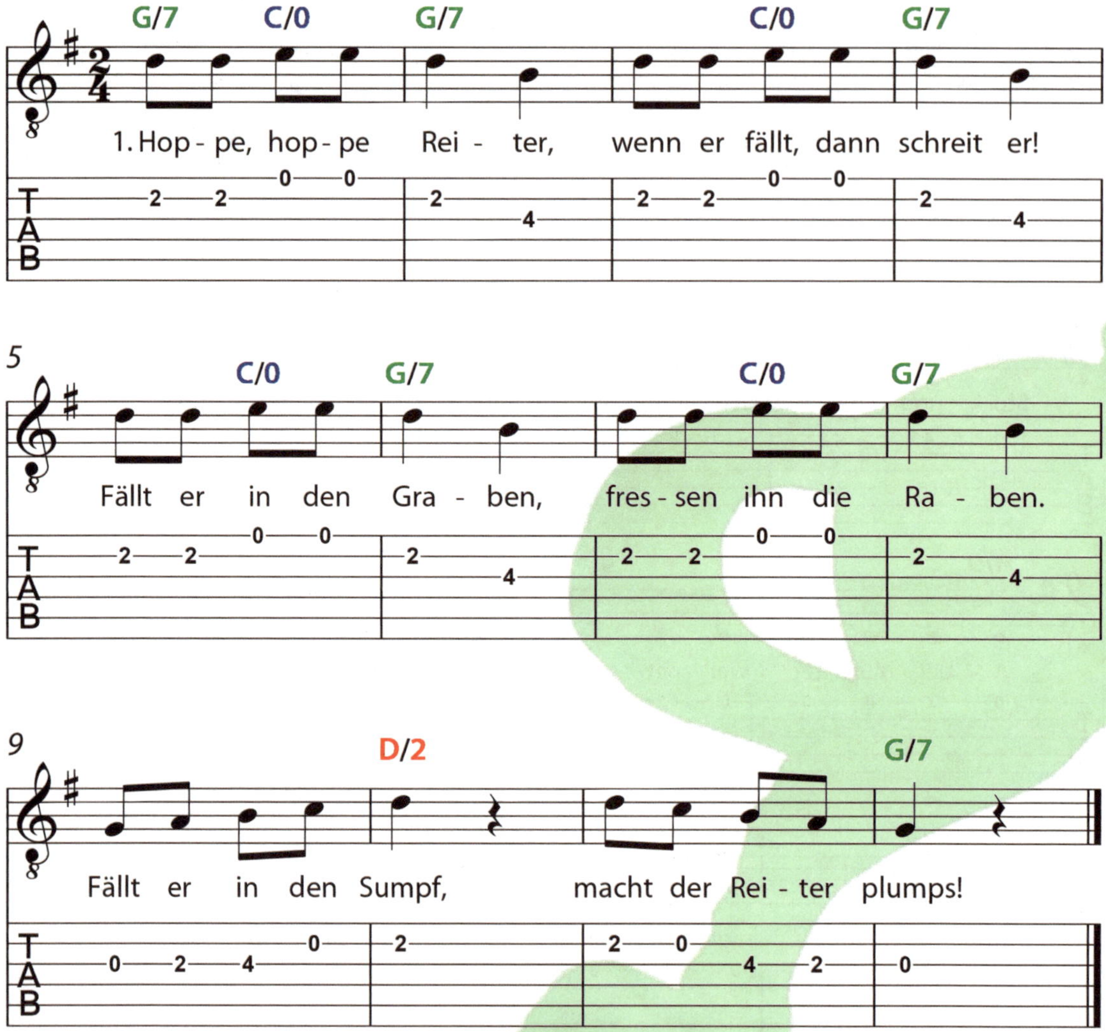

2. Hoppe, hoppe Reiter, wenn er fällt, dann schreit er!
Fällt er auf die Steine, tun ihm weh die Beine.
Fällt er in den Sumpf, macht der Reiter plumps!

3. Hoppe, hoppe Reiter, wenn er fällt, dann schreit er!
Fällt er in die Hecken, fressen ihn die Schnecken.
Fällt er in den Sumpf, macht der Reiter plumps!

If You're Happy

C-Dur Akkorde C F G

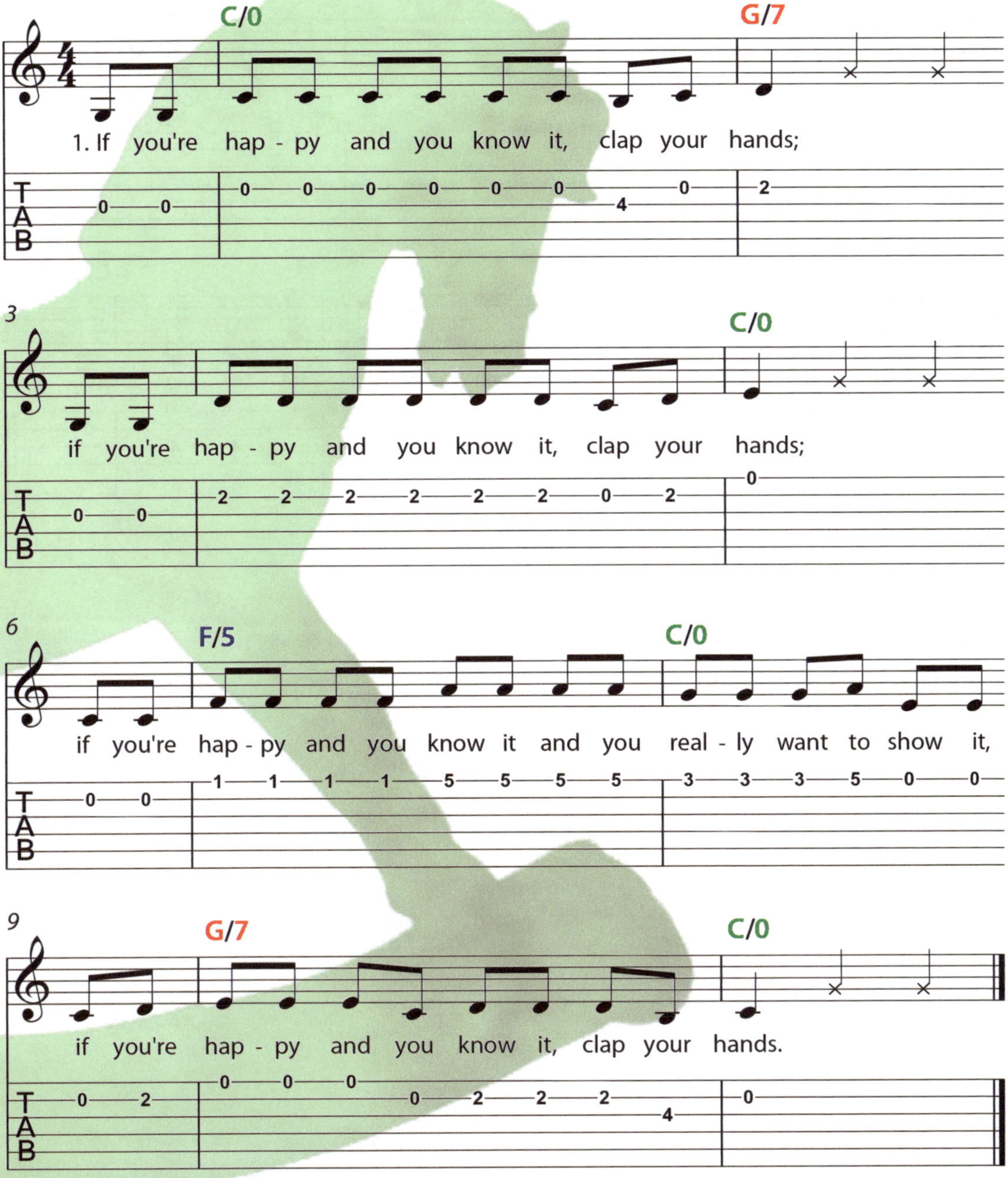

2. ... slap your sides ...
3. ... stamp your feet ...
4. ... snap your fingers ...
5. ... sniff your nose ...
6. ... shout „we are!" ...
7. ... do it all ...

Kommt ein Vogel geflogen

C-Dur Akkorde C G

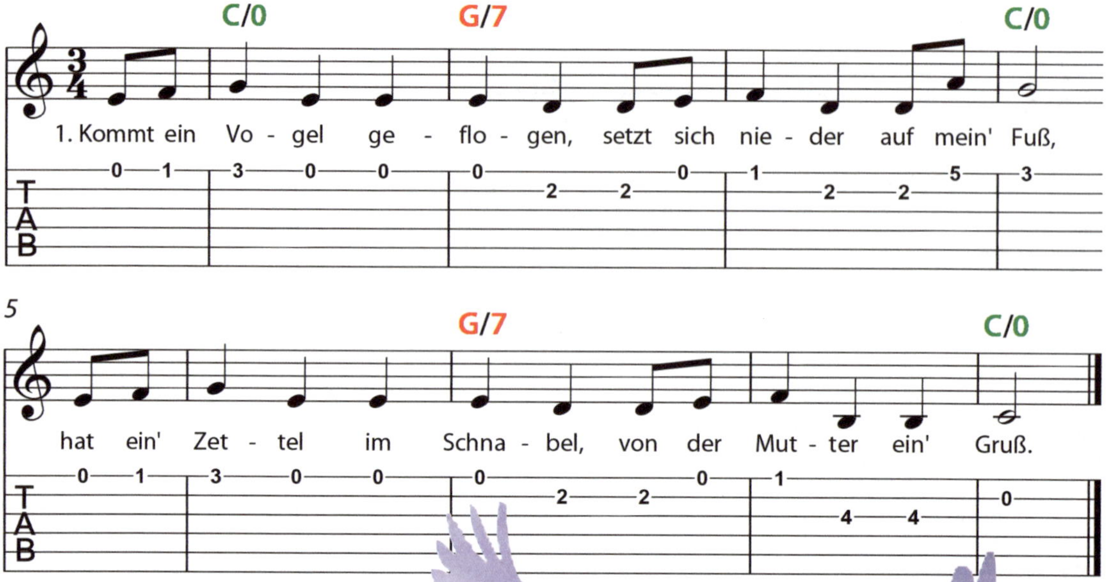

2. Lieber Vogel, fliege weiter!
   Nimm ein' Gruß mit und ein' Kuss.
   Denn ich kann dich nicht begleiten,
   weil ich hier bleiben muss.

Ich geh mit meiner Laterne

C-Dur Akkorde C G

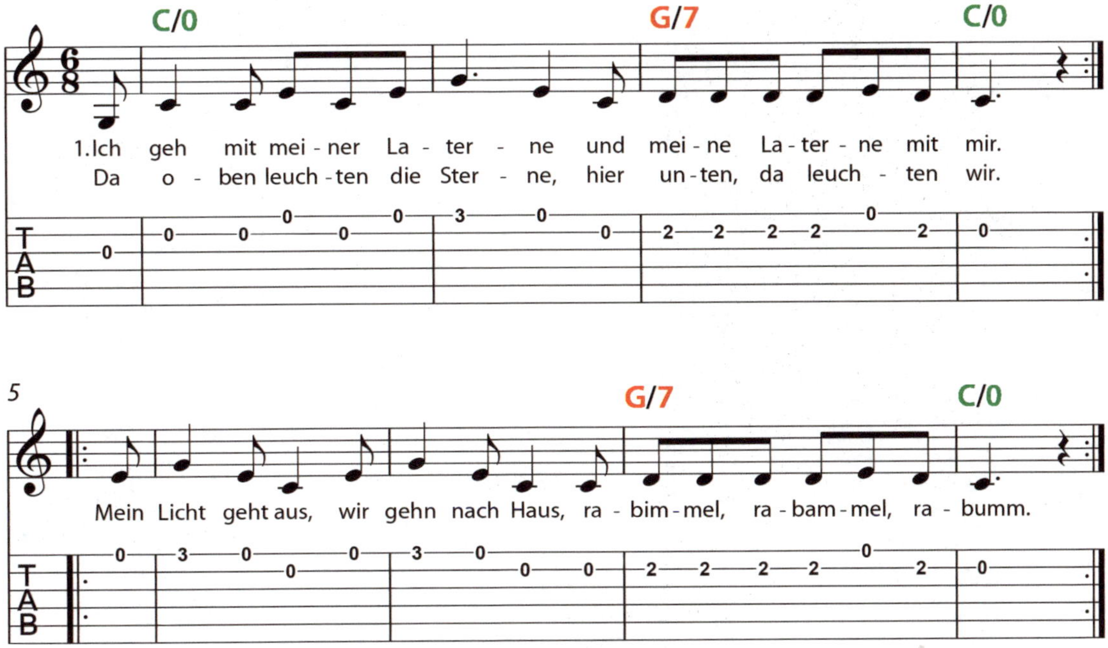

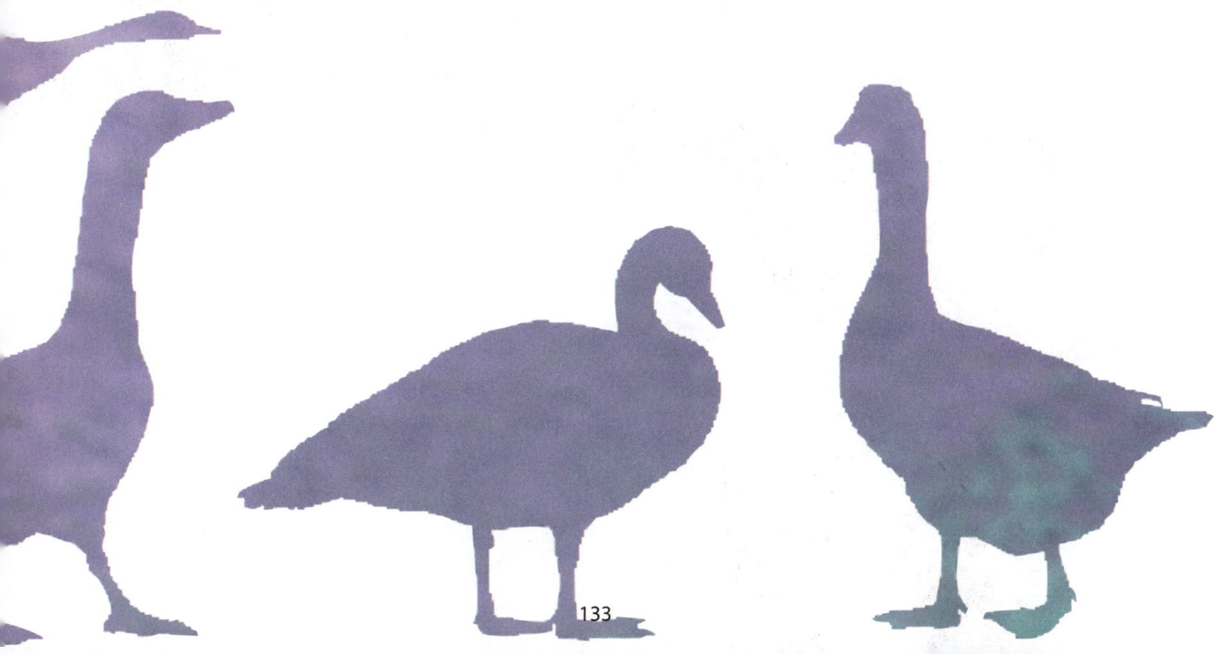

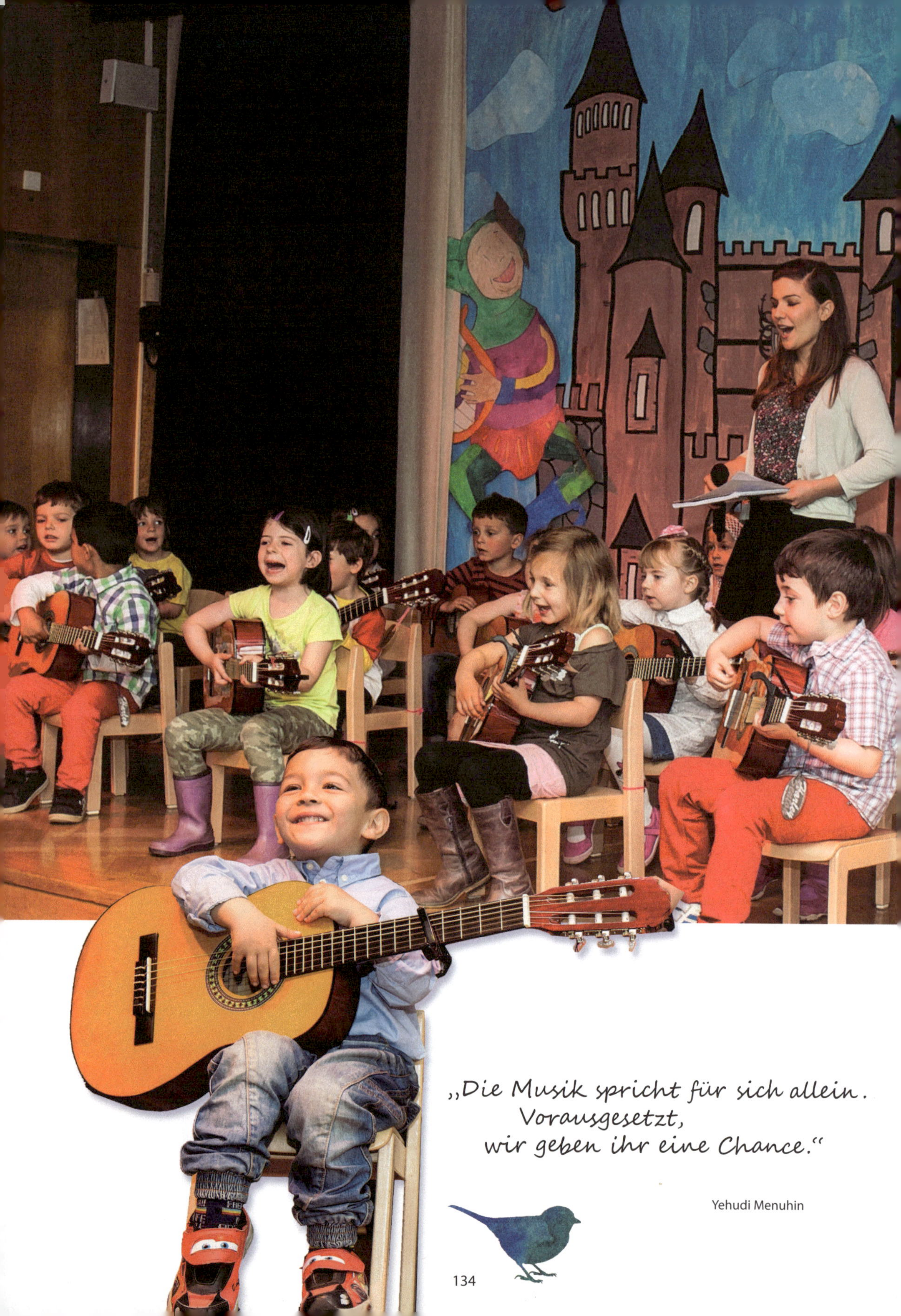

„Die Musik spricht für sich allein.
Vorausgesetzt,
wir geben ihr eine Chance.“

Yehudi Menuhin

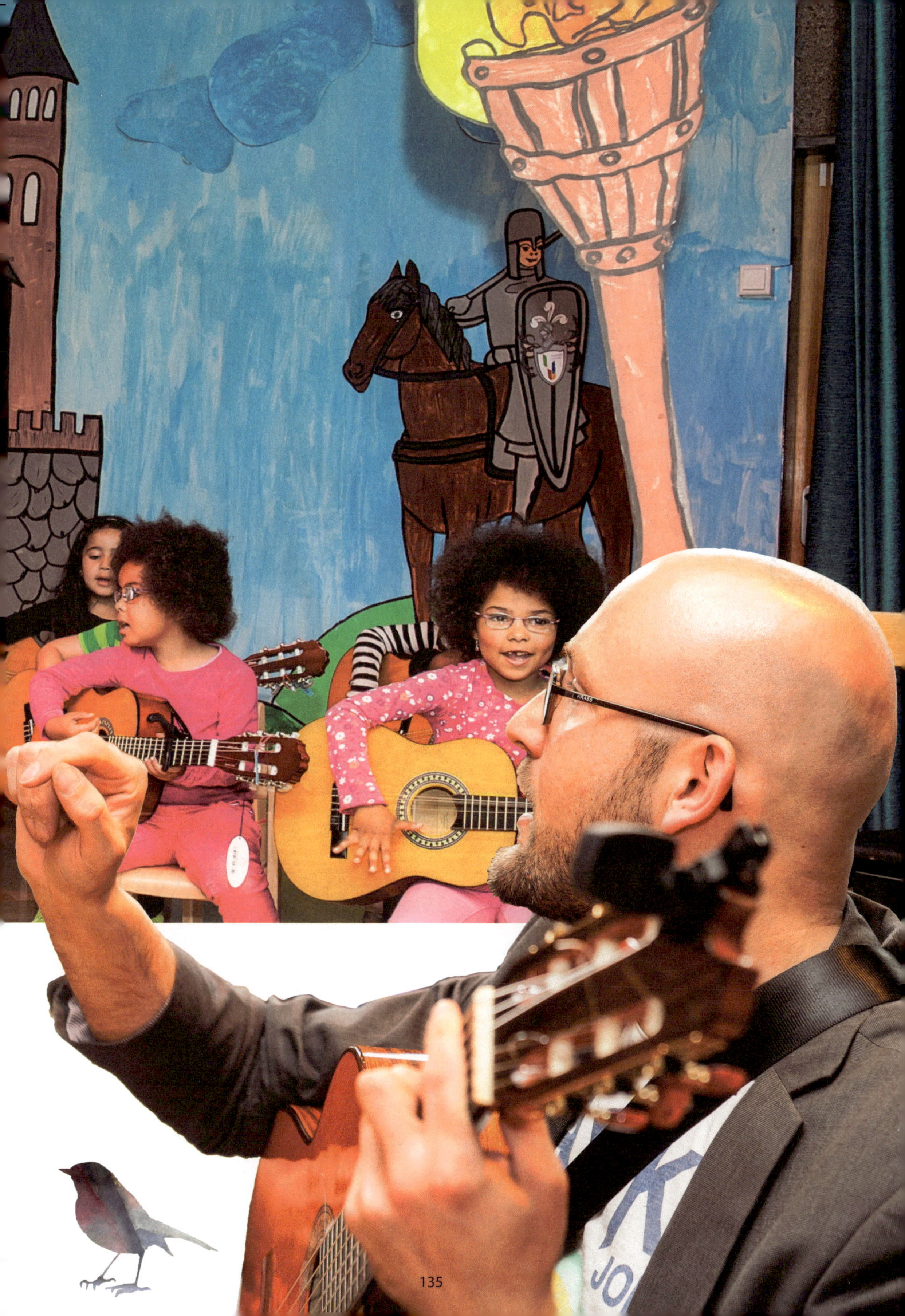

Notizen

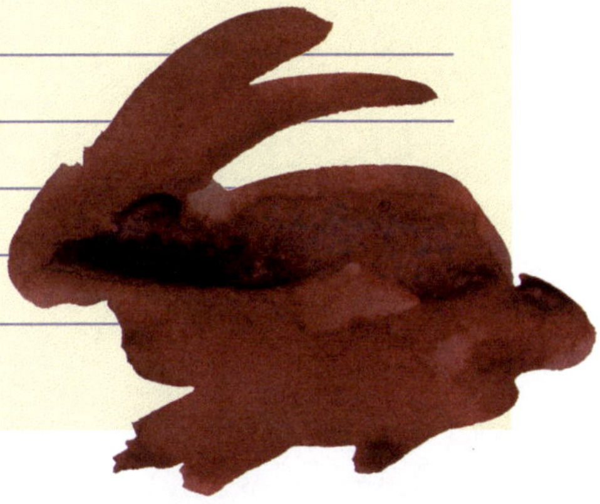

Notizen